高等职业教育“十二五”电子商务专业规划教材

国家示范性高等职业院校建设项目成果

电子商务应用

第 2 版

主　编　吴　涛

参　编　张立群　程　娅　汪永华

机 械 工 业 出 版 社

本书是“电子商务应用”优质核心课程的配套教材，全书共分6章，包括电子商务基础知识、电子商务运行平台、电子商务安全、电子支付系统、网络推广、电子商务物流。

第一章电子商务基础知识，主要介绍电子商务的基本概念、功能、分类和特点，我国电子商务发展中面临的问题以及电子商务未来的发展趋势；第二章电子商务运行平台主要介绍电子商务组成要素、框架结构、服务机构、技术平台、模式和主要类型；第三章电子商务安全介绍了电子商务面临的安全威胁与安全需求、数字机密技术、数字摘要技术、数字签名技术、数字时间戳、电子商务认证技术和安全协议；第四章电子支付系统介绍电子现金、电子钱包、信用卡、电子支票、网上银行和第三方支付工具等；第五章网络推广主要介绍搜索引擎、网络广告、Email、博客与论坛、即时通信软件等常用推广工具和方法；第六章电子商务物流主要介绍电子商务物流的概念、电子商务与物流的关系、电子商务物流的基本要素、电子商务物流的模式以及电子商务物流技术的应用等。

本书既可作为高职高专电子商务专业及其他相关专业课程的教材，也可为企业电子商务从业人员、初学者和其他社会人员等提供参考。

为方便教学，本书配备了电子课件、题库等教学资源。凡选用本书作为教材的教师均可登录机械工业出版社教材服务网 www.cmpedu.com 免费下载。如有问题请致信 cmpgaozhi@ sina.com，或致电 010-88379375 联系营销人员。

图书在版编目（CIP）数据

电子商务应用/吴涛主编．—2版．—北京：机械工业出版社，2014.3（2024.9重印）
高等职业教育“十二五”电子商务专业规划教材
ISBN 978-7-111-46036-7

Ⅰ．①电…　Ⅱ．①吴…　Ⅲ．①电子商务—高等职业教育—教材
Ⅳ．①F713.36

中国版本图书馆 CIP 数据核字（2014）第 039633 号

机械工业出版社（北京市百万庄大街 22 号　邮政编码 100037）
策划编辑：徐春涛　　　责任编辑：王　慧
封面设计：鞠　杨　　　责任印制：常天培
固安县铭成印刷有限公司印刷
2024 年 9 月第 2 版第 5 次印刷
184 mm×260 mm・11.25 印张・276 千字
标准书号：ISBN　978-7-111-46036-7
定价：25.00 元

电话服务　　　　　　　　网络服务
客服电话：010-88361066　　机　工　官　网：www.cmpbook.com
　　　　　010-88379833　　机　工　官　博：weibo.com/cmp1952
　　　　　010-68326294　　金　　书　　网：www.golden-book.com
封底无防伪标均为盗版　　　机工教育服务网：www.cmpedu.com

第 2 版前言

《电子商务应用》一书是以浙江经济职业技术学院为主，与其他高职院校合作出版的电子商务专业“能力本位”系列教材之一，于 2008 年出版第 1 版。2011 年，“电子商务应用”作为电子商务专业的优质核心课程，被立项并投入专项经费进行建设。课程团队参照国家电子商务师职业标准、企业岗位标准和电子商务专业标准，与制造业、物流业和高技术服务等行业的龙头企业合作，充分运用信息与网络多媒体等高技术设备与手段，在原有能力本位课程和省示范课程等两轮课改的基础上，实施基于职业岗位综合实践项目与相关职业标准引导的课程改革，将课程开发成为体现工学结合特色，满足学生和员工在岗学习和在线学习需要的网络互动优质核心课程。本书作为“电子商务应用”课程的配套教材，在保留第 1 版优势内容的基础上，作了如下改进：

（1）按照新的课程标准进行编写，对理论知识作了最大化精简。

（2）将优质核心课程建设形成的素材成果，包括图片、案例、视频等资源通过课程网站实行免费共享。

（3）每章后附思考与练习，包括知识题和技能题，对应每章的知识目标和技能目标。不再保留单独的实训模块，以技能题（训练）取代。

（4）案例中增加了分析和思考环节，便于课堂教学互动。

本书有以下几个特点：

（1）电子商务是一门实践性很强的复合学科，本书通过多种案例分析使读者了解电子商务的基本框架和应用。

（2）在“电子”和“商务”中，本书更注重“商务”，即信息技术基础上的商务经营与运作。

（3）本书每章以案例开始，提出问题，相当于每章的引言。

本书由吴涛任主编，负责全书的设计、组织、统稿工作。具体编写分工如下：程娅编写第一、二章；张立群编写第三、四章；吴涛编写第五章；汪永华编写第六章。

为方便教学，本书配备了电子课件等教学资源。凡选用本书作为教材的教师均可登录机械工业出版社教材服务网 www.cmpedu.com 免费下载。如有问题请致信 cmpgaozhi@sina.com，或致电 010-88379375 联系营销人员。

本书在编写和出版过程中，得到了机械工业出版社、其他兄弟院校及相关企业专家的帮助和指导，在此一并致谢，也希望广大读者朋友提出宝贵意见，以便今后及时完善。

编　者

目　　录

第一章

电子商务基础知识

知识目标

1. 掌握电子商务的基本概念、功能、分类和特点。
2. 了解有关电子商务的特点，电子商务的优势与不足。
3. 能宏观地了解我国电子商务发展中面临的问题、电子商务发展特点以及电子商务未来的发展趋势等相关信息。

技能目标

1. 能通过互联网登录中国互联网信息中心（www.cnnic.net.cn），在网站的“信息服务”页面当中查找CNNIC最新发布的“中国互联网络发展状况统计报告”并下载，根据调查报告时间的先后和版本格式的不同，对报告内容进行阅读比较。
2. 能对适用于各种商务活动的业务流程进行区分。

导入案例

王明是浙江杭州经济技术开发区一家企业的职员，平时喜煮文论史，爱好读书。但由于工作时间关系，日常工作之余，很少有时间去发展自己的业余爱好。想抽出时间去买书，休息日书店人多，买完书还要自己打包拎回家，挤公交车非常不方便，打出租车又不划算，书价基本也无优惠。后经公司同事介绍："为什么不去网上书店呢？个人感觉网上书店挺不错的，各类书籍品种繁多，购书享受6~8折优惠，送货上门，满99元还免运费，你可以考虑去网店看看！"

王明下班回家后，登录了号称全球最大的中文网上书店——当当网，搜寻商品、查看顾客评论，如大家对《品三国》（上）一书有以下评论：

顾客评论 1：个人非常喜欢易中天，最近天天都是塞着耳塞一边听《百家讲坛》一边看书，书中的内容和《百家讲坛》中讲得稍微有点不一样。后面送的光盘很好，是易中天在北京理工大学做讲座时录的，讲他的历史观。易中天真的太厉害了，虽然他的研究深度可能不及那些史学家，但是他是最为我们普通老百姓所接受的，强烈推荐哦！

顾客评论 2：易中天，一个著名的学者、教授。读他的书，挺有感觉的，语言挺通俗。读了这本书，对《三国演义》中的各个人物有了一个大概的了解。书好，光碟也挺好。

根据类似以上40多位顾客评论，王明决定购买易中天《品三国》（上）（见图1-1）。王明通过查看顾客评论的参考方式另外挑选了几本书籍，提交订单之后，购书价格超过了99元，还免收了王明购书配送的运费。2天左右，图书就送到王明手中了。

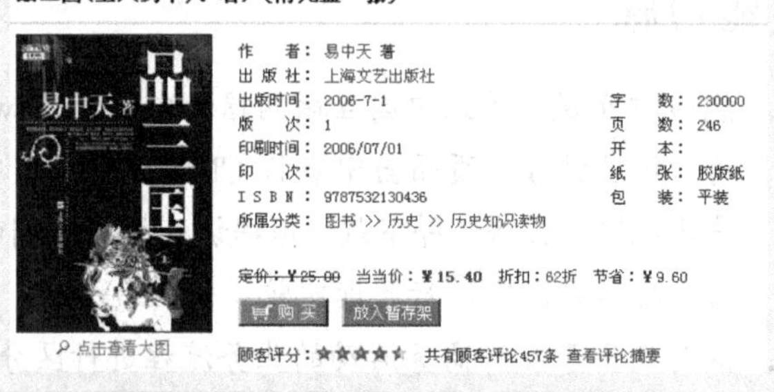

图1-1 《品三国》（上）网上营销页面

【思考】

（1）网上B2C电子商务相对传统商务有何优势？（说明3点）

（2）如果你在互联网上进行购物，需要考虑哪些因素？

第一节　电子商务起源、发展与概念

一、电子商务产生和发展的条件

电子商务发展的基础在于互联网和WWW的出现和发展，互联网是互相连接的计算机网络所组成的一个大系统，这个系统覆盖全球。通过互联网，人们可以利用电子邮件与世界各地的人进行交流，可以阅读网络版的报纸、杂志、学术期刊和图书，可以加入任何主题的讨论组，可以参加各种网上游戏和模拟，可以免费获得计算机软件。网上介绍其产品或服务的企业已经涵盖了所有行业。很多企业利用互联网来推广和销售它们的产品或服务。

1. 电子商务产生和发展的重要条件

电子商务在20世纪90年代得到了蓬勃的发展，其产生和发展的重要条件主要有以下几项：

（1）计算机的广泛应用　计算机发明以来，计算机的处理速度越来越快，处理能力越来越强，价格越来越低，应用越来越广泛，这为电子商务的应用提供了基础。

（2）网络的普及和成熟　由于 Internet 逐渐成为全球通信与交易的媒体，全球上网用户呈几何级数增长的趋势，以及 Internet 快捷、安全、低成本的特点为电子商务的发展提供了应用条件。

（3）银行卡的普及应用　银行卡以其方便、快捷、安全等优点而成为人们消费支付的重要手段，并由此形成了完善的全球性银行卡计算机网络支付与结算系统，使“一卡在手，走遍全球”成为可能，同时也为电子商务中的网上支付提供了重要手段。

（4）《电子安全交易协议》的制定　1997 年 5 月 31 日，由美国 Visa 和 Mastercard 公司等国际组织制定的《电子安全交易协议》（Secure Electronic Transfer Protocol，SET）出台，并得到了大多数软硬件制造商的认可和支持，这为开发电子商务提供了一个关键的安全环境。

2. 政府的支持与推动

自 1997 年欧盟发布了《欧洲电子商务协议》，美国随后发布《全球电子商务纲要》以后，电子商务受到世界各国政府的重视，许多国家的政府开始尝试和实践网上采购，这为电子商务的发展提供了有力支持。

Internet 改变了人们的生活方式，同时也改变了传统的商务活动。电子商务的产生和发展是以 Internet 为代表的信息技术发展和全球经济一体化为前提的。电子商务越来越受到人们的关注，并已经渗透到社会的各个领域，而且正在改变着社会经济生活的各个方面。

二、电子商务的定义

电子商务是一个全新的，在各种媒体上出现频率很高的词汇，人们往往可以将它与我们日常生活中一些活动联系起来。电子商务完成了许多传统商务所不能完成的事情，它已经渗透到我们现代社会的许多方面，并不断改变着我们的生活方式和生活理念，甚至已经成为人们日常生活中不可缺少的一部分。

关于“电子商务”这个术语的由来有多种说法，一般认为最先是由 IBM 公司提出的。目前中文的电子商务在英文中有两层含义：Electronic Commerce（简称 EC）和 Electronic Business（简称 EB）。目前普遍认为这两者是狭义和广义的关系，前者是指狭义的电子商务，后者则指广义的电子商务。电子商务可以有多个角度的理解：从通信的角度看，电子商务可以在

Internet 上传递信息、产品、服务或进行支付；从服务的角度看，电子商务是一个工具，它能满足企业、消费者、管理者的愿望——既能提高产品质量，加快产品服务交付速度，又能降低服务成本；从在线的角度看，电子商务通过 Internet 将买卖双方的销售信息、产品和服务联系起来；从企业经营的微观角度看，电子商务是通过 Internet 来支持企业的交易活动的，即实现产品或服务的买卖；从企业经营的宏观角度看，电子商务是基于 Internet，支持企业经营的产、供、销、人事、财务等全部活动的自动化。总的来说，不同部门、不同行业、不同政府机构乃至不同的专家学者对电子商务的理解都是有所区别的。

1997 年 11 月，国际商会在巴黎举行的世界电子商务大会上对电子商务（EC）如是定义：电子商务是指整个贸易活动的电子化。从电子商务的外延上也可以理解为：交易各方以电子交易方式，而不是通过当面交换或直接面谈方式进行的任何形式的商业交易。它的技术是指一个包括交换数据（主要指交互式 Web 技术、电子数据交换、电子邮件）、获取数据（主要指共享数据、电子公告牌）以及自动捕获数据（主要指条形码）等技术平台在内的集合。

IBM 公司最早提出电子商务这一术语，它对电子商务的定义是：电子商务（EB）是在 Internet 等网络的广阔联系与传统信息技术系统的丰富资源相互结合的背景下应运而生的一种动态商务活动。电子商务正以一种前所未有的联系方式将顾客、销售商、供应商和雇员联系在一起，将全部有价值的信息迅速地传递给所需要的人们。IBM 公司给出的电子商务的形象公式是 EB=IT+Web+Business，这个公式很好地说明了 IBM 对电子商务的理解。

在美国学者瑞维·卡拉科塔和安德鲁·惠斯顿合著的《电子商务的前沿》一书中提到："广义上讲，电子商务是一种现代商业方法。这种方法通过改革产品和服务质量、提高服务传递速度，满足了政府机构、厂商和消费者降低成本的需要。这一概念也用于通过计算机网络寻找信息以支持决策，电子商务就是通过 Internet 将买卖双方的信息、产品和服务联系起来。

综上所述，我们可以这样理解：从宏观上讲，电子商务是利用计算机网络和信息技术的一次创新，旨在通过电子手段建立起一种新的经济秩序，它不仅涉及商务活动本身，也涉及各种具有商业活动能力的诸如金融、税务、法律和教育等其他社会层面；从微观上讲，电子商务是指各种具有商业活动能力的实体（如企业、政府机构、个人消费者等）利用计算机和其他信息技术手段进行的各项商业活动。

三、电子商务的功能

建立在 Internet 上的电子商务不受时间和空间的限制，可以每天 24 小时不分区域地运行，在很大程度上改变了传统的商务形式，具有不可替代的功能。电子商务的功能非常强大，内容也十分丰富，其功能与电子商务系统划分的层次有关，不同层次的功能是不一样的。按一般的分类法，可以分为应用功能、贸易功能等功能。

1．应用功能

应用功能主要包括售前服务、售中服务和售后服务 3 种。

（1）售前服务　Internet 具有即时互动、跨越时空和多媒体展示等特性，它强调互动性和即时性，与一般媒体相比，具有更新速度快、价格低廉的优势。企业可以利用网上主页和电子邮件广告在全球范围内进行宣传，客户也可以借助于各种检索工具十分方便地搜寻到所需商品的相关信息。

（2）售中服务　电子商务售中服务主要是指通过网络等信息手段来帮助企业完成与客户之间的咨询洽谈、网上订购和网上支付等商务活动。例如，购买商品过程中的询价、议价和比价；对于销售多媒体和其他无形服务的商家来说，可以提供直接在网上试用这些商品的服务，顾客可以在网上直接试听音乐、观看影片等，然后再决定是否购买。

（3）售后服务　电子商务的售后服务主要是帮助客户解决产品使用过程中出现的问题、排除技术故障、提供相关技术支持、传递产品改进或升级的信息等，努力为顾客提供及时和高质量的服务，在客户使用产品的过程中与其保持联系，及时获得客户的反馈信息。网上售后服务具有反应速度快、质量高、费用低的优势，同时也可大大降低服务人员的工作强度。

2. 贸易功能

电子商务可以提供网上交易、支付和管理等全套商贸服务，内容十分丰富，具体来说，可以分为网上广告宣传、咨询洽谈、服务传递、网上订购、电子账户、网上支付、意见征询和交易管理等商贸功能。

（1）广告宣传　企业可以凭借自身的信息技术设施在 Internet 上发布各类商业信息。客户可以借助于网上的检索工具迅速搜寻到所需的商品信息，而商家可利用网上主页和电子邮件在全球范围内迅速作出大量的广告宣传，且与以往的各类广告相比，网上的广告方便快捷、成本低廉，而顾客可获取的信息量却非常丰富。

（2）咨询洽谈　网络技术的普遍应用，使得通常的地域、时间限制将不再成为人们交流、沟通的障碍，人们可以借助于 Internet 与客户或合作伙伴进行实时或非实时的交互式讨论，了解市场及商品的有关信息，也可以在网上 BBS 上留言进行信息讨论。

（3）服务传递　客户服务是现代商务中一项很重要的经营理念，从顾客的咨询洽谈开始，就有相应的顾客服务条款与其相匹配，以便让客户及时了解产品和服务情况。对于已付了款的客户，要求企业应将顾客购买的货物尽快送到他们的手中，而对有些货物在本地、有些货物在外地的情况，将利用企业的管理信息系统和网络进行远程的信息处理，达到优化物流配送、提高效率的目的。

（4）网上订购　网上订购是借助于网络 Web 交互技术实现的。通常都是在产品介绍的页面上提供十分友好的订购提示信息和交互格式框。当顾客填完订购单后，通常系统会回复确认信息单，来保证订购信息的准确性。订购信息也可以采用加密的方式，保护客户和商家的商业信息不会泄露。

（5）电子账户　网上支付活动必须要有相应的电子金融进行支持，即通过银行和信用卡公司及保险公司等金融单位为商业活动提供网上支付等金融服务，而对电子账户的管理是金融机构业务的核心部分，必须采取相关技术措施来保证其安全性、可信度、方便操作等，如数字凭证、数字签名、加密等手段均为电子账户提供了各种安全保障。

（6）网上支付　电子商务交易过程是否成功，网上支付是很重要的环节。顾客可采用各种方式进行网上支付（信用卡、电子现金、第三方支付等），在网上直接采用电子支付手段进行支付可节约商家、银行和顾客处理业务的时间与精力成本。

（7）意见征询　电子商务可以方便地借助于网页上的"选择""填空"等格式文件来收集用户对企业销售服务的反馈意见。这样使企业的市场运营能形成一个封闭的回路。客户反馈意见不仅能提高售后服务的水平，还有助于激发企业研发设计创意，改进产品质量，提高服务效率，发现市场潜在商机。

（8）交易管理　整个交易管理涉及人、财、物等多个方面，也涉及企业和企业、企业和客户、客户与客户之间的协调管理。因此，交易管理是涉及商务活动全过程的管理，电子商务的发展，特别是电子商务系统的出现，为创造一个良好的交易管理系统的网络环境及实现多种多样的应用服务平台提供了可能。

四、电子商务的分类

电子商务是指电子化的商务。在电子商务内涵中包括两个重要的内容，即电子化和商务，人们对电子商务的分类方法很多，但大多数分类方法还是根据这两条来进行的，目前主要的分类方法有以下 4 种：

1．按行业应用分类

电子商务的应用极其广泛，许多行业已经开始应用电子商务或正准备尝试使用电子商务。根据行业特点的不同，电子商务的应用程度也有所不同，目前应用较多的行业电子商务主要有零售业电子商务、服务业电子商务和广告业电子商务等。

（1）零售业电子商务　零售业是商务市场的一个十分重要的应用领域，也是顾客数量最多、接触面最广的市场。许多商家十分看重这一领域的商业发展。随着电子商务的出现，许多原本从事零售业的商家纷纷进入电子商务领域。例如，"96188 杭州佑康网"，该企业从事冷冻食品的销售，采用网上订购，网下有覆盖城乡的物流配送体系作为支撑，电子商务成为企业经营活动的一部分。在现代经济中，传统的企业纷纷通过电子商务开拓市场，将传统营销模式和电子商务二者结合起来。目前，零售业电子商务主要有直销、部分直销、中介和客户服务等形式。

（2）服务业电子商务　服务业中有很大一部分是涉及信息的服务，电子商务的出现很好地解决了传统服务业市场推广难、咨询服务成本高和效率低等问题。因此，服务业电子商务开展得十分红火，目前主要涉及网上职业市场、旅游、订餐、拍卖和经纪等相关领域。

（3）广告业电子商务　Internet 是发展最迅速的传播媒体，同时它的发展潜力也非常大。Internet 达到 500 万用户所花的时间大约为 5 年，而广播达到 500 万用户所花的时间为 38 年，电视是 13 年，有线电视花了 10 年。广告客户的目标在于如何有效而迅速地接近目标群体，很多原先的电视观众转向 Internet 的事实，使得广告客户认识到这一媒体的重要性。随着网民数量以及他们在网上花费时间的不断增长，广告客户商们必须改变它们传统的营销计划以适应这一发展变化。

2. 按交易主体分类

按照参加电子商务活动的交易主体划分，电子商务又可以分为常见的 4 种模式：

（1）企业与消费者之间的电子商务模式　即 Business to Consumer，简称 B2C 或 B to C。B2C 是随着电子商务技术的发展而发展起来的，它的电子商务模式类似于联机服务中的零售商品买卖，是利用信息技术让消费者直接参与经济活动的高级形式。著名的亚马逊网上书店，以及我国的当当网上书店、时空网、E 网等均属于此类。但对于 B2C 电子商务模式，国内外企业共同存在着物品的配送问题，无论是自己建立配送队伍，还是请专业配送公司来服务，都会增加营运成本，除少数企业拥有自己的配送渠道，其他企业基本上是委托专业配送公司来完成，但由于这种方式的销售回款存在风险，因此在一定程度上制约了 B2C 电子商务模式的发展。

B2C 模式的应用领域主要是以零售业和服务业为主营的企业，需要卖方虚拟购物空间，并做到在线支付结算实用化。

（2）企业与企业之间的电子商务模式　即 Business to Business，简称 B2B 或 B to B。B2B 电子商务模式以包括筹措、生产和售后服务等内容的商务综合管理系统和信息资料互换为基础，组建并运用商业数据库和信息交换系统，以推动供应商、代理商、经销商和厂商的业务往来，有效削减交易费用、降低成本，实现企业业务的合理化。B2B 电子商务形式特别适合在开放的环境中应用，全面进行市场和库存管理，有利于企业之间谋求共同的利益，共同进行产品设计开发，并对企业上下游客户关系的整合有促进作用。B2B 形式是现代企业适应网络时代发展要求的必然产物。

B2B 电子商务形式的应用领域主要集中于供应链上下游关系上，其发展前提是企业内部和外部业务的系统化和信息化，最大特征是实现企业的业务合理化和削减综合成本。我国的企业上下游关系基本是长期固定的，企业原材料采购和市场经销业务绝大部分都在相对固定的企业之间发生，开展 B2B 电子商务应该是传统的大中型企业切入电子商务，利用信息网络资源，全面进行市场和库存管理的首选方式，它有利于降低企业采购及销售的交易成本。

（3）消费者与消费者之间的电子商务模式　即 Consumer to Consumer，简称 C2C 或 C to C。C2C 模式是消费者与消费者之间的货物交易或各种服务活动在网络上的具体实现，其涵盖的范围主要包括艺术品交易、网上拍卖、旧货交易、换房服务、邮票交易等。C2C 电子商务模式，国外以 eBay 为代表，国内以淘宝网和拍拍网为代表。由于不同的文化和技术的影响，C2C 模式在不同的国度受到欢迎的程度是不同的。

（4）企业与政府之间的电子商务模式　即 Business to Government，简称 B2G 或 B to G。企业与政府之间的电子商务涵盖政府与企业间的各项事务，包括政府采购、税收、商检、管理条例发布以及法律法规政策的颁布等。政府一方面作为消费者，可以通过 Internet 发布政府采购清单，公开、透明、高效、廉洁地完成所需物品的采购；另一方面，政府对企业宏观调控、指导规范、监督管理的职能通过网络以电子商务方式更能充分、及时地发挥。

在电子商务中政府扮演双重角色：既是电子商务的使用者，进行购买活动，属商业行为；

又是电子商务的宏观管理者，对电子商务起着扶持和规范的作用。对企业而言，政府既是电子商务中的消费者，又是电子商务中企业的管理者。

3．按交易网络分类

根据建立电子商务应用系统使用网络的类型，可以将电子商务系统分为3类：

（1）基于电子数据交换的电子商务系统　国际标准化组织（International Standard Organization，ISO）对电子数据交换（Electronic Data Interchange，EDI）的定义是："将商业或行政事务按照一个公认的标准，形成结构化的事物处理或文档数据格式，从计算机到计算机的电子传输方法。"也就是说，电子数据交换就是按照商业活动中的常规协定，将商业文件标准化和格式化，并通过计算机网络和专用软件，在贸易合作伙伴的计算机网络系统之间进行数据交换和自动处理。

（2）基于Internet的电子商务系统　系统采用了当今先进的计算机网络技术、通信技术、多媒体技术、数据库技术，在全球互联网环境下，实现网上营销、购物等商业活动。一方面，它突破了传统的生产、批发、零售，以及进、销、存、调的流转程序和营销模式，真正做到少投入、低成本、零库存、高效率，实现了社会资源的高效运转和最大节余。另一方面，贸易双方都可以不受时间、空间、疆域的限制，最大限度地利用网络资源，卖方可以尽情地发布产品和服务的详细资料，买方则可以广泛了解各种产品信息，货比多家，充分选择。双方都力求以最小的花费获得最满意的服务。

（3）基于企业网络环境（Intranet/Extranet）的电子商务系统　企业网络环境是指利用Internet技术组成的企业内部网（Intranet）与企业外部网（Extranet）网络环境，它可以和Internet相连也可以不连。它能够有效地实现企业部门内部之间、企业与企业之间、企业与合作伙伴及客户之间的授权内数据共享和数据交换，并将每一个各自独立的网络通过互联延伸形成共享的企业资源，方便地查询关联企业的相关数据；此外，它允许各个子网独立自由地加入Internet和建立WWW系统，建立与外部联系的通道。

4．按交易对象分类

根据参加电子商务活动的交易对象类型，又可以将电子商务分为以下2种类型：

（1）信息服务型电子商务　这种类型的电子商务是指在网上直接对无形的数字化产品和服务进行交易的活动，它包括数字化产品（如计算机软件），各种信息服务（如专利信息、股票信息等），娱乐内容的联机订购（如视频信号的点播），付款和支付等一系列的交易与服务，以及全球规模的信息服务。

（2）实物交易型电子商务　这种类型的电子商务是指在网上直接对有形货物进行的电子订货以及交易过程中的一系列服务活动，它仍然需要利用传统的货物配送渠道，如第三方物流、分销配送中心、邮政服务和商业快递等渠道帮助送货到订货者手中。

同一公司往往可以同时兼营信息服务型电子商务和实物交易型电子商务，因为其基本的电子商务基础设施和销售网络是可以重复利用的。实物交易型电子商务要依靠一些外部要素来提高运营效率，如运输系统的效率等；而信息服务型电子商务是交易双方直接进行交易，不受时间、疆域的种种限制，它更有利于企业发掘市场潜力，在全球范围内寻找商机。

五、电子商务的特点

与传统商务方式相比，电子商务具有明显的特点，具体可归结为以下几点：商务的高效性、用户的便捷性、安全性、交易透明化、服务个性化、兼容性和可扩展性等。

1. 商务的高效性

电子商务为买卖双方提供了一种高效的交易服务方式。它的高效性体现在很多方面。例如：网上无人商店无需营业员和提供实体店铺，在为企业节省大量开销的同时，也提供了全天候的服务，从而能有效地扩大销售量，提高客户满意度和企业的知名度；同时，通过企业的电子商务系统还可以记录有关商务信息，从而可以了解每位客户每次访问网站、购买商品的情况以及对产品的偏爱情况，在此基础上通过统计就可以获知客户最想购买的产品是什么，从而为新产品的开发、生产提供有效的信息。总之，电子商务不仅仅为消费者提供了一种方便、迅捷的购物途径，也为商家提供了一个良好的营销环境，培养了一个遍布世界各地的巨大的消费群体。因而，无论是对大企业、中小企业以及个体经营者来讲，还是对一般的消费者来说，电子商务都是一种由信息技术发展带来的机遇。

2. 用户的便捷性

在电子商务环境中，客户不出门即可享受到各种消费和服务，传统商务受时间和空间限制的框框被打破。客户不再像以往那样因受到地域的限制而只能在一定区域内、有限的几个商家中选择交易对象、寻找所需的商品，他们可以在更大的范围内，甚至是全球的范围内寻找交易伙伴、选择商品。更为重要的是，当企业将客户服务过程转移到 Internet 上之后，过去客户要大费周折才能获得的服务，现在能很方便地得到。例如，将一笔资金从一个账户转至另一个账户，查询货物的收发情况，寻找和购买不常用的稀有商品等，都可以足不出户，方便、实时地完成。可见，电子商务提供的客户服务具有很大的方便性，使消费者和企业都从中获益。

3. 安全性

在电子商务中，安全性是必须考虑的问题。对于客户而言，无论网上的商品怎样具有吸引力，如果他对交易的安全性缺乏信心，就不敢贸然在网上进行交易，企业和企业之间的大宗交易更是如此。信息系统中的欺诈、窃听、病毒和黑客的非法入侵，都是电子商务的大敌，必须解决。

目前，电子商务的安全性主要通过技术手段和安全电子交易协议标准来保证。安全技术包括加解密机制、签名机制、分布式安全管理、存取控制、防火墙、服务器安全、防病毒保护等；安全电子交易协议标准比较多，符合国际标准的主要有安全套接层 SSL 协议（Secure Socket Layer）和安全电子交易 SET 协议（Secure ElectronicTransaction）。采用这些已有的实用技术和协议标准可以为企业建立一个安全、可靠的电子商务环境。

4. 交易透明化

互联网上的交易是透明的。通过互联网，买方可以对众多企业的产品进行比较，这使买方的购买行为更加理性，对产品选择的余地也更大。建立在传统市场分隔基础上，依靠信息不对称的区域定价策略将会失去作用。通畅、快捷的信息传输可以保证各信息之间互相核对，防止伪造单据和贸易欺骗行为。网络采购及招投标体现了“公平、公开、竞争、效益”的原则，暗箱操作和违规等行为在招投标过程中得到有效遏制。国际贸易中实施的电子报关有助于提高通关的效率，以及杜绝进出口贸易中的偷漏税和骗退税等行为。

5．服务个性化

到了电子商务阶段，企业可以进行市场细分，针对特定的市场生产不同类型的商品，为消费者提供个性化的服务。这种个性化主要体现在 3 个方面：个性化的信息、个性化的产品、个性化的服务。个性化的信息主要是指企业可以根据客户的需求与爱好，有针对性地提供商品信息，也指消费者可以根据自己的需要，定制需要查看的信息；个性化的产品主要是指企业可以根据消费者的个性化需求来定制产品；个性化服务则包括服务定制与企业提供的针对服务信息。这种情况的出现，一方面是因为消费者已经产生了个性化的需求，另一方面是因为通过互联网企业可以系统地搜集客户的个性化需求信息，并能通过智能系统自动处理这些信息。

6．兼容性和可扩展性

任何商务活动都不是简单的一种技术或一种管理思想就能解决的，它本身具有复杂性。

电子商务的真正商业价值还在于整合、协调新老技术，事实上，电子商务中往往大量采用计算机、网络通信等新技术。这些新技术的运用并非意味着企业原有的信息系统和设备将被全部淘汰，而是通过电子商务系统对原有的技术设备进行改造，充分利用企业已有的信息资源和技术，提高系统运行的可靠性，从而更加高效地完成企业的生产、销售和客户服务。

电子商务的可扩展性是电子商务的重要特点，处于信息技术时代的当今社会，我们每天所接受到的信息量是十分惊人的。随着信息技术的进一步发展，网络上的用户数量之大，增长速度之快将不断创下新高，这就要求电子商务系统能够有与其相适应的可扩展性，以便在网络用户数增加及出现传输高峰时，系统仍然能够正常工作；反之，会使客户的访问速度急剧下降，严重时甚至会导致整个系统的瘫痪，从而影响企业的正常工作，损害企业的形象和信誉。

第二节　电子商务与现代社会

电子商务的产生、发展和应用都离不开现代社会，电子商务与现代社会的关系也是极其复杂的。本节主要就传统商务与电子商务、电子商务的优势与不足这两个方面展开讨论。

一、传统商务与电子商务

企业的经营活动不仅是指在线采购或销售，还包括很多其他活动。例如，卖方需要了解买方的需要，并向买方促销产品，接受订单，交付产品，开具票据，接受付款及提供售后服务等。在有些情况下，卖方还要根据买方的特殊需要为其定制商品。同样，买方也要参与很多业务活动，他们必须清楚自己需要什么，哪些商品能够满足自己的这些需要，然后付款购买他们自己选定的商品。在很多情况下，为确保产品的质量和其他售后服务，买方将继续与卖方保持一定的联系，即买卖双方进行交易的对象不仅包括有形的产品，还包括无形的服务。如果从广义的角度来考虑商务活动，个人、企业、非营利组织和政府机构都可以成为买主或卖主。

1．传统商务

在我们的祖先开始对日常活动进行分工时，商业活动就开始了。那时，由于分工，每个家庭不再像以前那样既要种植谷物，又要打猎和制造工具。某个家庭或某一个部落可以专心于某一项活动，并用自己生产的产品去换取所需的各种物品。在这些原始的、以易货贸易为主的经济活动基础上，无形的服务也进一步发展成了可用于交易的对象，某些服务也开始参与交易，如祭祀的司仪通过主持祭祀活动来换取食品和工具，可以过上比一般人优越的生活。随着货币的出现，货币以其良好的流通性取代了易货贸易，交易活动变得更容易了。然而，交易的基本原理并没有变化：交易的前提是社会的某一成员创造有价值的物品，且这种物品是其他成员所需要的。所以，商务或商务活动就是至少有两方参与的有价物品或服务的协商交换过程，它包括买卖各方为完成交易所进行的各种活动。

2．电子商务

在贸易实践中，新工具和新技术的出现，改变了人们的交易方式。在过去的几十年里，企业经历了从传统介质（如手工、纸质文档）过渡到使用多种电子通信工具来完成各种交易活动。在信息技术比较发达的今天，银行可以使用电子资金转账（EFT）技术在全球范围内调动顾客的资金，企业可以使用电子数据交换（EDI）技术发出订单、寄送发票，零售商可以在多种媒体上做各种商品广告以吸引顾客订货。电子商务的一个含义是指用电子数据传输技术来实施或加强商务业务流程，在此基础上，也有人把使用互联网或 WWW 作为数据传输媒体的电子商务称为互联网商务。由于电子商务是个全新的领域，人们对这个术语的理解可能会不一样，如 IBM 公司把电子商务描述为："通过使用互联网技术对企业主要业务流程所作的改变。"

一个良好的商店购物环境，能够大大地刺激顾客的购买欲。在这方面，零售商已经积累了大量的实际运作经验。这个购物环境包括硬件和软件两方面：在硬件上有专门称之为销售规划的要求，主要是指店面设计、布局和商品的摆放内容。在软件上包括与顾客沟通技巧在内的很多销售技巧的要求。所有这些销售规划和销售人员的推销艺术是很难通过电子链接来实现的。

当然，有些商品的销售如图书和激光唱片等品牌商品销售，可以很容易地以电子商务的方式进行。因为同一版本的每本图书都是一样的，顾客也不关心图书的尺寸、新鲜程度和其他特征，所以顾客在购买前不必亲自查看图书，只要按书名订购就可以了。网站可以向顾客提供远远多于普通书店的图书，这是电子商务的一个优势，而传统书店的优势在于顾客可以自由翻阅图书。显然，不同的销售方式对不同商品的效果是不一样的，如在图书销售领域，电子商务的优势就要大于传统商务的优势。

然而有些业务流程，用传统的商务活动可以较好地完成，相反，用电子商务技术不一定能得到很好的改进。如在购买生鲜食品时，顾客更愿意亲手触摸，仔细检查，如果不能亲眼看到或触摸（肉或其他蔬菜农产品），顾客就不愿购买。又如，时装和鲜花装饰购买也是一个受购物感觉和服务等因素影响较大的购买行为。这些都是电子商务做不到的。

表 1-1 列出了适合各种商务活动的 12 种业务流程。其中有 4 种业务流程适合采用电子商务，另外 4 种适合采用传统商务，最后一栏中的 4 种业务流程可以综合采用以上两种方法。当然，这种分类方法的依据是现有的技术水平，随着电子商务中的新技术的出现，这种分类方法也将有所改变。

表 1-1 适合各种商务活动的 12 种业务流程

适合电子商务的业务流程	适合传统商务的业务流程	适合综合采用电子商务和传统商务的业务流程
图书和 CD 唱片购销	时装的购销	汽车购销
在线软件购销	生鲜食品购销	在线金融服务
旅游广告和促销	低值小商品购销	房屋租赁
运输货物的在线跟踪	昂贵珠宝和古董销售	投资和保险产品的购销

适合电子商务的商品主要是指标准化的并为消费者所熟知的产品或服务，典型的商品有办公设备、计算机和航空运输服务等，如许多常见网站上的图书和光盘销售就属此类。反之，如果个人推销技巧在交易中非常重要（如房地产的销售），或产品的情况只有通过亲自接触才能确定（如购买时装和生鲜食品）的商品销售，就适合采用传统商务。

对于有些业务流程既具有典型商品的特征，又需要消费者的亲自接触，可以采用电子商务和传统商务相结合的方式。例如，很多人在网上搜集汽车的信息，但几乎没有人不经过自己的亲自驾驶和检查而在网上直接购买二手车，因为尽管卖方可以通过电子商务向买主提供汽车的车型、款式和价格信息，但每辆汽车之间存在的差异及传统商务为顾客提供亲自接触汽车的机会，这些都是目前电子商务技术所不能做到的。

3. 电子商务与传统商务的区别

电子商务利用现代信息技术将传统商务活动中的物流、资金流、信息流的传递方式进行整合，以电子方式实现贸易数据和资料的交换，从而达到提高贸易伙伴之间商业运作效率的目的。它与传统商务相比较，有以下几点不同：

（1）交易效率高　电子商务可以采用商业数据报文标准化，使得商业数据报文的传递在全世界各地瞬间完成，无需像以前那样在原材料采购、产品生产、需求与销售、银行汇兑、保险、货运以及申报等过程中必须有人干预，所有数据能自动完成。电子商务克服了传统商务中费用高、易出错、处理速度慢等缺点，极大地缩短了交易时间，使整个交易过程变得更加快捷与高效。同时，交易效率高还体现在服务质量高和信息传播范围广上。

（2）交易虚拟化　在电子商务交易过程中，所有的经济资源并没有以其传统的物化形式出现，而是被虚拟地表示为数字形式的符号。在电子化过程中，无论是电子货币、电子提单，还是软件商品均是以数字化形式（常用“0”或“1”表示）被存储的。就存储的单个数字位（“0”或“1”）本身而言，没有任何价值，但当这些数字位以一定的方式组合成信息后，就可以表示相应的含义和价值，甚至能满足完成整个交易活动的需要。

（3）交易方式透明化　由于整个交易过程是在网络上进行的，所有交易过程（包括洽谈、签约以及货款的支付、交货通知等）的各种信息必须符合相应的规范和标准才能实现各个系统的快捷和畅通，因此，合作伙伴及管理机构之间的各个系统数据必须随时审计和核对，才能保证数据的真实性，整个交易过程是十分透明的。

（4）交易成本低　随着信息处理技术的进一步加快，自动化程度的进一步提高，很多商业信息以电子化的形式出现，使得商业业务运作可以以前所未有的方式进行，因此可以大大降低交易成本，提高经济效益。

二、电子商务的优势与不足

1. 电子商务的优势

电子商务给传统商业注入新的活力，进一步促进了商业的发展，也为商业领域带来了巨大的商机和财富。电子商务之所以逐步受到企业界的青睐，主要是因为它具有以下明显的优势：

（1）改变企业竞争方式　在网络经济时代，竞争方式正在发生重大变化，企业拥有的大型商场、仓库及众多员工不再成为竞争优势。现在的竞争是高科技的竞争，是速度、质量、成本、效率和服务等综合实力的竞争。电子商务为广大中小企业在高科技的竞争中取胜提供了一个新的机遇，将会改变财富分配的格局。

（2）提高运营效率　企业可以运用企业资源计划（ERP）、供应链管理（SCM）、管理信息系统（MIS）、客户关系管理（CRM）来协调相关部门的步骤，提高企业的运营效率，缩短生产周期，使用电子通信手段与客户联系，缩短签约时间；通过互联网或增值网，共享产品规格和图纸，提高产品设计和开发的速度；根据客户订单进行即时生产、即时销售，缩短生产周期；采用高效快捷的配送中心提供送货服务，提高配送效率。

（3）提供个性化服务　个性化消费将逐步成为消费的主流。消费者希望以个人心理愿望为基础，购买个性化的产品及服务，甚至要求企业提供个性化的定制服务。在电子商务中，企业可以通过客户关系管理对客户的要求进行有效的管理，进而进行市场细分并提供个性化服务。

（4）提供更有效的售后服务　企业可以利用 Internet 提供售后服务，在网站上进行产品功能介绍、技术支持、常见问题解答等，软件生产企业还可以进行在线软件升级。对于从事电子商务的企业来说，售后服务不再是额外的负担，而是企业通过客户关系管理来维持老客户、提高市场占有率的一种有效手段。

（5）降低成本　从事电子商务的企业在初期的物质、资金及人员投入上都明显低于传统企业。通过企业的内部信息化管理，在经营活动的各个环节，如采购、库存、生产、配送等都可以节约成本，从而提高企业的竞争力。

（6）减少库存和产品的积压　企业的库存量越大，经营成本就越高，对利润的不良影响也就越大。正确管理存货能为公司降低库存和产品积压的费用。电子商务使企业不是根据经验来确定生产量，而是根据实际需求量进行生产，减少生产的盲目性，降低经营风险，从而大大减少商品的库存积压。在企业通过网络提供个性化的定制服务后，企业甚至能够按订单制订生产计划，实现零库存生产。

（7）减少中间环节　电子商务重新定义了传统的流通模式，使生产者和消费者的直接交易成为可能，减少了中间环节，降低了流通费用，提高了经济效益。电子商务可以有效地建立和加强同客户、合作伙伴之间的关系。

2. 电子商务的不足

电子商务有众多的优势，但其不足之处也是十分明显的。

有些业务流程也许永远都不会使用电子商务方式，如生鲜食品和珠宝古董等贵重商品的买卖等。人们一般的购物习惯是先要通过看、听、尝、触摸等其中的一项或几项触觉活动来感受产品，再决定是否购买。而电子商务方式无法满足顾客的所有触觉感受的需要。

实现电子商务的首要前提是要有大量的潜在顾客，并且这些顾客有互联网设备和通过互联网购物的愿望。

电子商务的关键技术发展较快，导致以技术为自变量的成本变化幅度的加大，在对电子商务进行投资时，其收益是很难定量计算的，即使是短期的电子商务实施项目也会出现这种情况。另外，对于那些准备实施电子商务的企业来说，如何招募和留住那些精通技术和设计、熟悉业务流程的雇员也是件比较困难的事情。

在互联网上开展业务的另一个困难是，企业电子商务系统软件很难有效地与现有的用来完成传统业务的数据库和交易软件相兼容。除此以外，企业在实施电子商务时还会遇到文化、法律甚至个人习惯上的障碍。如一些消费者不愿在互联网上发送信用卡号码，有些消费者不习惯在计算机屏幕上选购商品，而愿意到商场亲自购物。在很多情况下，立法者跟不上技术的发展，电子商务所面临的法律环境也充满了模糊甚至互相冲突的法规。相对而言，规范传统商务活动的法规已经较完善了。当然，随着越来越多的企业和个人认识到电子商务所能带来的好处，电子商务的这些与技术和文化有关的认识不足将会逐渐消失，电子商务的欢迎者和使用者必将越来越多。

第三节　电子商务发展概况

一、推动企业发展电子商务的因素

在市场化运作的经济秩序下，经济利益是推动电子商务快速运行和发展的根本驱动力。对电子商务系统投资是商家进行市场竞争以追逐更多商业利益的需要。许多企业看到了电子商务带来的利益，纷纷投入到电子商务中去。总的来说，推动企业发展电子商务的因素主要有以下几点：

1．商业竞争的需要

随着电子商务的普及，企业若不及时地进入电子商务领域，则很有可能会被市场淘汰。通过建立电子商务系统向客户提供必要的或有特色的服务将会对企业的市场提供非常大的帮助。例如，企业可以建立一套电子商务系统，使得客户可以通过语音或 Email 的形式对产品提出自己的意见，这将使企业能及时掌握客户需求，对其参与市场竞争大有帮助。同时，Internet 在全球范围内的扩展为企业进军国际市场创造了良好的条件，企业可以通过 Internet 在全球范围全天候地销售产品和服务。

2．商业发展的需求

随着商业的进一步发展，新的商业需求给企业的 IT 战略带来了极大的影响。例如，有些行业中的商业机构可能需要它的供应商通过专门的企业外部网（Extranet）参与到企业的商业活动中来，没有加入就意味着商业机会的失去，这必将促使供应商建立符合自己需要的电子商务系统。同样地，如果政府向政府采购的供应商支付的是电子支票，那么这些供应商也必须建立自己相应的电子商务系统。

3．客户消费的需要

当企业有了一定数量的比较稳定的客户群时，企业必须根据客户的需要建立适当的电子商务系统来向客户提供产品和服务。例如，当企业的大多数客户配备了无线电话时，企业可以考虑建立一个可以将产品和服务信息显示在无线电话上的电子商务系统。拥有个人计算机或其他信息工具的客户希望他们的服务机构通过各种电子途径如 Web 站点和 Web TV 提供一些产品和服务，这个需求将促使企业对此作出必要的反应。

4．实现个性化推销的需要

所谓个性化推销是指组织机构将产品和服务的销售目标定位于单个的客户而不是所有的客户，这就要求企业在合适的电子商务系统上投资，根据客户的情况为其提供定制的个性化的产品和服务。定制使得企业不再仅仅是生产标准化的产品和服务，而是提供符合客户要求的产品和服务。

5．企业品牌战略的需要

Internet 为企业提供了宣传它们的产品和服务的很好条件，同时也给那些在传统商业领域存在的品牌带来了一定的威胁。例如，亚马逊和阿里巴巴等公司就是通过 Internet 建立的商业品牌，及时地适应了电子商务发展的要求，改变了传统的经营模式，并建立了一定的品牌知名度。

二、电子商务的应用效益

电子商务理念为企业的商业活动引入了新的思路，电子商务的相关技术也给企业提供了重新规划它们的商业流程的机会。现代企业管理思想中最重要的企业流程再造给企业带来巨大的利益回报，这个回报源于企业的客户增长和商业机构业务流程的简化等方面。因此，电子商务的发展趋势促使企业对电子商务价值观进行详尽的考虑，从而能在部署电子商务系统时做到有的放矢。电子商务应用效益往往可以从多个角度、多个侧面来体现。

三、我国电子商务发展中面临的问题

大力发展电子商务，是推进国民经济信息化的重要内容。在全球范围内，基于互联网的电子商务正以前所未有的速度迅猛发展，不仅改变着传统的社会生产方式，而且对经济结构的调整产生了极为深刻的影响，成为世界经济新的增长点。现阶段我国电子商务尚处于普及阶段，面临的主要问题有：

1. 网络基础设施建设问题

由于地区经济实力和各种技术方面的原因等，我国网络的基础设施建设与欧美等发达国家相比，发展相对缓慢和滞后，且沿海省份和中西部地区在网络基础建设上发展不均衡。网络的整体带宽对电子商务的发展构成了瓶颈。

2. 政府的角色定位问题

Internet 是跨国界的网络，建立在其上的电子商务活动必然也具有同样的特点。如果每个国家按照自己的交易方式运作电子商务，网络贸易将很难得到长远的发展。所以，必须建立一个全球性的标准和规则，以保证电子商务的顺利实施。同时，政府对电子商务活动不应过多地干涉，而应遵循电子商务的国际准则，尽量放权于企业。政府在其中所起的作用应是扶持和服务，而不是控制和干预。

3. 安全问题

中国互联网信息中心（CNNIC）公布的《中国互联网络发展状况统计报告》显示，在电子商务方面，“用户最关心的”一项中，有 52.26%的人选择了“交易的安全可靠性”；在“目前网上购物最大问题”一项中，有 33.4%选择了“安全性得不到保障”。网上交易的安全性已经成为制约我国电子商务发展的主要因素之一，安全的电子商务系统，首先必须具有一个安全、可靠的通信网络，以保证交易信息安全。其次必须防止黑客入侵对网络进行破坏。

对于安全认证问题，目前我国 CA 认证众多，在管理和应用方面尚有许多问题需解决，其中涵盖信息安全保密体制的管理，如何引导商家和网民的广泛应用，对于发放的数字证书采取什么有序的管理办法等相关问题。

4. 网上支付问题

电子商务网上交易得以成功的关键环节是网上支付。目前已经开展的电子商务使用了多种电子支付方式，包括信用卡、储蓄卡、邮局汇款和货到付款等多种方式。而在多种支付方式中，货到付款占了相当大的比例，这与西方发达国家的状况截然相反。这种局面的形成，与我国的信用体制不健全密切相关。在传统的购物方式中，信用卡等的使用也并不普遍而且经常出现问题，在网上支付就更让用户担忧了。电子支付手段的优点是使得有形的货币转化为无形的数据，这样就加快了交易的速度，可以减少企业流动资金的占用，同时也方便了用户，货到付款在这个方面存在着劣势。因此，银行系统应尽快完善网上银行的建设，提高网上支付系统的安全性和可靠性，延长服务时间，扩展服务领域，提高服务水平，培育信用消费的市场，为电子商务的发展助力。

5. 物流配送能力的滞后

以实物商品为内容的电子商务活动，最终完成交易必然依赖于物流配送系统。与建立网站相比，新建一个全国性的配送系统将更为困难，其所需的大量资金投入使企业在此停步不前。尽管许多快递公司、邮政寄送可以部分地解决配送问题，但与实际需要还相差甚远。物流是一个由运输、储存、配送、包装、装卸搬运、配送加工和信息处理 7 大功能构成的多功能体系，而配送只是其中的一个环节。真正高效的电子商务活动，需要一个更加完善的现代化物流体系，才能体现出其高效率、低成本的特性。我国的运输企业众多，再加上许多厂商在全国建立了许多的连锁机构，这些资源经过企业间的联合、结盟，重新优化配置，将有可能建立跨地区的专业性物流渠道，解决目前存在的问题。当然这个目标的实现需要一个过程，绝不可能一蹴而就。

6. 公共政策问题

（1）电子商务所涉及的资费问题　在我国，电信资费的垄断使用户承担着过高的上网信息费，再加上昂贵的电话费，超过了多数希望利用 Internet 参与电子商务的人们的承受能力，这也限制了电子商务的市场规模。政府部门应积极发挥宏观调控职能，解决好电子商务的相关资费问题。

（2）隐私权问题　Internet 的普及给人们的生活带来了便利，但人们也在上网过程中不知不觉地失掉了自己的隐私。在网上购物的同时，客户的记录被储存下来，商家的促销目标更为明确了，商业广告也纷至沓来。这还是小麻烦，如果个人的一些信息被犯罪分子利用，将会给用户带来不必要的损失。在人们更加关注隐私权的今天，隐私权保护不力，将给电子商务的发展蒙上一层阴影。在这方面也需要政府制定相关的政策保护隐私权。

（3）税收制度问题　电子商务交易中的产品税收问题在各国都是十分敏感的话题：对于软件、电子音像制品等无形产品是否征税，对于服装、计算机等有形产品如何征收关税，电子商务跨地域的特性导致的税收征收地的界定问题。这些都将影响到国家的根本经济利益，因此在电子商务的征税问题上应认真考虑，保证各方的合理利益。

（4）法律问题　电子商务自身有着传统商务所不具备的特点，因此也向现行的法律体系提出了挑战。要保证电子商务交易各方的合理利益，解决可能出现的纠纷，保护知识产权，就需要适应电子商务交易特点的电子商务法作为保障。我国政府应尽快制定出我国的电子商务法规，以保证电子商务的健康发展。我国在制定电子商务法时，应借鉴联合国国际贸易委员会的《电子商务示范法》及其相关规则，充分考虑电子商务活动的国际性。我国还应积极参与国际电子商务法律的制定工作，维护我国的正当利益。虽然我国现阶段电子商务应用还存在一些不足之处，但中国电子商务的前景被一致看好，投身电子商务对于企业来讲是一次难得的机遇。企业应在对电子商务有比较透彻的了解的基础上，从企业的目标和战略、内部能力、外部环境及成本效益分析的角度进行可行性论证，结合中国的国情制定本企业发展电子商务的详细规划，扎实地实现企业的电子商务系统。政府部门应制定出有力的政策，对企业发展电子商务予以支持，做好宏观调控工作，积极、稳妥地推进中国电子商务的发展。

四、我国电子商务目前的发展特点

1．与传统商务的结合更加密切

电子商务在本质上是属于商务范畴的，它不可能摆脱商务活动的一些基本特征，它有很多与传统商务相关的理由。经过市场整合后的我国电子商务业界，与传统商务的融合有了新的发展，不少电子商务网站开始摆脱“网站”定位的局限性，开始更多地倾向于以网络技术为经营手段的重新定位，开始与传统商务进行有机融合。阿里巴巴与客户的网下交流频繁进行，当当网上书店有具有丰富传统书业经验的人士直接加盟，都说明了这一点。

2．电子商务盈利局面基本成型

我国的电子商务已经完成了从原先的注意力经济到目前的购买力经济的转型。随着互联网信息服务收入范围和幅度的进一步扩大，电子商务网站盈利已经变成现实。亚马逊、当当和阿里巴巴等在收支平衡的基础上，收入和利润继续增长。新浪、搜狐和网易等门户网站的电子商务等非广告收入大幅增长。电子商务市场从粗放走向成熟，越来越多的电子商务网站及其业务由免费转为收费，表明我国电子商务市场已经开始逐步走向成熟。

3．电子商务环境进一步改善

电子商务运作环境进一步改善，一方面许多与电子商务相关的社会意识不断出现，法律法规、政策制度陆续出台，另一方面电子商务企业纷纷自己参与和实施具体的电子商务环境的改善行动。网上公证开始应用，电子签名的立法开始提到议事日程上；易趣网 2002 年赢得诉讼，表明网上协议具有法律效力，意义重大。同时，网站自身也在下工夫改善电子商务运作环境，如阿里巴巴推出“诚信通”服务以改善信用环境。

4．电子商务普遍展开

门户网站和网络媒体的收入结构开始多元化，电子商务普遍开展，其经营模式从单一门户或媒体模式向复合和多元模式的方向发展。

5．短信和网络广告表现不凡

在众多的电子商务业务中，令很多人意想不到的是短信业务的异军突起。在各大门户网站中，基于手机短信的商务活动都表现不俗，与此相关的收入均在总收入中占重要比例。并且随着以短信形式发送的信息、游戏等无物流商品大行其道，基于手机的小额支付开始进入实用阶段，且发展迅猛。同时，有着“第四媒体”称号的互联网经过一段低潮后，网络广告又开始进入新一轮的发展时期。网站的供求关系开始逆转，广告客户的成分开始多元化，从 IT 行业扩展到传统行业。随着信息技术的发展和人们对网络广告认识的进一步加深，网络广告开始摆脱传统广告的模式桎梏，在形式上有了不凡的表现。

6. 意识、观念及发展战略的认识有待提高

中国人的购物习惯和方式依然是比较保守和陈旧的，“不见兔子不撒鹰”，且以逛街购物为乐趣的传统商业思维定式没有太多的改变。同时，人们对电子商务的发展战略问题没有充分的认识，不能很好地完成对自己的市场定位。面对网站的爆炸式增长与网站的无效益落地形成了巨大的反差，许多网络公司为了创造所谓的品牌效应付出了沉重的代价。我们对电子商务的观念、发展战略方面的认识有待进一步的提高。

五、我国电子商务未来的发展趋势

今后我国电子商务发展的总体趋势可以从以下 6 个方面来体现：

1. 国际化趋势

电子商务的国际化趋势是历史的必然。中国电子商务巨大的潜在市场和无限商机使得中国必将成为跨国集团和国外企业的首选目标，必将成为投资热点和开发热点。国外资本的注入，将进一步地改善和加强国外新技术的介入，也必将冲击我们现有的电子商务市场。现有的电子商务企业的竞争态势和排位格局将被打破，整合的速度及内容扩展的速度均将加快。

2. 区域化特点

由于我国经济发展的不平衡，地区自然条件的差异性，生活水平的差异性，网民结构的差异性，文化风俗的差异性，必将在网络经济和电子商务发展中表现出区域差异。以发达经济带为基础而形成的，有区域经济特点的信息产业群和网站建设群，将很快在京津及长三角地区出现。形成区域特色的另一个重要原因是受区域文化的影响和制约。网站建设的深层发展必然在栏目建设及销售物品上反映这一特色，并形成自己的区域文化特色和相对稳定的客户群。

3. 特色和专业化

很有特色的专业化网站将会大量增加，由于特色网站的不可替代性及较稳定的网民基础，它们将会和若干大型综合性网站一起度过一个并存期。从发展趋势看，今后电子商务网站将从 6 大方面来体现个性化特色：制定信息的个性化；选择商品的个性化；发挥潜在能力的个性化；参与品评和发表见解的个性化；业务扩展的个性化；深度服务的个性化。

4. 资源融合

网站建设的专业化使其很难满足网民的全方位、多层次的个性化需求，经常会出现资源匮乏与内容短缺的现象，只有通过资源融合，才能实现优势互补，资源共享。

5. 大众化发展趋势

网络知识开始普及，中文网址已经形成，随着网费的下调和大量傻瓜型软件的出现，电子商务将变成一种大众化的商务形式。

6. 延伸化趋势

延伸化趋势是电子商务发展的必然结果，也是电子商务生命力的体现。这种延伸将主要体现在 3 个方面：

（1）向电子商务实务扩展和延伸　随着网络技术的发展，个性化服务的优势将越来越充分地显示出来。人们不仅可以享受到购物送货的方便，还将享受多种延伸服务。

（2）信息商品化　收集和人工采集信息的方法将有所创新，定制信息将作为商品受到企业的欢迎。

（3）向产业化扩展和延伸　电子商务的发展，将影响和带动银行保险公司、包装业、配送业等相关产业的发展，同时还将激活和带动许多其他关联产业的发展。

第四节　电子商务实例——当当网上书店

当当网上书店成立于 1999 年 11 月。该公司从 1997 年就开始从事收集和销售中国可供书数据库工作。当当网上书店号称“全球最大的中文网上书店”，它由美国 IDG 集团、卢森堡剑桥集团、日本软银（Softbank）和中国科文公司共同投资，面向全世界中文读者提供 20 多万种中文图书及超过一万种的音像商品。当当网上书店的使命是以世界上最全的中文图书使所有中文读者获得启迪、得到教育、享受娱乐。

1. 当当网上书店的发展历程

（1）创业初期　1999 年，当当网诞生，由美国 IDG 集团、卢森堡剑桥集团、日本软银和中国科文公司共同投资，李国庆和俞渝任联合总裁。吸引投资者的不是当当的商业模式，而是它的管理团队。互联网泡沫的出现让很多人对互联网产生了怀疑，许多在泡沫经济情况下诞生的互联网公司很快销声匿迹了，它们重回传统阵营求生存，少数幸存下来的公司也出现了动摇，不少公司采取了“落地”行动。当当却毅然地坚持了下来。

（2）低价之本　在当当年增长率达到 200%～300%的时候，传统企业增长率仍然在 5%～10%之间徘徊。

2. 当当网上书店的特点

当当网上书店与国内的网上书店同行相比，具有以下特点：

（1）商品种类较多　当当网上书店经营几十万种图书、上万种的 CD/VCD/DVD 音像商品以及众多的游戏、软件、上网卡等商品，它是目前国内经营商品种类最多的网上零售店。

（2）购物较方便　当当网上书店采用较先进的商品分类法，设置智能查询，并有直观的网络导航和简洁的购物流程，甚至还可以为初次购物者进行购物演示，这使消费者有了一个较为轻松、愉悦的购物环境，在一定程度上提高了成交量。

（3）配送系统较完善　当当网上书店在诸如北京、上海、广州、深圳、福州、杭州等 12 个大中型城市开通上门送货服务，并可采取货到付款、现金交易的支付方式，较好地体现了

“以顾客为中心”的原则，从而能够更好地满足顾客的需求。

（4）促销措施多样　包括设立“团购”业务，对一次性购物1万元以上或订购同一品种图书100册以上的顾客按“团购”方式实行优惠措施；所有图书均采取折扣策略，并标明原价、售价及优惠率等，让人一目了然；设特卖场，有针对性地将部分图书按2～6折不等进行特卖，提高销售量；对购书满30元者免运费，购音像满30元者返回5元等。

（5）注重社会关系与交流，扩大影响　当当网上书店设“媒体看当当”“我要评论”等互动性较强的栏目，通过与媒体的合作、与用户的交流来达到扩大影响的目的。例如，当当联合总裁俞渝女士就曾亲自到新浪网与广大读者沟通交流。另外，被称为“中国最美丽的城市电影、最新锐的探索电影”的《那时花开》也选择当当网上书店为其网上首发商。

3．当当提供的相关服务

（1）新用户注册

1）进入当当网主页后，点击首页右上角蓝色字体的“新用户注册”。

2）显示新用户注册页面，根据提示填写基本信息，包括Email地址、昵称、密码、验证码等信息。

3）验证。登录您注册时填写的邮箱，查询当当发送的验证邮件。只要将邮件中的验证码输入到基本信息栏内，点击完成就注册成功了。

（2）支付方式　当当网提供了以下几种支付方式：

1）货到付款。

2）网上支付。

3）邮局汇款。

4）银行转账。

5）账户余额支付。

6）当当荣誉顾客卡支付。

7）支票支付。

（3）运费收取标准　详见网站。

（4）服务保障承诺　每一位在当当网购物的顾客都可以享受到“假一罚一”“差价返还”的服务，保障您安全、低价购物。

（5）配送方式和配送范围（见表1-2）

表1-2　配送方式和配送范围

配送方式	配送范围
普通快递送货上门	全国（包含港澳地区）120个城市
普通邮递	全球邮政系统所能到达的地区
加急快递送货上门	全国240个城市
特快专递	全国（包含港澳台地区）范围

（6）退换货政策　当当网承诺自顾客收到商品之日起（以发票日期为准）7 日内，如符合以下条件，我们将提供全款退货的服务：

1）商品及商品的外包装没有损坏（包括包裹填充物及外包装箱或外包装袋），并保持当当网出售时的原质原样。

2）注明退货原因，如果商品存在质量问题，请务必说明。

3）准备好原始发票及当当网发货清单。

4）如果成套商品中有部分商品存在质量问题，在办理退货时，必须提供成套商品。

（7）VIP 优惠政策　2013 年 VIP 规则如表 1-3 所示：

表 1-3　2007 年 VIP 规则

<table>
<tr><th></th><th>升级标准</th><th colspan="2">VIP 优惠待遇</th></tr>
<tr><td>黄金 VIP</td><td>1）单张订单现金购物满 588 元（含）以上
2）2005 年至今现金购物累计 1000 元（含）以上
3）在当当网现金购物累计 3000 元（含）以上</td><td>享受百货、图书、音像当当价 97 折</td><td rowspan="2">注：无须任何操作，提交订单时，系统自动折上折；优惠不含特例品、发送费及当当网店中店商品
特例品即不显示钻石价的商品</td></tr>
<tr><td>钻石 VIP</td><td>1）单张订单现金购物满 1188 元（含）以上
2）2005 年至今现金购物累计 2000 元（含）以上
3）在当当网现金购物累计 6000 元（含）以上</td><td>享受百货、图书、音像当当价 95 折</td></tr>
<tr><td>说　明</td><td colspan="3">1）满足以上任何一个条件即可成为 2007 年度当当网 VIP
2）“现金累计”是指您的现金购物金额，其中不含发送费、礼券等金额
3）从满足晋级条件的订单出库起且款到当当 30 天之内，会员卡会发放到顾客账户中
4）一张会员卡对应一个当当网账户，不能跨账户使用
5）2013 年 12 月 1 日起晋级的 VIP，有效期均截至 2014 年 12 月 31 日
6）当当网保留对以上 VIP 制度的解释权</td></tr>
</table>

（8）发票制度　当当网上书店购书发票有两种：商品发票和运费发票。

1）商品发票。当当网提供的商品发票是“北京科文书业信息技术有限公司销售商品专用发票”或“北京当当科文电子商务有限公司销售商品专用发票”。

2）运费发票。可由快递公司提供，请您在签收商品时向快递人员索取。

4．当当网上书店的进一步发展

在传统的图书购销领域，出版商只能自己去逐个找这些书店零售商。如果把这个相互了解的过程搬到网上来，出版商和零售商之间的交易成本将大幅降低，效率将大大提高，这就是 B2B 电子商务的魅力所在。

要成为龙头老大，光有漂亮的网上界面吸引顾客点击鼠标是不行的，还要有实实在在的服务能力。当当网在全国各主要城市提供送货上门的服务，更新信息系统让服务更加智能化。互联网经济不完全是虚拟的，它还需要水泥和砖头的支持。

不管怎么说，当当网上书店正面临机会与挑战并存的局面。网站的经营已经逐步步入正轨，客户基础初步形成。同时，更多的经营问题也正在暴露出来。这一切都需要当当网上书店的管理者和他们的下属们去思考、去创新，用行动证明网上书店的强大生命力。

思考和练习

1．电子商务产生和发展的条件有哪些？

2．电子商务的定义是什么？它有哪些层面？

3．电子商务有哪些特点，请详细说明。

4．请将以下业务流程补充完整（见表 1-4），以适合各种商务活动。（其中有 4 种业务流程适合采用电子商务，有 4 种适合采用传统商务，最后一栏中的 4 种业务流程可以综合采用以上两种方式）

适合电子商务的业务流程	适合传统商务的业务流程	适合综合采用电子商务和传统商务的业务流程
	时装的购销	汽车购销
运输货物的在线跟踪		投资和保险产品的购销

5．社会对电子商务的认识与应用存在哪些偏差？

6．我国电子商务发展中面临的问题有哪些？

7．请说明电子商务的优势与不足

8．请说明我国电子商务未来的发展趋势有哪些。

9．登录中国互联网信息中心（CNNIC）网站主页 www.cnnic.net.cn，查看中国互联网信息中心提供的服务内容有哪些（请说明 3 项），在服务内容中查找最新 CNNIC 互联网调查报告，并下载到个人计算机上，查看互联网信息报告内容。

10．随着电子商务的发展，电子商务也渐渐融入人们的日常生活。王明想尝试了解电子商务或开始使用网上购物，但互联网上的商品数量丰富，种类繁多，在网上应该如何选择商品？网上购物哪些商品质量比较有保证？你能给他一些建议或意见吗？

第二章 电子商务运行平台

知识目标

1. 了解和掌握电子商务“三流”的基本概念。
2. 了解电子商务信息流、资金流、物流三者之间的关系。
3. 掌握电子商务框架结构的3个层次和2个支柱以及它们之间的关系。
4. 了解CA认证中心的概念。
5. 了解金融服务机构的一般功能。
6. 了解Internet服务提供商（ISP）的分类。
7. 了解网络技术包含的内容。
8. 了解数据库技术和EDI技术。

技能目标

1. 在电子商务流程中，能掌握“三流”的概念，并能区分电子商务物流、资金流和信息流。
2. 能够区分CA认证中心、金融服务机构、Internet服务提供商（ISP）等服务机构，并能说明这些机构主要承担的作用。
3. 能根据自己的喜好和需求，安装和卸载相关IE浏览器。
4. 能说明数据库的发展历程，并能简单说明数据库的调用流程。

导入案例

李亮是浙江省杭州市某高教园区的大二学生，暑假期间获得父母同意，留校发展自己的兴趣爱好。与其同寝室的几位同学也没有回家，大家商量到底做些什么来充实自己的暑假生活时有同学提议：不如建一个网站吧！我的家乡在浙江义乌，那是中国著名的小商品集散地，在国际上都有一定的知名度。我们可以把我家乡的一些工厂出产的小商品放到网站上去卖，如果可行，我以后每次回家就顺便带几包货，连进货的运费都可以省了！

一语激起千层浪，建议在热烈讨论中慢慢现出了它的雏形，卖什么东西、销售范围、付款结算、如何送货、商店维护、退货处理等一系列问题摆在几个小伙子面前。但所有问题很快得到了解决。

电子商务网站主要销售：工艺品、礼品及小商品。

销售范围：本校所在的大学城，拥有十几所高等学校，学生人数约有20万。

货款结算：灵活的支付方式，可以采用网上支付，也可以采用货到付款的方式。

如何送货：一辆电动自行车，车后有后备箱/锁。

商店维护：由李亮室友在寝室计算机上完成，如货物受损，送货时可当场退货，周日由室友带回义乌与厂家调换。

李亮的各位室友分工合作如下：

室友1：拥有一台高性能计算机，技术也相当过硬。当时便拍胸脯说："我用Dreamweaver用一周的时间做个大家都满意的电子商务网站。"平时负责电子商务网站的维护和更新，处理在线交易订单的确认，顾客的咨询和投诉，信息反馈等。

室友2：家在义乌，义乌乃中国小商品的海洋，厂家众多，价格便宜。室友2负责与商家沟通、商品的采购、货损的退换等。

室友3：性格爽朗，爱好运动，精力旺盛，自告奋勇出来担任电子商务网站的送货人员。

室友4：负责商品管理、采购管理、销售管理、库存管理、商店管理、客户管理、应收款明细、应付款明细等各项协调工作。

由于网店的初期并不需要到当地工商部门进行注册，也不需要去租赁昂贵的店面，只需要花费少量资金申请域名和租用网站空间，于是网店很快办起来了。为了解决网站知名度的问题，几位小伙子在校园做起营销推广工作。他们定期在学校食堂门口摆地摊，卖网站销售的商品，顺便告诉大家网站地址，如果想买东西，网站上品种更丰富，价格更实惠。如果有的同学不知道买什么品种的商品，可提出自己的需求，由网站在线服务人员根据顾客的要求，进行顾客分析，协助顾客完成购买过程。例如，女朋友过生日，不知道该送什么礼物比较好，价格在50～100元之间。这个时候，网店可依据顾客形容的女朋友的性格特征、年龄、爱好等帮忙挑选合适的生日礼物，并附上精美卡通祝福卡片。

商店初期由于知名度有限，生意较为清淡。后经过努力宣传，再加上良好的服务，网店蒸蒸日上，在附近大学城众多高校中拥有一定的知名度。

到暑假结束新学期开始时，网站已经实现每月盈利千余元，李亮及他的室友初次创业成功，挖到了他们学生时代的第一桶金。

【思考】

（1）电子商务与传统商务相比，有哪些优势？

（2）在众多的电子商务网站中，自己的网站如何实现盈利？

第一节 电子商务组成要素

电子商务是参与各方之间以电子方式进行的业务交易。它通过先进的网络，将事物活动和贸易活动中发生关系的各方有机地联系起来。电子商务的贸易、事物活动主要涉及 3 大要素，即信息流、资金流和物流。信息流既包括商品信息的提供、促销营销、技术支持和售后服务等内容，也包括诸如询价单、报价单、付款通知单和转账通知单等商业贸易单证，还包括交易方的支付能力、支付信誉、中介信誉等。资金流主要是指资金的转移过程，包括付款、转账和兑换等过程。物流是指物质实体商品或服务的流动过程。对于大多数商品和服务来说，物流可能仍然经由传统的经销渠道，然而对有些商品和服务来说，可以直接以网络传输的方式进行配送，如各种电子出版物、信息咨询服务及有价信息等。

电子商务的过程是以物流为物质基础，信息流贯穿始终，引导资金流正向流动的动态过程。

一、“三流”的概念

1．信息流

信息是客观世界中各种事物的变化和特征的反映，是客观事物之间相互联系的表现，它包括各种消息、情报、信号、资料等，也包括各类科学技术知识。在信息经济环境下，贯穿经济活动各个环节的主要内容就是各种信息。信息成为主导企业从生产到流通过程的核心要素。信息流是电子商务交易各主体之间的信息传递过程，是电子商务的核心要素。

在企业中，信息流分为两种：一种是纵向信息流，发生在企业内部；另一种是横向信息流，发生在企业与其上下游的相关企业、政府管理机构之间。不管是哪种信息流，它们都覆盖了企业生产——流通过程的各个环节。在传统的生产管理模式下，对信息流的处理都是以各式各样的表格形式在企业中流转的，且是一种典型的直线型结构。

2．资金流

资金流是指资金的转移过程，包括支付、转账、结算等，它始于消费者，终于商家账户，中间可能经过银行等金融部门。资金具有时间价值，因此资金的加速流动具有财富的创造力。商务活动的效益是通过资金流来体现的，企业商务活动的最终目的是资金流。传统商务活动中资金流的方式主要有现金、支票、银行汇票、商业汇票、银行本票、委托收款、托收承付、信用卡、汇兑等。电子商务活动中资金流的方式是依靠金融网来实现的，主要有电子现金、电子支票、信用卡等。

3. 物流

物流是因人们的商品交易行为而形成的物质实体的物理性移动过程，它由一系列具有时间和空间效用的经济活动组成，包括包装、装卸、储存、运输、配送等多项活动。物流有广义和狭义之分：广义的物流既包括流通领域，又包括生产领域，是指物质资料在生产环节之间和产成品从生产场所到消费场所之间的物理移动；狭义的物流只包括流通领域，是指作为商品的物资在生产者与消费者之间发生的空间位移。

在电子商务条件下，物流在社会经济活动中的作用也在不断增强，人们对物流的认识也在不断深化，根据物流对象、目的、范围和范畴不同可将其划分为不同类型，主要有：宏观物流和微观物流；社会物流和企业物流；国际物流和国内物流；一般物流和特殊物流及配送物流。在电子商务环境下的物流主要为配送物流。物流活动是创造时间价值、场所价值和一定加工价值的人类活动，是企业运作过程中必不可少的活动内容。企业物流活动内容包括原材料的采购，产品的各道加工工序，半成品的流转，以及产成品的运输、储存、配送等活动。在企业中，各环节间的安排都是以促进物流通畅为主要目标的。

二、电子商务“三流”之间的关系

信息流、资金流和物流的形成是商品流通不断发展的必然结果，是电子商务的重要组成元素。它们在商品价值形态的转化过程中有机地统一起来，共同完成企业的再生产过程。由信息流提供及时准确的信息，由资金流有计划地完成商品价值形态的转移，由物流根据信息流和资金流的要求完成商品使用价值的转移过程。

在商品价值形态的转移过程中，物流是基础，信息流是桥梁，资金流是目的，但信息流处于中心地位，信息流是其他流运转的介质，直接影响、控制着商品流通中各个环节的运作效率。

第二节　电子商务框架结构模型

电子商务框架结构是指电子商务环境中涉及的各个领域以及实现电子商务的技术保证。电子商务框架结构由 3 个层次和 2 个支柱构成。其中，3 个层次是指网络层、消息和信息发布层、电子商务应用层，2 个支柱是指社会人文性的政策及法律法规和自然科技性的技术标准和网络协议。电子商务的框架结构模型如图 2-1 所示。

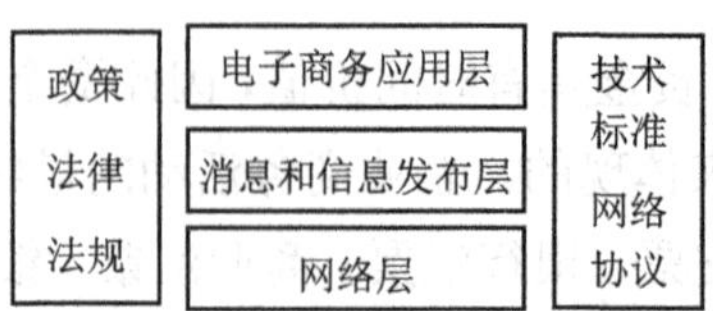

图 2-1 电子商务的框架结构模型

1．网络层

网络层是实现电子商务的最底层基础设施，即信息基础设施。它是信息的传输系统，也是实现电子商务最基本的保证。网络基础设施主要包括电信网络、有线电视网络（CATV）和计算机网络，即我们所说的“三网”。其中，电信网络主要的业务是电话、传真及数据通信等，有线电视网络是一个单向电视节目的传送网络，计算机网络是信息基础设施最重要的部分，其代表是 Internet。这些不同的网络均可为电子商务提供信息传输线路，但目前电子商务的主要业务还是基于 Internet 的。

2．消息和信息发布层

网络层提供了电子商务信息传输的线路，消息和信息发布层则解决如何在网络上传输信息和传输何种信息的问题。消息和信息的传播工具主要有两种方式：一种是非格式的数据流，如传真和电子邮件等；另一种主要是格式化的数据交流，如 EDI（电子数据交换）。目前 Internet 上最常用的信息发布方式是在 WWW 上用 HTML（超文本标记语言）的形式发布网页，它以统一的显示方式，将 Web 服务器中非格式化文本、声音、图像和视频的多媒体信息发送给接收者。

3．电子商务应用层

电子商务应用层可实现网上的商务活动，如网上广告、网上零售、电子市场、网上拍卖、网上支付和视频点播等。

4．政策及法律、法规

进行商务活动，要有一整套有形的法律（法律、法规、政策等）和无形的法律（道德及伦理规范）来进行约束和管理，使之能有序进行。

5．技术标准和网络协议

技术标准是信息发布、传递的基础，是网络上信息一致性的保证。就整个网络环境来说，标准对于保证兼容性和通用性是十分重要的，如果电子商务没有完整、统一的国际标准，这将对发展全球电子商务形成阻碍。目前许多厂商、机构都意识到标准的重要性，正致力于联合起来开发统一标准。例如，电子数据交换就是企业与企业之间进行电子商务活动的一种标准。

网络协议是计算机网络通信的技术标准，在计算机网络中，处于两个不同地理位置的计算机上的企业要进行通信，必须按照通信双方预先共同约定的规程进行，这些约定和规程叫做网络协议。

第三节　电子商务服务机构

电子商务是建立在对现实世界中商务活动的一般抽象描述上的概念模型，是一项社会系统工程，不是一个孤立的系统，它的应用和发展需要内部、外部环境和各服务机构的支撑。主要的服务机构有 CA 认证中心、金融服务机构、Internet 服务提供商（ISP）。

一、CA 认证中心

CA（Certificate Authority）认证中心，又称为电子商务认证中心，也称为电子商务认证授权机构。在电子商务交易中，无论是数字时间服务（DTS）还是数字证书（Digital ID）的发放，都不是靠交易的双方自己就能完成的，而需要有一个具有权威性和公正性的第三方来完成。CA 就是担任网上安全电子交易的认证服务机构。它能签发数字证书，并能确认用户身份。图 2-2 是中国各认证中心的情况，具体的 CA 的相关知识将在以后的章节中详细介绍。

中国计算机安全网
INFOSEC.ORG.CN
[关闭窗口]

名 称	网　址
中国数字认证网	http://www.ca365.com
中国金融认证中心	http://www.cfca.com.cn
中国国际电子商务安全认证中心	http://www.cacenter.com.cn/
中国电子邮政安全证书管理中心	http://www.chinapost.com.cn/CA
中国协卡认证体系	http://www.sheca.com/php/index.php
中国电信CA安全认证系统	http://www.sinocol.com/
北京数字证书认证中心	http://www.bjca.org.cn/index.htm
北京天威诚信数字认证服务中心	http://www.itrus.com.cn/
天津CA认证中心	http://www.ectj.net/
河北省电子商务认证中心	http://www.hbeb.com/
山西省电子商务安全认证中心	http://www.sxca.com.cn/
吉林省数字证书认证中心	http://www.jlca.com.cn/
黑龙江邮政局电子邮政安全认证中心	http://www.e-tol.com.cn/
上海市电子商务安全证书管理中心	http://www.sheca.com/
江苏CA认证中心	http://www.jseca.com/ca.asp
陕西省电子商务证书认证中心	http://www.sxeca.com/
安徽省数字证书认证中心	http://www.ahca.org.cn/index.htm
福建省数字安全证书管理有限公司	http://www.fjca.com.cn/

图 2-2　CA 中心列表

二、金融服务机构

银行或结算中心在电子商务的活动中担负着重要的中介角色，商品交换离不开资金运转，缺乏完备的网上支付系统不可能是彻底的电子商务，网络银行是金融电子化的发展结果，是开展电子商务必不可少的支撑机构。

网络银行是 20 世纪 90 年代以来在国际上兴起的以互联网为依托的新型商业银行。客户的计算机终端通过 Internet 网络或其他公用信息网连接至银行，实现将银行服务直接连接到客户办公室或家中，使客户不再受限于银行的地理环境、上班时间，足不出户即可享受传统商业银行的一切金融服务。图 2-3 为中国银行网上银行站点。

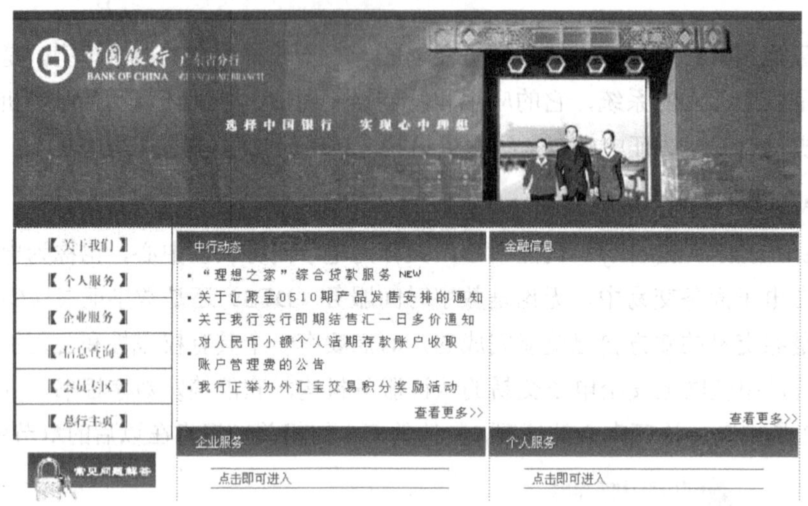

图 2-3　中国银行网上银行

三、Internet 服务提供商

Internet 服务提供商（Internet Service Provider，ISP）是用户进入 Internet 的桥梁，主要为用户提供接入互联网的服务。企业要连入互联网开展电子商务，必须要有 ISP 的支持。

1．ISP 的网络服务方式

ISP 所提供的整体网络服务方式主要有 2 种：虚拟主机方式和服务器托管方式。

（1）虚拟主机　虚拟主机是运用特殊的软硬件技术，把一台计算机主机分成一台台虚拟的主机，每一台虚拟主机都具有独立的域名和 IP 地址，具有完整的 Internet 服务器功能。虚拟主机之间完全独立，在外界看来，每一台虚拟主机和一台独立的主机完全一样，用户可以利用它来建立完全属于自己的 Web、FTP 和 Email 服务器。

由于多台虚拟主机共享一台真实主机的资源，每个用户所承受的各种费用均大幅度降低，使企业在互联网上开展电子商务成为可能。此外，企业也无须负责机器硬件的维护、软件配置、网络监控、文件备份等工作，企业的主要任务就是负责网站的维护。虚拟主机是使用最多的一种接入互联网方式。

一般来说，企业在向 ISP 申请付费后，就可以得到设置好的服务器账户信息，在该账户信息中，包括服务器根目录 FTP 登录名和密码，以及管理员电子邮箱的登录名及相应的密码，这样就维护了虚拟主机的管理权限。通过各种 FTP 软件，企业就可以 24 小时上传、下载、删除、修改服务器上的文件。

（2）服务器托管　服务器托管即租用 ISP 机架位置，建立企业 Web 服务系统。企业主机放置在 ISP 机房内，由 ISP 提供必要的维护工作，由企业自己进行主机内部的系统维护及数据的更新。这种方式不计通信量，不计硬盘空间量，不计访问次数，也不需要申请专业线路和建立复杂的网络环境，因此也就节省了大量的初期投资以及日常维护的费用。

与虚拟主机方式相比，服务器托管方式具有更大的使用空间和更高的管理权限。同时服务器托管方式，每月资费标准相对固定，因此便于信息发布单位控制支出。这种方式特别适用于那些有大量数据需要通过 Internet 进行传递、发布的企业和商家。

2. ISP 的类型

ISP 主要包括 Internet 接入服务提供商（Internet Access Provider Internet，IAP）、Internet 平台服务提供商（Internet Presence Provider，IPP）和 Internet 内容服务提供商（Internet Content Provider，ICP）。

（1）IAP　IAP 为用户提供 Internet 接入服务，通过租用或自建通信网接入 Internet。用户可以利用 Modem 通过电话线路接入，也可以通过 ISDN、ADSL 或专线接入。IAP 为用户建立账号，给用户访问 Internet 的通信权限，并为用户提供 Email 服务等。

我国提供 IAP 服务的 8 大骨干互联网络是：

- 中国公用计算机互联网（CHINANET）；
- 中国科技网（CSTNET）；
- 中国教育和科研计算机网（CERNET）；
- 中国金桥信息网（CHINAGBN）；
- 中国联通互联网（UNINET）；
- 中国国际经济贸易互联网（CIETNET）；
- 中国移动互联网（CMNET）；
- 中国长城互联网（CGWNET）。

（2）IPP　IPP 为普通上网企业或个人用户提供服务器的维护，或在自己的服务器上建立并维护委托企业的主页，同时对普通上网企业的服务器平台提供安全性、性能、资源、维护与备份、应急、扩展等方面的服务。IPP 服务主要包括虚拟主机、网站托管、客户服务、网站管理、监控与维护及内容策划等。IPP 提供的服务可以使企业不必租用专用数据通信线路，而直接开始网上商务和网络应用，为企业以低廉的成本开展电子商务应用提供了最有利的选择。

（3）ICP　ICP 在 Internet 上建立自己的 WWW 服务器，为用户提供实时新闻、搜索引擎、各种定制的信息服务和多种免费信息资源，通过收取广告费、会员费、信息咨询费和交易佣金等获得收入。按服务对象和提供的信息内容等来分类，ICP 可分为网上媒体运营商、数据库运营商、信息咨询商和信息发布代理商。

1）网上媒体运营商。网上媒体运营商通过免费提供综合或专业信息来吸引广大网民。网民通过浏览器输入媒体运营商的 Web 网址，进入其服务网站，即可获得媒体运营商提供的信息。这些免费的信息服务主要包括各类新闻、搜索引擎、虚拟社区、免费邮箱、免费域名及免费个人主页等，国内著名的新浪、搜狐等即属于此种类型。

2）数据库运营商。数据库运营商的主要服务对象是专业工作者、进行二次信息开发的企业。

数据库运营商提供的信息内容主要是按专业领域分类的各种统计数据、文献、书目和论文期刊等，但这些信息的收集和分发的途径主要转移到了 Internet 上。利用 Internet 提供数据库检索服务具有用户范围大、服务效率高的优点。信息服务机构可以利用 Internet 提供的各种通信方式，如电子邮件、电子布告板、专题小组、新闻小组及邮递目录，直接向用户提供咨询、指导和售后服务，通过网络测试新的数据库产品，及时得到用户的建议和反馈。Internet 提供的廉价通信渠道，大大降低了联机检索中远程通信的费用。

3）信息咨询商。信息咨询商的服务对象主要是企业管理层、战略部门和企业决策者。信息咨询商提供的信息内容是网上调查、专项信息咨询和持续信息支持等。

4）信息发布代理商。信息发布代理商的服务对象是需要某一方面双向信息撮合的企业或个人。

信息发布代理商提供的信息内容是科研成果征求和转让、企业人才聘用和个人工作申请等交互信息。电子商务交易主体通常借助信息发布中介来实现双向信息发布。通过信息发布，交易双方广泛收集对应的供给或需求信息，从中找到相互满意的交易对手。

用户在选择 ISP 时要考虑以下几个因素：

➢ 考虑 ISP 出口带宽和接入用户数量。ISP 是企业通往 Internet 的桥梁，宽带的大小决定了企业访问 Internet 的速度，以及 Internet 上的其他用户访问企业网站的速度。

➢ 考虑 ISP 提供的服务种类的技术支持能力。在出现网络故障时，技术实力强大的 ISP 能够迅速解决问题，而技术实力单薄的 ISP 则可能会使企业延误商机。

➢ 考虑 ISP 的收费水平。由于 ISP 提供的服务往往是要付费的，企业应对综合应用成本加以全面考虑，而不应局限于某一项服务。

➢ ISP 的网络设施与结构。ISP 设施的情况，如服务器的容量、主机速率、软件情况等，将在很大程度上影响着企业所建商业网站的质量。

➢ ISP 提供给用户使用的储存空间的大小。这是企业建网站开展电子商务需重点关注的。

➢ ISP 提供给用户的域名形式。级别高的域名有利于提升企业的形象。

➢ ISP 的服务质量和信用。ISP 自身的行为往往就是商业行为，因此服务质量和信用就显得十分重要。

➢ ISP 的成长状况。ISP 达到了规模效应就能走入良性循环的发展轨道。

➢ ISP 的变更能力。一个合作的 ISP 应根据企业的发展需要及时配合变更。

第四节 电子商务技术平台

电子商务存在的前提是几项关键技术，最重要的技术当然是网络技术，除此之外还有 Internet 技术、网络安全技术、电子支付技术、数据库技术和 EDI 技术等。本节主要介绍网络技术、Internet 技术、数据库技术和 EDI 技术。网络安全技术、电子支付技术分别在本书另外章节中讲述。

一、网络技术

互联网由一系列互相连接的网络组成。一个企业或个人连入一个局域网、内部网或建立了拨号连接，就成为了互联网的一部分。为其他企业提供互联网接入服务的企业叫做 Internet 接入服务商（IAP）或 Internet 服务提供商（ISP），它们可以提供多种接入服务。建设宽带社区可通过电话线、有线电视网络及高速以太网、全光纤网络、无线接入等方案实现。从实践来看，这几种方案在网络接入方式、用户负担的成本、可以提供的服务内容等方面不尽相同，所适用的范围也大不一样，因此构建宽带社区必须因地制宜。

1．局域网是计算机通信网的重要组成部分

它是由一组相互连接具有通信能力的计算机设备组织的，并分在较小地理范围内的计算机网络，这些计算机通信设备之间的距离通常局限在几千米的范围之内。它适合办公大楼或工厂内部的联网。局域网技术成熟，是整个计算机应用的基础。

2．广域网是覆盖地理范围较广的数据通信网络

它常利用公共网络系统提供的便利条件进行传输，可以分布在一个城市、一个国家，甚至跨过许多国家分布到全球。

3．各种互联网接入方案

（1）综合业务数字网（ISDN）　电话公司开发出了一种综合业务数字网（ISDN）来使用 DSL 协议集。最早的 ISDN 于 1984 年诞生在美国。ISDN 的主要魅力在于能利用现有的电话线提供高速的互联网接入服务。ISDN 连接绕开了数字—模拟的转换（即调制解调器的功能。PC 机发出的数字信号一般须经过这种转换才能变成模拟电信号，然后用电话线发送出去），直接将用户的计算机与 POP3（邮局协议）连接起来，数据速率能达到 64Kbit/s 或 128Kbit/s，压缩后速率会更高。

ISDN 在同一个网络上集成了声音、数据和图像服务，它是一种多用途的系统，被称为第二代远程通信服务。ISDN 能够实现高效的数据通信和远程信息处理，使我们能够继续发展和有效使用电话网。ISDN 是电话网在现有的基础上发展演变的结果。因为能同时传送声音和数据服务，所以 ISDN 成了满足远程多媒体通信服务需求的主要载体。

ISDN 比普通的电话服务贵，但提供的带宽最大可达到 128Kbit/s。使用 DSL 协议的最新技术是非对称数字用户线路（ADSL），它所能提供的向上传输带宽在每秒 16K 到每秒 640K 之间，向下传输带宽在 1.5M～9Mbit/s 之间。

（2）ADSL　ADSL 最初设计并不是为了宽带接入，而是为了高速数据通信、交互视频等应用。ADSL 接入的优点是可以利用现有的市内电话网和电话交换局的机房，从而降低施工和维护成本，同时，对电话业务也没有影响。缺点是它对线路质量要求较高，当线路质量不高时，推广使用会有困难。ADSL 的实际速度还会受到用户和电话分局的电话线长度和电话线路质量的影响，而且 ADSL 系统楼内楼外使用的都是非屏蔽双绞线，所以抵抗天气干扰

（打雷/下雨）的能力较差。由于宽带可扩展的潜力不大，ADSL 不能满足今后日益增长的接入速率需求，只能成为过渡性产品，或者用于要求不高的旧社区单用户的宽带接入改造上。

线缆的带宽会随网络用户数目的变化而变化，而 ADSL 则不同。ADSL 是一条专用线路，没有竞争者争夺线路资源。

（3）T1 和 T3　那些在互联网上通信量很大的大公司与 ISP 建立连接时，使用的是名为 T1 和 T3 的更大带宽的电话连接。T1 线路的带宽是 1.544Mbit/s，T3 线路的带宽是 44.736Mbit/s。这两种连接比调制解调器或 ISDN 的连接要贵。然而，如果大公司内有成千上万的独立用户需要连入互联网，该公司就需要很大的带宽。网络访问服务商（NAP）是指那些为 ISP 提供互联网接入服务的企业，它们一般使用 T1 和 T3 线路，有时候也会使用新的异步传输模式（ATM）连接，这种连接的最大带宽可达每秒 622G。一些 NAP 正在合作推广新的互联网——第二代互联网，第二代互联网的带宽超过了 1G。

（4）光纤接入　未来光纤接入必然替代过渡性的双绞线、XDSL 和基于同轴电缆 HFC 系统的 Cable Modem 及宽带无线接入等其他宽带接入。

光纤接入网有多种方式，最主要的有光纤到路边、光纤到大楼和光纤到家，即人们常说的 FTTC、FTTB 和 FTTH。光纤接入结合成熟的园区局域网络技术，提供 10M/100Mbit/s 交换或共享到用户端。这种解决方案需要进行园区网络结构化布线，比较适合于新建社区或正在建设中的社区，而且一般采用的最成熟、优质、经济的方式是光纤连接到大楼（FTTB）与 UTP 综合布线相结合的物理连接方式。这种技术的成熟性已有共识，经济性也为众多的使用者接受，开发商的投资回报时间短（大约一年）。对于高端住宅社区（如别墅区）亦可以考虑光纤入户（FTTH）的方式。

（5）无线接入　由于铺设光纤的费用很高，对于需要宽带接入的用户，一些城市提供无线接入。用户通过高频天线和 ISP 连接，距离在 10km 左右，带宽为 2～11Mbit/s，费用低廉，但受地形和距离的限制，适合城市里距离 ISP 不远的用户。性能价格比很高。

（6）异步传输模式　随着人们对集话音、图像和数据为一体的多媒体通信需求的日益增加，特别是为了适应今后信息高速公路建设的需要，人们又提出了宽带综合业务数字网（B-ISDN）这种全新的通信网络，而 B-ISDN 的实现需要一种全新的传输模式，即异步传输模式（ATM）。

ATM 技术具有如下特点：实现网络传输有连接服务，实现服务质量保证；交换吞吐量大、带宽利用率高；具有灵活的组网拓扑结构和负载平衡能力，伸缩性、可靠性极高；ATM 是现今唯一可同时应用于局域网、广域网两种网络应用领域的网络技术，它将局域网与广域网技术统一。

中国 ATM 骨干网上海节点建于 1997 年 4 月，开通后网络运行稳定。目前已与北京、南京、广州、杭州、西安、沈阳、 武汉各大局之间直接开通了 155Mbit/s 电路，另外还有若干大容量电路开至其他省会城市，全网业已全部联通，规模覆盖全国，具有带宽高、延迟小、无瓶颈等特点，是网络多媒体应用的最佳选择。

二、Internet 技术和应用

1. Web 服务

WWW 被称为环球信息网或万维网，也常被简称为 Web，二者在技术层面上的含义基本是一致的。它是基于超文本传输协议（HTTP），利用超文本标记语言（HTML）把各种类型的信息有机地集合起来，供用户查询使用，使互联网具备支持多媒体应用的功能。WWW 系统问世不久，即以惊人的速度风靡全球。WWW 备受青睐的最主要原因是它所采用的将各种文档连接在一起的方式，通过各种超链接能够很容易地从一种信息来源转到另一种信息来源。

2. 统一资源定位器

统一资源定位器（Uniform Resource Locator，URL）可以定位 Internet 文件在网上的地址，其格式为“传输协议://主机 IP 地址或域名地址/资源所在路径/文件名”，如“http://www.sohu.com/star/index.html”。其中，协议是“HTTP”；主机的 IP 地址为“www.sohu.com”；路径名为“star”；文件名为“index.html”。

其他常见的 URL 有“ftp://服务器域名/目录/文件”“ftp://用户名@服务器域名/目录/文件”。

3. 超文本传输协议（HTTP）

超文本传输协议（Hyper Text Transfer Protocol，HTTP）是用于从 WWW 服务器传输超文本到本地浏览器的传送协议。它是属于应用层的通用的、无状态的、面向对象的协议。HTTP 是建立在 TCP/IP 协议之上的，在 TCP 端口 80 上操作，它不仅要保证计算机正确，快速地传送超文本文档，还必须确定传送文档中的哪一部分，以及哪部分首先显示等。

（1）HTTP 工作的过程　基于 HTTP 协议的客户/服务器模式的信息交换过程为：

1）建立连接。WWW 客户机通过 HTTP 与 WWW 服务器建立连接。

2）发送请求。由客户机发出需要信息的请求。请求包括客户端使用的通信协议、所请求对象的名称、对象在服务器上的位置、服务器使用何种方式回应以及客户端采取什么方式来取得对象。

3）发送响应。服务器收到客户的请求后，取得相关对象并发送到客户端或返回一个响应指出不能答复该请求。

4）关闭连接。WWW 上的客户端接收服务器所返回的应答信息并通过浏览器显示在屏幕上，然后客户机或服务器自动关闭连接。

（2）HTTP 协议的特点

1）简单、快速、灵活。

2）支持客户机/服务器模式。

3）无连接。

4）无状态。

4. Java 语言的应用

Java 是 SUN 公司推出的一种编程语言，它编写的程序叫做“Applet”（小应用程序），其语法规则和 C++类似。Java 现已成为 Internet 中最受欢迎、最有影响的编程语言之一，它有许多值得称道的优点：简单、面向对象，分布式，解释性，具有可靠性、安全性、结构性、中立性、可移植性、多线程、动态性等特性。

5．电子公告板

电子公告板（Bulletin Board System，BBS）是 Internet 上一种休闲性信息服务系统，用户用电子通信手段发布各种公告或消息，进行各种信息交流。Internet 上有大量的 BBS 站点，开设了许多专题供感兴趣的人士展开讨论，交流意见，解答疑难，发表看法，每个 BBS 服务器的风格、内容差异很大，但提供的功能大体上是一致的。

6．远程登录

远程登录是在网络通信协议的支持下，用户所用计算机通过 Internet 成为远程计算机终端的过程，是 Internet 最早提供的基本服务之一。它使用 Telnet 协议，是 TCP/IP 协议的一部分，精确地定义了远程登录客户机与远程登录服务器之间的交互过程。一旦实现远程登录，你的计算机就成为远程计算机的终端，你可通过自己的计算机控制远程计算机。

7．文件传输协议

文件传输协议（File Transfer Protocol，FTP）用来在 Internet 上传输文件，是计算机间传输数字化业务信息的最快途径。FTP 不仅是一个文件传输实用程序，也是一种传输标准。采用 FTP 可以传送几乎所有类型的文件（文本文件、二进制文件、数据压缩文件、图像文件、声音文件等），用户可以通过 Internet 的 FTP 服务器上传和下载所需文件。FTP 的最广泛应用也许是销售和交付软件包及更新软件。

8．SGML、HTML 以及 XML

（1）标准通用标注语言（SGML） SGML 是最早的标注语言，HTML 和 XML 都是在此基础上派生出来的。SGML 是一种丰富的元语言，几乎可以用来定义无数种标注语言。

标注语言用来描述电子文档及其构成。1986 年，国际标准化组织（ISO）采用了一种叫做标准通用标注语言的特殊语言作为标准。作为一种编程元语言，SGML 提供了一套标注文档的系统，该系统独立于其他任何应用软件。它还包括一套国际标准，这个标准定义了同设备和机器无关的电子文档表示方法。SGML 对那些需要标准化的机构来说是非常有效并且非常适合的，同时它还提供了多种选择。很多机构（特别是那些对文档管理有特殊的或复杂要求的组织）都使用 SGML。

（2）超文本标注语言（HTML） HTML 特别适用于页面的显示。HTML 是一种文档生成语言，它包括一套定义文档结构和类型的标记，用来描述文档内文本元素之间的关系。

超文本标注语言是一种可以显示数以百万计这种页面的语言，HTTP 协议用于在服务器和用户之间传输页面。文档页面间的超链接形成了文档页面的“Web”。为了转换这些互相交织的页面，你可以点击超链接从一个页面转到另一页面。如果这样做，你可以按照顺序阅读文档的不同页面，也可以通过跟踪超链接按任何顺序阅读。

HTML 的基础是 SGML。HTML 是一种特殊的 SGML 文档类型，它比 SGML 更容易学习和使用。

（3）可扩展标记语言（XML）　XML 是 W3C 组织于 1998 年 2 月发布的标准，它的目的是定义一种互联网上交换数据的标准，是 SGML 的简化。

XML 提供了一种描述结构化数据的方法，用于定义数据本身的结构和类型。它主要有 3 个要素：DTD 或 XML 模式、XSL（可扩展样式语言）和 XLL（可扩展链接语言）。其中，DTD 或 XML 模式规定了 XML 文件逻辑结构；XSL 定义了描述标记样式的词汇集；XLL 将目前 Web 上已有的简单链接进一步加以扩展。

（4）HTML 与 XML 之间的关系

1）XML 不是要替换 HTML，而是对 HTML 的一种补充。HTML 的设计目标是显示数据并集中于数据外观；XML 的设计目标是描述数据并集中于数据内容。

2）XML 标记由架构或文档作者自定义，无限制；HTML 标记是预定义的，只能使用已有标记。

3）XML 不进行任何操作，是基于 HTML 之上的。

9. Internet 浏览器的种类

（1）火狐（Firefox）浏览器　火狐浏览器由 Mozilla 基金会与众多志愿者开发，是目前最为热门的浏览器之一，Firefox 采取了小而精的核心，并允许用户根据个人需要去添加各种扩展插件来完成更多的、更个性化的功能。Firefox 以分页浏览为特色，它比 IE 受到的恶意攻击少得多，因为 Firefox 缺乏对 VBscript 和 ActiveX 控件的支持，致使该浏览器可能无法正确地显示某些页面，但在 IE 浏览器中让人甚为头疼的安全问题（如病毒、恶意网页、隐私泄露等），在 Firefox 浏览器中都得到了很好的解决。其界面如图 2-4 所示。

图 2-4　火狐浏览器

（2）Opera 浏览器　Opera 浏览器由 Opera Software ASA 出品，可利用标签方式实现单窗口下的多页面浏览。Opera 浏览器拥有一些同其他浏览器相比独一无二的特性，如重绕和快速前进按钮。一些用户可能感觉 Opera 浏览器的一些功能有些多余，但对于高级冲浪者而言很少有能够与 Opera 形成竞争的浏览器，它不但提供 Windows、Linux、Mac OS、移动电话等多平台的支持，更提供中文、英语、法语、德语等多语言的支持，其界面如图 2-5 所示。

图 2-5　Opera 浏览器

（3）微软 IE（Internet Explorer）　IE 对 Web 站点具有强大的兼容性，用户界面非常易于使用，能够区分出不想要的弹出窗口和需要的窗口。但 IE 没有将支持分页浏览作为标准，所以用户需要打开该程序的多个实例。它是这些浏览器中最有可能成为间谍软件和其他恶意程序攻击目标的浏览器。

（4）其他 IE 核心浏览器　市面上还有许多以 IE 为核心的浏览器，如 Maxthon（遨游）、SpeedBrowser 等。它们提供了更多的功能和方便性，从根本上来说，它们都是 IE 的变型，并且只能用于 Windows 平台。

三、数据库技术

数据库是以某种文件结构存储的一系列信息表，这种文件结构使您能够访问这些表、选择表中的列、对表进行排序以及根据各种标准选择行。数据库通常有多个索引与这些表中的许多列相关联，所以我们能尽可能快地访问这些表。

数据库是系统中对用户的共享资源。计算机的共享一般是并发的，即多个用户同时存取数据库中的数据甚至可以同时存取数据库中的同一个数据。

四、电子数据交换技术

电子数据交换（EDI）在20世纪60年代末期产生于美国。当时的贸易商们在使用计算机处理各类商务文件的时候发现，由人工输入到一台计算机的70%的数据来源于另一台计算机输出的文件，但过多的人为因素，影响了数据的准确性和工作效率的提高。人们开始尝试在贸易伙伴之间的计算机使数据能够自动交换，EDI应运而生。EDI是将业务文件按一个公认的标准从一台计算机传输到另一台计算机上去的电子传输方法。由于EDI大大减少了纸张票据，因此人们也形象地称之为“无纸贸易”或“无纸交易”。

多年来，EDI已经演进成了几种不同的技术，在零售业的商品品种管理中电子数据交换的应用尤为成功。商品品种管理是将适当的产品，以适当的价格和适当的数量，摆放在商店货架上适当的位置以满足顾客需求。商品品种管理的方法是将商品按照不同特性分成不同的组别。商品品种经理根据这些特征对某一品种的所有商品进行管理。采购人员也不再是购买价格最低的产品，而是利用购买模式的信息，运用EDI技术，争取在购买某一品种中最热销的商品时实现最大程度的节约。这种技术改进了购买行为，降低了制造商和零售商双方的成本。

EDI是电子商务的重要组成部分，要想成功地实现EDI，企业的基础设施建设是关键，而数据库系统的建设是其中重要的一环。如果有良好的数据库系统的支持，就可以实现应用到应用的EDI过程。这一过程是：企业内部管理信息系统依据业务情况自动产生EDI单证，并传输给贸易伙伴；而对方传来的EDI单证也可以由系统自动解释，并存入相应的数据库，整个过程无须人工干预。在这一过程中，可以设立数据库专门用于有关EDI数据的处理。

1. EDI

EDI是一种计算机应用技术，国际标准化组织于1994年确认了对EDI的技术定义：将商业或行政事务处理，按照一个公认的标准，形成结构化的事务处理或信息数据结构，从计算机到计算机的数据传输。这表明EDI应用有它自己特定的含义和条件，即：

1）使用EDI的是交易的双方，是组织之间的文件传递，而非同一组织内不同部门间的文件传递。

2）交易双方传递的文件是特定的格式，采用的是标准报文。

3）双方各自有自己的计算机。

4）双方的计算机能发送、接受并处理符合约定标准的交易电文的日报信息。

5）双方计算机之间有网络通信系统，信息传输则是通过该网络通信系统实现的。

2. EDI的组成

EDI由硬件和软件组成，其中硬件主要是计算机网络，软件包括计算机软件和EDI标准。

（1）硬件　从硬件方面讲，20世纪90年代之前的大多数EDI都不通过互联网，而是通过租用的计算机在专用网络上实现，这类专用的网络被称为增值网 VAN（Value-Added Network VAN），这样做的目的主要是考虑到安全问题。但随着互联网安全性的日益提高，作为一个费用更低、覆盖面更广、服务更好的系统，其已表现出替代VAN而成为EDI的硬件载体的趋势，因此有人把通过互联网实现的EDI直接叫做EDI。

（2）软件　从软件方面看，EDI 所需要的软件主要是将用户数据库系统中的信息，翻译成 EDI 的标准格式以供传输交换。由于不同行业的企业是根据自己的业务特点来规定数据库的信息格式的，因此当需要发送 EDI 文件时，必须把从企业专有数据库中提取的信息翻译成 EDI 的标准格式才能进行传输，这时就需要相关的 EDI 软件来帮忙了。

EDI 软件主要有以下几种：

1）转换软件（Mapper）。转换软件可以帮助用户将原有计算机系统的文件，转换成翻译软件能够理解的平面文件（Flat File），或是将从翻译软件接收来的平面文件转换成原计算机系统中的文件。

2）翻译软件（Translator）。翻译软件可以将平面文件翻译成 EDI 标准格式或将接收到的 EDI 标准格式翻译成平面文件。

3）通信软件。通信软件将 EDI 标准格式的文件外层加上通信信封（Envelope），送到 EDI 系统交换中心的邮箱（Mailbox），或从 EDI 系统交换中心将接收到的文件取回。

（3）EDI 标准　EDI 软件除了计算机软件外还包括 EDI 标准。美国国家标准局曾制定了一个称为 X12 的标准，用于美国国内。1987 年联合国主持制定了一个有关行政、商业及交通运输的电子数据交换标准，即国际标准——UN/EDIFACT（UN/EDI For Administration，Commerce and Transportation）。1997 年，X12 被吸收到 UN/EDIFACT 中，使国际间用统一的标准进行电子数据交换成为现实。

3. EDI 实现过程

EDI 实现过程就是用户将相关数据从自己的计算机信息系统传送到有关交易方的计算机信息系统的过程。该过程因用户应用以及外部通信环境的差异而不同。在有 EDI 增值服务的条件下，这个过程分为以下几个步骤，如图 2-6 所示。

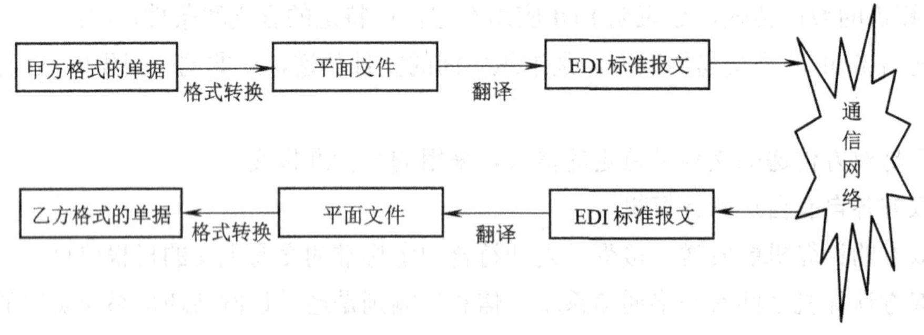

图 2-6　EDI 报文的传递流程

1）发送方（甲方）将要发送的数据从信息系统数据库提出，转换成平面文件（亦称中间文件）。

2）将平面文件翻译成标准的 EDI 报文。

3）发送 EDI 信件。

4）接收方从 EDI 信箱中收取信件。

5）将 EDI 信件拆开并翻译成平面文件。

6）将平面文件转换并送到接收方（乙方）信息系统中进行处理。

第五节　电子商务模式和主要类型

经济活动的参与者可以分为政府（Government/G）、企业（Business/B）、消费者（Consumer/C）3 种角色，相应的电子商务应用有 6 种基本类型，即企业—企业（B2B）、企业—消费者（B2C）、企业—政府（B2G）、消费者—消费者（C2C）、消费者—政府（C2G）、政府—政府（G2G）等。

一、B2C 电子商务

B2C（Business to Customer）电子商务是企业通过 Internet 向个人网络消费者直接销售产品和提供服务的经营方式，即网上零售。B2C 电子商务是普通消费者广泛接触的一类电子商务，也是电子商务应用最普遍、发展最快的领域。

1．B2C 电子商务交易概述

B2C 电子商务由 3 个基本部分组成：为顾客提供在线购物场所的网上商场；负责为客户所购商品进行配送的物流配送系统；负责顾客身份的确认、贷款结算的银行及认证系统。B2C 电子商务的购物流程如图 2-7 所示。

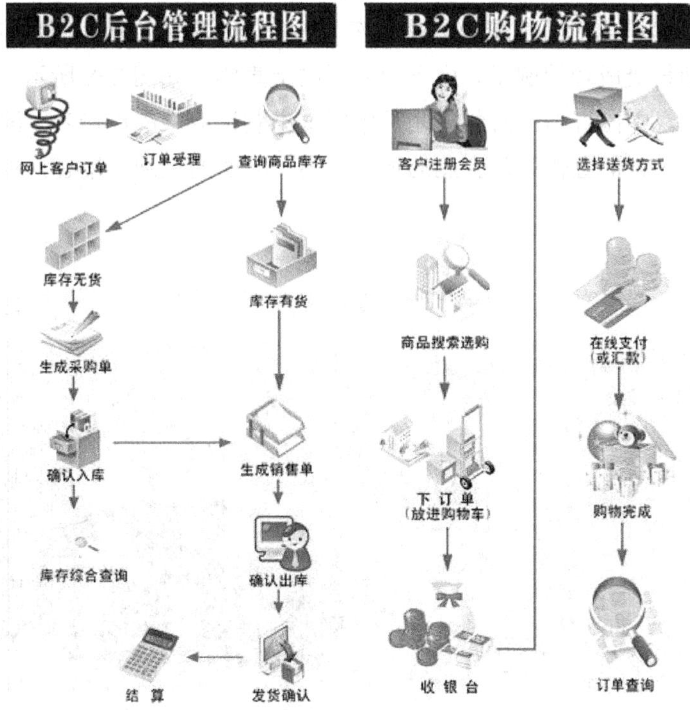

图 2-7　B2C 购物流程图

2. B2C电子商务的种类与企业类型

（1）B2C 电子商务的种类　按商品种类可将 B2C 电子商务分为综合类和专门类 2 种：

1）综合类 B2C 电子商务在网上销售多种类型的商品。这些网站大多是由经营离线商店的企业和网络交易服务公司建立的，如美国的 Sears、Wal-Mart，中国的 Eachnet 等。

2）专门类 B2C 电子商务网站仅销售某一类适合网上销售的商品，如书刊、鲜花和礼品、软件等。这类网站大多是没有实体商店的虚拟零售企业和商品制造商建立的，如中国的上海书城和上海花城网等。

（2）B2C 电子商务的企业类型　已建立或准备建立 B2C 模式电子商务的企业大致可分为经营着离线商店的零售商、没有离线商店的虚拟零售企业和商品制造商。

1）经营着离线商店的零售商。这些企业有着实实在在的商店或商场，网上零售只是作为企业开拓市场的一条渠道，它们并不依靠网上的销售生存，如美国的 Wal-Mart，中国的上海书城、上海联华超市、北京西单商场等。

2）没有零售商店的虚拟零售企业。这类企业是电子商务的产物，网上销售是它们唯一的销售方式，它们靠网上销售生存。例如，美国的亚马逊（Amazon）网上书店，目前已成为世界销售量最大的书店；美国的 E*Trade Securities 是一个股票交易虚拟经纪商，该站点运营两个月后，美国 10%的股票买卖通过该网站交易。这类企业的优势在于收费低廉，股民可以通过网站及时查询信息并直接进行交易。在中国也有许多此类网站，如方正证券泉友通、大智慧等。

3）商品制造商。商品制造商采取网上直销方式销售其产品，不仅给顾客带来了价格优势上的好处及商品客户化，而且减少了商品库存的积压。例如，戴尔（Dell）计算机公司是商品制造商网上销售最成功的例子。由于建立了网上直销，如图 2-8 所示，Dell 公司跻身业内主要制造商之列。中国青岛的海尔集团是中国家电制造业中的佼佼者。海尔通过建立自己的电子商务网站，一方面宣传海尔企业的形象，另一方面通过网上销售，加大了自己产品的市场推销力度。

图 2-8　Dell 中国首页

二、B2B 电子商务

企业与企业之间的电子商务即为 B2B（Business to Business）电子商务。由于 B2B 电子商务主要是进行企业间的产品批发业务，因此也称为批发电子商务。B2B 电子商务交易将在未来电子商务中占据主导地位。

1. B2B 电子商务交易概述

B2B 是企业与企业之间通过互联网进行产品、服务及信息的交换。目前基于互联网的 B2B 发展十分迅猛。

传统的企业间交易往往要消耗企业大量的资源和时间，无论是销售、分销还是采购都要占用产品成本。通过 B2B 交易方式买卖双方能够在网上完成整个业务流程，从形成最初印象，到货比三家，再到讨价还价、签单和交货，最后到客户服务。B2B 使企业之间的交易减少许多事务性的工作流程和管理费用，降低了企业经营成本。网络的便利及延伸性使企业扩大了活动的范围，企业跨地区、跨国界发展更方便，成本更低廉。国内 B2B 比较知名的网站有阿里巴巴、中国化工网等。

阿里巴巴（http://www.alibaba.com.cn）是传统电子商务的创始者和领头羊，是目前国内最大的专门从事 B2B 业务的服务运营商，截至 2013 年 6 月，阿里巴巴累计注册会员已达到 1 亿，如图 2-9 所示。

图 2-9　阿里巴巴中文站主页

B2B 不仅仅是建立一个网上的买卖者群体，也为企业之间的战略合作提供了基础。任何一家企业，不论具有多强的技术实力或多好的经营战略，要想单独实现 B2B 是完全不可能的。单打独斗的时代已经过去，企业间建立合作联盟逐渐成为发展趋势。网络使得信息通行无阻，企业之间可以通过网络在市场、产品或经营等方面建立互补互惠的合作，形成水平或垂直形式的业务整合，以更大的规模、更强的实力、更经济的运作真正建立全球运作管理模式。

2. B2B电子商务交易模式

关于B2B电子商务的商业模式有许多分类方式，目前企业常采用的B2B模式有以下2种：

（1）面向制造业或面向商业的垂直B2B　垂直B2B可以分为两个方向，即上游和下游。生产商或商业零售商可以与上游的供应商之间形成供货关系，比如Dell电脑公司和上游的芯片和主板制造商就是通过这种方式进行合作。生产商与下游的经销商可以形成销货关系，比如Cisco与其分销商之间进行的交易。简单地说，这种模式下的B2B网站类似于在线商店，就是企业直接在网上开设的虚拟商店，通过这样（自己）的网站可以大力宣传自己的产品，用更快捷更全面的手段让更多的客户了解自己的产品，促进交易。商家在自己的网站上宣传自己经营的商品，目的也是用更加直观便利的方法促进、扩大交易。

（2）面向中间交易市场的B2B　这种交易模式是水平B2B，这种网站所涉及的行业范围广，很多行业都可以在同一个网站上进行贸易活动，为企业的采购方和供应商提供一个交易的机会，如阿里巴巴、慧聪网、环球资源网等。这一类网站其实自己既不是拥有产品的企业，也不是经营商品的商家，它只是提供一个平台，在网上将销售商和采购商汇集在一起，采购商可以在其网站上查到销售商的有关信息和销售商品的有关信息。

3. B2B电子商务交易的优势

B2B电子商务通过互联网进行交易，交易双方从磋商、签订合同到支付等，均通过互联网络完成，整个交易完全虚拟化。B2B交易的优势首先在于交易成本大大降低，具体表现在：

1）距离越远，网络上进行信息传递的成本相对于信件、电话、传真的成本而言就越低。此外，缩短时间及减少重复的数据录入也降低了信息成本。

2）买卖双方通过网络进行商务活动，无需中介者参与，减少了交易的有关环节。

3）卖方可以通过互联网进行产品介绍、宣传，避免了在传统方式下做广告、发印刷品等大量费用。

4）电子商务实行“无纸贸易”，可减少文件处理费用。

5）互联网使得买卖双方可及时沟通供需信息，使无库存生产和无库存销售成为可能，从而使库存成本显著降低。

B2B交易减少了交易环节，减少了大量的订单处理工作，缩短了从发出订单到货物装运的时间，提高了交易效率，促使企业取得竞争优势。

三、C2C电子商务模式的概念和发展

C2C电子商务模式就是通过为买卖双方提供一个在线交易平台，使得卖方可以主动提供

商品上网拍卖，而买方可以自行选择商品进行购买和竞价。

国内 C2C 模式最初脱胎于国外的电子商务模式，是以美国的 eBay 和亚马逊为榜样建立起来的。C2C 最大的特点就是利用专业网站提供的大型电子商务平台，以免费或比较少的费用在网络平台上销售自己的商品，主要特点是可以给用户带来便宜的商品，无论是外企白领、大学生还是下岗女工都可以在家“营业”，网上开店不需要店铺租金，不受地域、时间的限制，却还可以面对来自全国甚至全世界的客户，国内比较知名的 C2C 平台有阿里巴巴旗下的淘宝网（见图 2-10）等。

图 2-10　淘宝网主页

1. C2C 电子商务主要运作模式

（1）拍卖平台运作模式　目前 eBay（B2C、C2C）、淘宝网（C2C）都为网上拍卖提供平台，其利用多媒体的手段提供产品资讯，供买方参考和竞价，最后卖家再根据买家信誉和出价拍出货品。网站本身并不参与买卖，免除了烦琐的采购、销售和物流业务，只利用网络提供信息传递服务，并向卖方收取中介费用。

电子拍卖是传统拍卖形式的在线实现。卖方可以借助网上拍卖平台运用多媒体技术来展现自己的商品，这样就可以免除传统拍卖实物的移动；竞拍方也可以借助网络，足不出户进行网上竞拍。

电子拍卖具有两大优势：价廉物美与即买即得。选购的物品多集中在手机、计算机和女性用品（服装、化妆品）上。目前，电子拍卖参与者主要还是消费者，企业参与的还是比较少。

（2）店铺平台运作模式　店铺平台运作模式是指电子商务企业提供平台以方便个人在上面开店铺，以会员制的方式收费，也可通过广告或其他服务收取费用。这种平台也可称作网上商城。

入驻网上商城开设网上商店不仅依托网上商城的基本功能和服务，而且顾客主要也来自该商城的访问者，因此平台的选择非常重要，但用户在选择网上商城时往往存在一定的风险，尤其初次在网上开店，由于经验不足以及对网上商城了解比较少等原因而带有很大的盲目性。有些网上商城没有基本的招商说明，收费标准也不明朗，只能通过电话咨询，这也为选择网上商城带来一定的困惑。

不同的网上商城其功能、服务、操作方式和管理水平相差较大，理想的网上商城应具有以下基本特征：

1）拥有良好的品牌形象、简单方便的申请手续、稳定的后台技术、快速周到的顾客服务、完善的支付体系、必要的配送服务及售后服务保证等。

2）有尽可能多的访问量，具有完善的网站维护和管理、订单管理等基本功能，并且可以提供一些高级服务，如对网店进行推广、网店访问流量分析等。

3）收费模式和费用水平也是重要的影响因素之一。

不同的个人可能对网上销售有不同的特殊要求，选择适合本商店产品特性的网上商城需要花费不小的精力，完成对网上商城的选择确认过程大概需要几个小时甚至几天的时间。不过，这些前期研究的时间投入是值得的，可以最大可能地减小盲目性，增加成功的可能性。

由于网上商店建设和经营具有一定的难度，需要经验的积累，因此在初次建立网上商店时，最好进行多方的调研，选择适合自己产品特色和经营者个人爱好又具有较高访问量的网上商城，同时在资源许可的情况下，不妨在几个网上商城同时开设网上商店。

第六节　创业实例及启示

一、大学生创办下沙网

1．寒门学子创办下沙网

提到下沙网，几乎无人不知，网站每天访问量高达 15 万人次。它的创办者尚贞涛，是位 1983 年出生的小伙子。如今，他的身份是杭州易沙网络科技有限公司的市场总监。2001 年，尚贞涛和哥哥一起考上大学。因为家境贫寒，他只揣着一张火车票和 42 元钱，从湖北广水来到浙江理工大学市场营销专业求学。

第一次上计算机课，他不知道怎么开机，那是他第一次摸计算机。“你连计算机都不会开啊？”同学惊讶。同学的反问，让他颇受打击。此后，在高手的帮助下，他迅速沉浸在计算机世界里，几乎每天把自己泡在机房。大二，他已十分精通计算机。

2003 年暑假，他和一个同学获得了去实习的机会。“公司的人一听说我们是下沙的，就问下沙那边做什么啊，那个地方很荒凉的！那时我就想，下沙这个区域内缺少一个有关大学城、工业园、房子等的综合信息载体。”尚贞涛说，“那时下沙唯一一个网站叫‘杭州经济技术开发区’，但是知名度不高，很多人都不知道。”

实习时闲着无聊，他和同学决定建个网站，也顺便检验一下自己的计算机能力。于是，他和同学凑了 200 元钱，买了空间和域名，开办了“www.xiashanet.com”网站。“当时做网站很简单，我们就把官方网上的东西搬过来，然后开设了几个论坛。”

没过多久，等回到学校，发现很多人都在上这个网站，加入到这里的人越来越多。尚贞涛后来才明白，原来同学搜索“下沙”两字时，页面上只显示有这个网站，所以点击率特别高。通过这个网站，我认识了一批伙伴，一起组建了下沙网工作室。没多久，杭州市区有一家公司找到尚贞涛，说愿意合作搞网站。资金、设备……一下子全有了。

2. 大学生创业遭遇寒流

可好景不长，建站不到半年，国家开始全面清理整顿互联网。下沙网被迫关闭，投资公司撤资并撤走了服务器。“那天，心灰意冷，痛之入骨。”一起干的五六个人全部散伙，各自回归平静。一堆设备摊在那儿，尚贞涛也无心无力拾起。

寒假回来，要不要坚持下去成为尚贞涛不得不面对的问题。问了伙伴们，还有两个人愿意干下去。其中家境稍好些的一个同学，将 1 万元学费拿出来当流动资金，他们用这笔钱买了服务器，下沙网重新开张。

3. 执著创业，赚到人生的第一桶金

他们频繁跑政府、跑街道，推销自己的技术，帮政府部门和企业建设网站，为网站赚一点收入。下沙网渐渐恢复了人气，商家开始主动找上门来，要在网站上做广告。2005 年毕业时，当同学们都忙着找工作时，尚贞涛却在忙着注册成立自己的公司。现在，公司每年的利润已达百万元，旗下员工 30 余人，正在筹划公司的横向发展。

二、大学生创业投资前的准备

1. 做好市场状况调查

任何人在创业之前都必须非常谨慎地进行市场分析、综合调查。在决定从事某种产品的生产或经销之前，必须对可能购买的顾客有充分的了解，获悉到底有多少潜在的顾客，谁会是第一个顾客，何种广告方法能发挥最大的功效，以及顾客希望通过何种方式使产品到达手中等，这是近期调查。创业当然要考虑长期利益，所以要试着去预测需求方面可能出现的变化，同时要尽量了解竞争对手的优势、劣势。预测远景既是为了取得决定是否投资或投资规模的依据，也是为了能预先确立应变的思路。了解竞争对手的目的是吸取别人的经验教训，制定相应的竞争策略。

2. 要有长期规划

公司的发展，“稳健”永远比“成长”重要，因此要有跑马拉松的做法。规划包括目的、达到目的的程序、进度时刻表，并列出任何可能会影响到规划的情况，考虑好调整、应变的措施。

3．评估创业的财力

公司是由人才、产品和资金所组成的，自有资金不足，往往会导致大学生创业者利息负担过重，无法成就事业。因此，大学生创业者要有多大实力做多大事，不要过度举债经营；公司应“做大”而非“大做”，“做大”是有利润后再逐渐扩大，“大做”则是勉力举债而为，只有空壳没有实体，遇到风险难逃失败。

4．慎选行业

人做亦做是第一大忌。首先要认识自己的性格、特长适合做什么行当，最好选择自己熟悉又精通的行业。在初定项目后还要根据前述 3 点进行具体可行性研究，可以从地理位置、人口分布、市场需求等方面着手。

良好的心理承受力，是创业成功的关键。一个人想成功，想致富，必须首先从心理上摒弃“一夜致富”的幼稚想法，进入投资创业的正常、健康的心理状态。

三、大学生创业时应注意的事项

1．选错合作伙伴

对投资合伙人的选择，要搞清投资来源，最好是自有资金，避免因经营不善，掉入“连环债”的怪圈。对经营合伙人的选择，必须找到真行家，能带来一定技术、经营渠道，这是一种无形的投资。对企业盈利后的分配和亏损共负，以文字锁定，与合伙人签字盖章后各执一份，共同信守。

2．任人唯亲

经商办公司后，自己或合伙人的亲朋好友，往往都想来混一份闲差，赚一份工资。对于“混”者切忌碍于面子吸纳进来，以免“请神容易送神难”。

3．华而不实

一些大学生财力有限，而办理企业登记时又总想把注册资金定得越高越好，于是四处张罗贷款，但注册后一旦借来的资金抽走，对企业经营的影响却是实实在在的，况且工商管理部门年年都要验资，如果你的企业一年内不能把赚来的钱补足注册资金的实际数额，形成真正的自有资金，不仅要受罚，还要如实核减资金，这又何苦呢？

4．眼高手低

干哪行有哪行的规定，得哪行的收益。本钱大未必干得成小买卖，本钱小也未必做不成大生意。投资多、盈利高，但风险也大，投资小、获利低，赚得却安稳。

5．欺诈客户

和气生财，诚信为经商之本。切不可认为“中国人多，一人宰一刀就赚足了”。这样一是败坏了自家声誉，二是练不出业务人员的真本事，三是埋下了许多经营危机。一旦被欺者共同联手，追究你经营中的不良做法和索取赔偿，企业就面临关门破产的危险。

6．管理无章

没有规矩，不成方圆。无论你的企业规模如何小，必须有明确的章法可循，哪怕你是私营企业，当老板的也不能把企业当家来管，必要的财务、人事、工资、分红、业务分工制度必须建立，而且要带头执行。这样老板才能树立威信，经营才会有起色，管理也才能出效益。

大学生创业者，要学会自我蜕变。任何人投资企业都要经历一个由小到大的成长过程，在这个过程中企业发展的关键是投资者或企业经营者的自我蜕变与学习。

思考和练习

1．什么是电子商务的“三流”，三者关系如何？

2．什么是电子商务的框架结构模型？

3．请补充图 2-11 电子商务框架结构模型中的内容，并具体说明它们的作用有哪些。

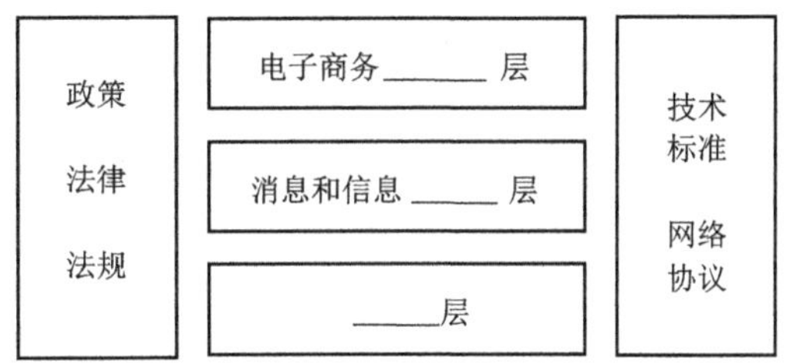

图 2-11　电子商务的框架结构模型

4．什么是 CA 认证中心？

5．Internet 服务提供商的网络服务方式有哪些？

6．什么是电子数据交换（EDI）？

7．按照电子数据交换的实现流程，补充图 2-12 的内容。

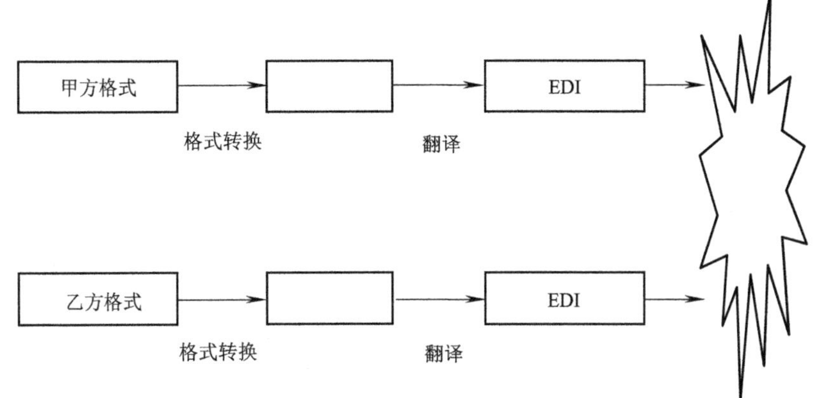

图 2-12　电子交换数据交换的实现流程

8．什么是超文本标注语言（HTML）、可扩展标记语言（XML），以及二者之间的关系？

9．张洁热衷于网上购物。受一些购物网店宣传的启发，她决定到互联网上开一家网上商店，经过对 C2C 网站的比较（淘宝网、eBay、拍拍网），决定在淘宝网（www.taobao.com）开一家网店。她的网店注册名称为"洁净天空"，并开通"支付宝账户"，经过个人用户卖家认证。她精心选择商品并拍照，在设置了网店的 Logo 和 Banner（网站页面的横幅广告）之后，发布了该网店。为了进一步完善该网店，她又对该网店设置了支付说明和配送说明，并发布了一则标题和内容均为"洁净天空布艺店开张了！"的滚动文字广告。自此，张洁个人的网络淘金创业计划正式开始实施。

如果你也想开一家网店，应该如何学习和操作呢？

10．王明是一名在校大学生，自己的学生寝室有台计算机，但是计算机经常被网络上的病毒攻击，寝室计算机上用的是微软 Windows 自带的 IE 浏览器，你能根据所学的知识，帮助王明推荐更换浏览器的软件吗，都有哪些步骤？

第二章 电子商务安全

知识目标

1. 了解电子商务面临的安全威胁与安全需求。
2. 了解并掌握电子商务的安全技术——数字机密性技术、数字摘要技术、数字签名技术、数字时间戳的工作机理。
3. 了解数字证书的基本概念与CA认证中心的功能。
4. 了解并掌握SSL和SET安全协议的基本原理与工作程序。

技能目标

1. 会识别电子商务中存在的安全威胁。
2. 会分析保障电子商务安全的各种对策。
3. 会申请与配置数字证书。
4. 会使用数字证书对信息进行加密与签名。

导入案例

2012年5月29日，北京大学互联网安全技术北京市实验室联合中国软件评测中心召开媒体发布会，对外发布了《网站用户口令处理安全性外部测评报告》。报告显示，国内网站对用户口令的处理方式存在很大的差异，在安全性方面问题十分突出，此次评测选取的100个流行网站中，仅有8个网站采取了充分的安全措施，有59个网站没有采取任何安全措施，更有85个网站直接拿到了用户的口令原文。

2011年年底的CSDN"泄密门"等事件使得大量用户口令以明文形式被泄露，暴露出一些大型网站的开发/运营者在用户口令处理方面安全意识薄弱。而且，部分互联网用户在不同网站注册账号时习惯采用相同的用户名和口令，因此一旦用户在某网站的口令被泄露，他在其他网站上的数据也会遭到一定程度的"连带式泄露"。黑客可以利用该口令尝试登录其他网站，一旦登录成功，黑客便可以以受害用户的身份在网站进行信息读取和操作，甚至可以直接用这些口令成功登录用户的网上银行。

本次测评抽取了门户、邮箱、电子商务、招聘类、婚恋类、游戏类、论坛、博客、微博共9大类100个网站，在一定程度上客观地反映了当前互联网公共网站对于用户口令处理的现状和问题。本次报告的发布，希望能够引起网民用户、网站开发者、网站运营者、政府主管部门等对于用户口令处理安全性的重视，并通过各方面努力，来共同加强个人信息保护，营造一个健康有序的互联网环境。电子商务类网站用户口令处理情况如表3-1所示。

序号	网站	口令传输形态	用户名传输形态	传输信道	请求提交方法	安全性标定
1	携程	明文	明文	https	Post	★★★
2	京东商城	明文	明文	https	Post	★★★
3	当当网	明文	明文	https	Post	★★★
4	凡客诚品	明文	明文	https	Post	★★★
5	国美电器	明文	明文	https	Post	★★★
6	淘宝网	明文	明文	https	Post	★★★
7	中国制造网	明文	明文	http	Post	★
8	苏宁网上商城	明文	明文	https	Post	★★★
9	易趣网	明文	明文	http	Post	★
10	百度有啊爱乐活	明文	明文	http	Post	★
11	乐淘网	明文	明文	http	Post	★
12	阿里巴巴	明文	明文	https	Post	★★★

表3-1 电子商务类网站用户口令处理情况

【思考】

（1）电子商务的安全威胁有哪些？

（2）电子商务通过哪些方法来防范各种安全威胁？

第一节 电子商务安全问题概述

电子商务作为一种全新的业务和服务方式，为全球客户带来了丰富的商务信息、便捷的交易过程和低廉的交易成本。但是电子商务在给人们带来方便的同时，也把人们引进了安全险境。目前，安全问题成为制约电子商务发展的瓶颈，作为买方，他们会担心在网络上传输的信用卡及个人资料信息被截取，或是不幸遇到“黑客”，信用卡资料被不正当运用；作为卖方，他们会担心收到的是被盗用的信用卡号码，或是交易不认账。这些顾虑的存在影响了网上交易的顺利开展。保证电子商务的安全成了电子商务发展的核心问题与难点。只有保证了电子商务的安全，才能得到电子交易各方的信任，才能使电子商务健康地生存，高速地发展。

一、电子商务面临的安全性问题

1. 物理设备的安全问题

设备的安全主要是指物理设备即硬件设施是否安全，能否正常运行。任何设备，即使是高价设备也不是十全十美的，都会有一定的缺陷，由于长时间使用或其他原因会导致故障出现，从而造成数据的丢失、破坏。所以，物理设备的稳定性也是安全的一个方面。解决的办法有：尽量使用良好的设备；按照正确的步骤操作，以免出现异常；对设备经常进行性能检测，及早发现问题；定期对信息做备份等。

2. 软件漏洞

现在各种各样的软件越来越多，许多软件在编制时没有考虑安全问题或由于经费问题而设计不足，即使一些软件在设计时考虑了安全问题，也可能由于软件过于庞大，测试时很难将漏洞找出，所以在使用中常常会发现新的安全漏洞，这都会给日后使用留下安全隐患，给恶意攻击者留下出入的“后门”。在软件漏洞中，现在大家比较关注的是下面几种：

（1）操作系统的安全漏洞　操作系统不安全是计算机不安全的根本原因。一般操作系统都存在一些安全隐患，如支持在网络上传输文件、提供远程调用、提供网络文件系统服务等都可能导致信息流失。因此，在选用和安装操作系统时要选用安全性适宜的系统，并且要注意如果在缺省条件下安装操作系统，最好进行和操作系统安全性相关的安全配置。

（2）网络协议的安全漏洞　Internet 采用的是 TCP/IP 协议，这个协议本身并没有采取任何措施来保护传输内容不被窃取。TCP/IP 是一种包交换网络，各个数据在网络上都是透明的，并且可能经过不同的网络，由那些网络上的路由器转发，才能到达目的计算机。数据在传输过程中可能会遭到 IP 窥探、同步信号淹没、TCP 会话劫持、复位与结束信号攻击等威胁。同样，FTP、Telnet 等协议也都存在一定的安全漏洞。

（3）网络服务软件的安全漏洞　随着网络应用的不断扩大，很多网络服务软件应运而生，如聊天软件、网络游戏软件等，这些软件在开发时对安全问题考虑不全面，因此应用起来安全隐患很多。

针对各种软件漏洞，客户应及时更新相关软件，下载补丁程序，及时修补。

3. 黑客的攻击

在电子商务环境中，因为信息多为商务数据，具有商业价值，所以系统资源被黑客攻击的可能性很大，其中的脆弱环节常常成为他们的入口。电子商务安全易遭受以下 4 大类攻击：

（1）系统的中断与瘫痪　这是指通过使系统的资源受损或不能使用而进行的，是对可靠性的攻击。网络故障、操作错误、应用程序错误、硬件故障、系统软件错误等都能导致系统不能正常运行，这些属于非攻击型的中断。攻击型的中断，如传播病毒破坏计算机硬件或软件系统，或通过拒绝服务（给服务器发送大量信息使其不能正常处理，停止工作）等攻击手段使系统不能正常运行，甚至瘫痪。系统不能正常运行会造成很大的安全隐患，对于时间要求严格的电子商务系统，如网上证券交易来说，若产生中断则可能造成巨大的经济损失。因此，必须对中断产生的潜在威胁加以控制和预防，以保证商务信息能及时、准确地传递。

（2）信息被窃取　窃取是指非法的、在未授权的情况下对资源进行访问，盗用有用的信息或服务，这是对机密性的攻击。电子商务的交易信息，直接代表着个人、企业或国家的商业机密，特别是一些重要信息，包括资金账号、客户密码、支付金额等。而电子商务建立在开放的网络环境上，在 Internet 上传送的明文信息很容易被别人窃取到，如在网络上搭线或安装电磁波获取装置以获取重要数据。所以，必须对传送的重要信息进行加密，防止非法的信息存取和信息在传输过程中被非法窃取，确保只有合法用户才能看到数据，防止泄密事件。

（3）信息被篡改　篡改是指未经许可而对资源进行访问并修改，这是对完整性的攻击。由于数据输入时的意外差错或在传输过程中被非法截取并篡改再发给接收方，或者通过入侵企业系统篡改内部信息等，这些篡改可能导致贸易各方信息的差异。此外，数据传输过程中信息的丢失，信息重复或信息传送的次序差异也会导致贸易各方信息的不一致。这都可能会给交易的各方带来巨大的经济损失。因此，要防止信息在本地或传输过程中被篡改，保证信息的真实、可靠。

（4）信息被伪造　伪造是指非法在系统中制造假信息，从而产生虚假的信息或服务，这是对真实性的攻击。在网上进行交易，交易的双方互不见面且是远程交易，客户要与网上商店进行网上交易，需先确定商店是否真实存在，是否合法，付了钱是否能拿到东西；商家担心客户是不是骗子，发货后会不会收不回货款；银行担心上网购物的信用卡客户是否就是持卡人本人，否则扣了张三的款，却将货送给了李四就麻烦了。如果发送信息的并非其所声称的实体，而是为了非法目的冒充的，将给用户网上交易带来风险。例如，目前出现了很多钓鱼网站，通过相似的页面冒充网上银行或者电子商务网站，从而获取用户的账号与密码。所以，在电子商务中，参加交易的各方必须能可靠地确认各方身份的真实性从而保证电子商务交易的顺利进行。

（5）信息被否认或抵赖　这是指商家或用户否认自己曾经发送的信息，这是对不可否认性的攻击。比如，合法用户可能会赖账，商家也有可能因为商品价格差而不承认原有交易。这是电子商务特有的安全问题。

4．计算机病毒的危害

计算机病毒这种恶意破坏系统资源的能够自我复制、传播的计算机代码对电子商务系统的危害非常大，由于 Internet 的开放性，病毒在网络上的传播比以前快了许多，使新病毒层出不穷，杀伤力也大有提高。专门窃取账号和密码的蠕虫病毒、木马病毒给不少网络消费者和网上商户造成了经济损失。例如，“宝宝”（Worm.Baobao.a）是一种蠕虫病毒，通过电子邮件传播，“宝宝”病毒会盗取淘宝网、支付宝、工商银行等网上拍卖网站、网上银行的账号和密码。其中木马病毒的传播主要为盗号及“后门”类型，网络游戏及网上银行账号是木马窃取的主要目标。木马病毒可通过记录用户的键盘操作，从而窃取网上银行的账号和密码，如“网银间谍变种 PGD”木马病毒会试图盗取工商银行网上个人银行的账号和密码。

5．安全管理不完善

安全管理不完善，缺乏有效的监督机制，也是安全受威胁的重要方面。大多数企业在安全方面犯的最大的错误就是没能建立良好的策略和实施步骤，也没有保证执行这些策略。要达到良好的安全保护，我们必须在思想上认识到它的重要性，对其予以足够的重视。同时，要对内部人员进行安全管理的培训、教育，制定规范守则，最大限度地制止内部人员对内部系统的无意（误操作等）或有意（泄露等）的侵害。对系统的口令等关卡性信息亦应定期或不定期地更换，对系统内外的信息流进行审计跟踪，建立一整套定期的安全检测、备份管理和日志管理等管理方法和制度。通过安全管理，我们能很好地跟随安全体系的变化形成应对措施，并能根据日志记录等对遭受的攻击记录进行分析，防范同类事件再次发生。

安全问题是不断变化的，企业不能形成防范体系后，就不再考虑安全问题，每当信息安全体系结构出现变化的时候，都应该在技术和管理上同时升级。

二、电子商务的安全需求

1．保密性

保密性是指防止传输的数据泄露给非授权的人或实体。主要措施是采用数据加密技术。加密的本质上是一种数据变幻，将要传输的明文变换成难以识别和理解的密文，接收方对收到的密文进行相应的逆变换即解密，恢复明文。常用的密码技术有对称密码技术和非对称密码技术。

2．完整性

完整性是指数据在输入、输出和传输过程中，要求能保证数据的一致性，防止未授权的建立、修改和破坏。信息完整性的破坏将影响到贸易各方的交易和经营策略，因此只有保证数据信息的完整性才能保证电子商务活动的顺利正常进行。为保证信息的完整性可以通过散列算法即信息摘要算法对被传输的数据进行处理，产生一个与该数据有关的很短的散列值，将该散列值附在原始数据之后进行传输，接收方对收到的信息使用相同的散列算法进行验证。

3．不可抵赖性

不可抵赖性是为了防止毁约。在电子商务环境下，贸易的双方通过传统的手写签名或印章来确定合同、契约、交易的可靠性并预防抵赖已不可行。但在交易信息的传输过程中可使用数字签名技术为参与交易的各方提供可靠的数字标识，使原发送方在发送数据后无法抵赖，接收方在接收数据后也不能抵赖，从而使电子商务正常开展下去。

4．真实性

真实性是指在商务活动中交易者身份的真实性，即确保交易的双方确实是存在的，不是假冒的。电子商务活动直接关系交易各方的商业利益，如何确定我们收到信息是真实的而不是伪造的，就需要对网络的另一端是否是我们所期望的或对方所声称的交易方进行身份认证。双方交换信息之前可利用CA认证中心发放的可验证的证书识别对方，以有效鉴别并确定对方身份的真实性。

5．可靠性

可靠性是指电子商务系统的稳定、可靠。为防止由于计算机失效、程序错误、传输错误、硬件故障、系统软件错误、计算机病毒和自然灾害所产生的潜在威胁，网站维护人员采取一系列预防、控制措施，从而确保系统的安全、可靠。主要措施有：规范内部管理；使用访问控制权限和日志；机密信息的加密、备份和恢复；使用防火墙分隔EB服务器和内部网络。

第二节　数字机密性技术

数字机密性技术是保护信息安全的主要手段之一，是集数学、计算机科学、电子与通信等诸多学科于一身的交叉学科。它不仅具有保证信息机密性的信息加密功能，而且具有利用其他基本原理进行数字签名、身份验证，及保证系统安全等功能。使用密码技术不仅可以保证信息的机密性，还可以保证信息的完整性和确切性，防止信息被篡改、伪造和假冒。

数字机密性技术与密码编码学和密码分析学有关。密码编码学是一门设计安全的密码体制，防止被破译的学问。密码分析学则是研究如何破译密文的。这两门学科结合起来就称为密码学。加密和解密过程包括两个元素，即加密算法和密钥。加密算法是基于数学计算方法将普通的文本（或者可以理解的信息）与一串字符串（密钥）相结合，产生不可理解的密文的步骤。密钥，英文Keyword，它是用来对文本进行编码和解码的数字，其加密或解密变换是由密钥控制来实现的。任何一个加密系统至少包括下面4个组成部分：

1）未加密的报文，也称明文。

2）加密后的报文，也称密文。

3）加密解密设备或算法。

4）加密解密的密钥。

加密就是使用加密密钥通过加密设备或数学算法来重新组织数据，将某些重要信息和数据从一个可以理解的明文形式变换成一种复杂错乱的、不可理解的形式，这种不可理解的内容叫做密文，这个过程就是加密。解密是加密的逆过程，即合法接收者用解密密钥将密文还原成原来的可以理解的明文。如果传输过程中有人窃取，他只能得到无法理解的密文，从而对信息起到保密作用。

明文用 M 表示，密文用 C 表示，k 称之为密钥，那么

加密变换可以这样表示：Ek（M）=C。

解密变换可以这样表示：Dk（C）=M。

数据的加密解密过程如图 3-1 所示。

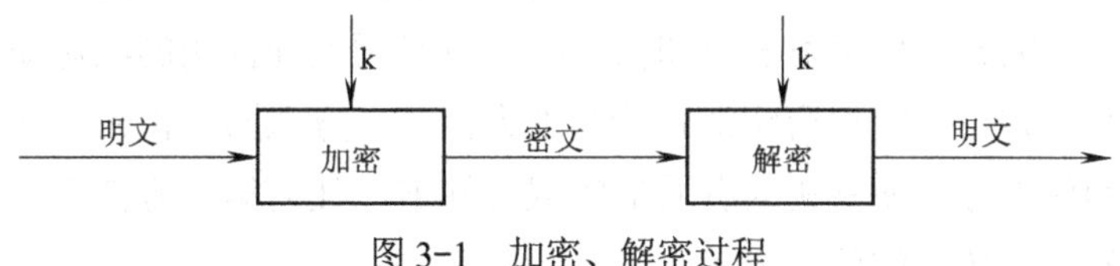

图 3-1 加密、解密过程

下面，我们用比较古老的加密算法说明一下加解密的过程。例如用加法代替密码（移位）加密就是将明文字母向后移动位形成密文。26 个字母 a，b，c，…，x，y，z 的自然顺序保持不变，但它们与 d，e，f，…，a，b，c 分别对应，即相差 3 个字母的顺序。如表 3-2 所示。这条规则就是加密算法，其中 3 就是密钥。如果要发送一个军事命令给前线，明文为“今晚 8 点发动总攻”即“JIN WAN BA DIAN FA DONG ZONG GONG”，加密后得到密文为“MLQ ZDQ ED GLDQ ID GRQJ CRQJ JRQJ”，不知道算法和密钥的人，是不能将这条密文还原成明文的。

表 3-2

A	B	C	D	E	F	G	H	I	J	K	…	R	S	T	U	V	W	X	Y	Z
D	E	F	G	H	I	J	K	L	M	N	…	U	V	W	X	Y	Z	A	B	C

根据密钥的特点，可以将密码体制分为单密钥密码体制（也称对称密码体制或私有密钥密码体制）和双密钥密码体制（也称非对称密码体制或公开密钥密码体制）。

一、对称密钥加密法

1. 对称密钥加密法的定义与应用原理

对称密钥加密（Symmetric Key Encryption）也称单密钥加密或私有密钥加密，就是指在计算机网络甲、乙两用户之间通信时，发送方甲为了保护传输的明文信息不被第三方窃取，采用密钥 A 对信息进行加密而形成密文 M 并且发送给接收方乙，接受方乙用同样的一把密钥 A 对收到的密文 M 进行解密，得到明文信息，从而完成密文通信目的的方法。这种信息加密传输方式就称为对称密钥加密法。由于密文 M 在网络传输过程中谁也看不懂，就算在网络中途被窃取或被复制也由于没有密钥 A 而非常难以破译，这样就保证了甲、乙之间信息传输的安全。对称密钥加密模型如图 3-2 所示。

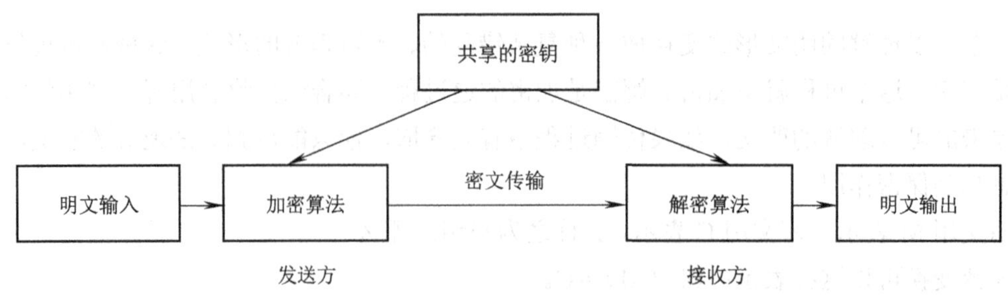

图 3-2 对称密钥加密模型

对称密钥加密法中加密密钥和解密密钥相同，或者虽然不同，但是由其中一个可以很容易地推导出另一个。因此，信息发送方和信息接收方必须保证密钥的绝对安全与保密。信息发送方与信息接收方谁也不能把密钥泄露给其他人，若一方泄露了密钥就必须停止该密钥的使用。只要将密钥保护好，使密钥只有通信的双方知道，任何第三方都得不到密钥，也就无法窃取这些通信双方所传送的信息内容。

2．对称密钥加密法的常用算法

目前，世界上一些专业组织机构研发了许多对称密钥加密算法，比较著名的有 DES 算法及其各种变形，国际数据加密算法 IDEA 以及 RC4、RC5 等。

DES（Data Encryption Standard，数据加密标准）算法由美国国家标准和技术局（NIST）在 1977 年公布实施，是目前广泛采用的对称密钥加密算法之一，DES 综合运用了置换、迭代等多种密码技术。它面向二进制设计，数据分组长度为 64 位（8 字节），加密后的密文分组长度仍为 64 位，没有数据扩展。DES 算法中密钥也是 64 位，其中 8 位为校验位（检查传输过程中是否有数据出错或丢失），有效的密钥长度为 56 位。通过替代和置换对数据进行变换，将密钥分解成 16 个子密钥，每个子密钥控制一次变换过程，共进行 16 次变换，生成密文。解密与加密的密钥和流程完全相同，只是所用密钥次序相反。三重 DES 是 DES 的一种变形，最初是由 Tuchman 提出的，这种方法使用两个独立的 56 位密钥对交换的信息进行 3 次加密，从而使其有效密钥长度达到 112 位，更加安全。

目前，随着计算机技术的进步，对 DES 的破解方法也日趋有效，所以更加安全的高级加密标准 AES 将成为 DES 的替代者，成为新一代的加密标准。AES 采用 Rijndael 算法，仍是分组密码，但分组长度和密钥长度都可以改变。分组长度、密钥长度可分别独立设定为 128bit、192bit 或 256bit。

国际数据加密算法 IDEA 完成于 1990 年，开始时称为 PES 算法，1992 年被命名为 IDEA。其分组长度为 64bit 的分组密码，但密钥长度为 128bit，大大提高了安全性。因此 IDEA 比 DES 的加密性好，且对计算机功能要求也没有那么高。

RC4 方法是 RSA 数据安全分公司的对称密钥加密专利算法。RC4 不同于 DES，它们采用可变密钥长度的算法。通过规定不同的密钥长度，RC4 能够按不同需求动态提高或降低安全的程度。RC5 在 1994 年开发出来，因为其前身 RC4 的源代码在 1994 年 9 月被人匿名张贴到 Cypherpunks 邮件列表中，泄露了 RC4 算法。RSA 数据安全分公司的很多产品都已经使用了 RC5。

3. 对称密钥加密法的优缺点

对称密钥加密法的主要优点是加密和解密速度快。由于加/解密应用同一把密钥，而且应用简单，适用于专用网络中通信各方相对固定的情况，如在金融通信专网、军事通信专网、外交及商业专网的加密通信。对于数据量大的文件传送，利用对称密钥加密法是比较有效率的。

同时，对称密钥加密法也存在以下一些问题：

1）对称密钥难于满足开放式计算机网络环境的需求，难于满足在 Internet 上开展电子商务安全性方面的要求。在对称密钥加密体制中系统的安全性主要取决于密钥的保密性，由于加解密使用相同密钥，因此在通信前必须实现交换密钥，即需要通过安全可靠的途径传递密钥，而通过 Internet、电话通知、邮寄、专门派人传送等方式均存在一些安全问题。

2）若用户与多方通信时，不便于密钥的分配与管理。如果一个用户与多方通信采用相同的密钥，那么与它通信的各方也必须使用该密钥才可以保证信息的解读。这样，多方使用相同的密钥那么任一方都可截获其他各方的信息并解读，这样保密性就很难保障，而且一旦密钥被破译或泄露，以此密钥通信的各方都会受到损失，后果非常严重。若用户与多方通信采用不同的密钥，如当网络中有 n 个用户时，将至少需要 $n(n-1)/2$ 个通信密钥。对于任一用户来讲，至少需要拥有 $n-1$ 个密钥，才能与网络中其他 $n-1$ 个用户进行加密通信。这在专用网应用还可以，但对于 Internet 这样的大型、公众的网络来说，用户几乎是无限的，分布很广，密钥量将是一个无穷数，这样密钥的分配和保存就成了大问题。

3）不能进行用户身份的认定。采用对称密钥加密法可实现信息加密传输，这就解决了数据的机密性问题，由于加解密使用同一把密钥，因此不能认证信息发送者的身份。

以上不足和电子商务的发展需求，可以通过非对称密钥加密法解决。

二、非对称密钥加密法

1. 非对称密钥加密法的定义与应用原理

非对称密钥加密（Asymmetric Key Cryptography）也称双密钥加密或公开密钥加密，与对称密钥加密法的加密和解密用同一把密钥的原理不同，非对称密钥加密法的加密和解密所用的密钥是不同，不对称的，因此称为非对称密钥加密法。它是指甲、乙两用户之间在计算机网络中进行通信时，发送方甲为了保护传输的明文信息不被第三方窃取，采用密钥 A 对信息进行加密，形成密文 M 并且发送给接收方乙，接收方乙用另一把密钥 B 对收到的密文 M 进行解密，得到明文信息，完成密文通信目的的方法。由于密钥 A 和密钥 B 这两把密钥中，其中一把为用户私有，另一把对网络上的大众用户是公开的，所以这种信息加密传输方式也称为公开密钥加密法。

在非对称密钥体制中，用户掌握两个不同的密钥：一个是可以公开的密钥，即公钥（Public Key）；另一个则是秘密保存的密钥，即私钥（Private Key）。

非对称密钥体制有两种基本模型，一种是加密模型，另一种是认证模型，如图 3-3 所示。

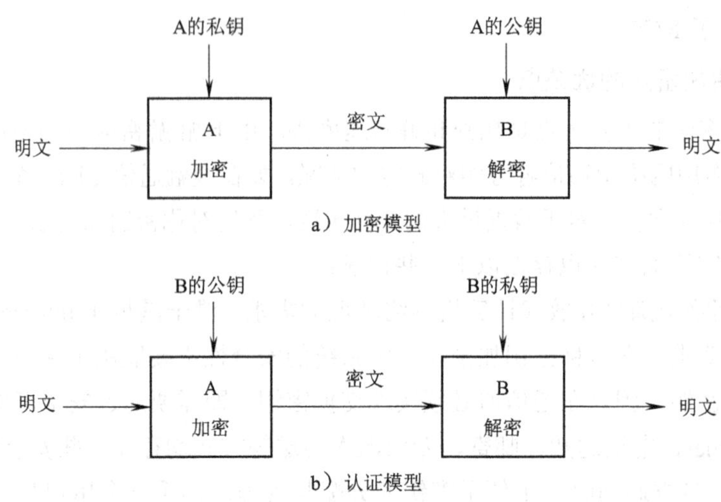

图 3-3 非对称密钥加密模型

2．非称密钥加密法的常用算法

非对称密钥加密法的常用算法主要有 RSA 算法、ECC 算法、DSA 算法。它们的安全性都是基于复杂的数学难题，都被认为是安全和有效的。

RSA 算法是非对称加密领域内最为著名的算法，也是应用最广泛的。RSA 算法名称取自它的 3 位创始人的名字 Rrivest、Shamir、Adleman 的第一个字母。它建立在数论中大数分解和素数检测的理论基础上。两个大数相乘在计算上是容易实现的，但将该乘数分解为两个大素数因子的计算量很大，大到甚至在计算机上也不能实现，因此 RSA 的安全性就是基于大素数因子分解的困难性。目前电子商务中大多数使用非对称密钥加密法进行加密、解密和数字签名的产品和标准使用的都是 RSA 算法。但由于 RSA 密码体制使用大数，所以产生密钥比较麻烦，受到素数产生技术的限制。而且它的运算速度很慢，无论是软件还是硬件实现，速度是 RSA 的一大缺陷，因此一般 RSA 只用于少量数据的加密。

RSA 算法中的密钥长度从 40～2048bit 可变，加密时需把明文分成块，块的大小可变，但不能超过密钥的长度，RSA 算法把每块明文转化为与密钥长度相同的密文块。密钥位数越长，加密效果越好，但密钥长度的增加导致其加/解密的速度大为降低，硬件实现也变得越来越难以忍受，这给 RSA 算法的应用带来很重的负担。所以要在安全与性能之间折中考虑，但特殊的如网络支付中的密码传送业务等密钥位数又可能较长。就目前来说，对 RSA 密钥的攻击威胁来自两个方面：计算能力的不断增长和因子分解算法的不断改善。因此，需要小心地选取 RSA 密钥的大小。可以预计在这两方面还会继续取得突破，在将来一段时间内，一个 1024～2048bit 的密钥是合理的，但这样又会导致加/解密速度变慢。这对进行大量安全交易的电子商务站点来说会引发比较严重的后果。

1985 年，N. Koblitz 和 V. Miller 分别独立提出了椭圆曲线密码体制（ECC），其安全性依赖于椭圆曲线点群上离散对数问题的难解性。ECC 算法可以用少很多比特数的密钥取得和

RSA 相等的安全性，减少了处理负荷，成为 RSA 算法的挑战者。

3. 非称密钥加密法的优缺点

（1）非对称密钥加密法的优点

1）认证较为方便。也许你并不认识某个商务实体，但只要你的服务器认为该实体的带公钥的数字证书是可靠的，就可以进行安全通信，这正是 Web 商务业务所要求的。例如，使用信用卡进行网络支付购物。

2）分配简单。非对称密钥加密法解决了大量网络用户密钥管理的难题，非对称密钥可以像电话号码一样，告诉每个网络成员与商业伙伴，需要好好保管的只是一个私人密钥。可见，密钥的保存量比私有密钥加密少得多，密钥管理也比较方便，可像收集电话号码一样收集所有成员的公钥。

3）非对称密钥加密法能够很好地支持完成对传输信息的数字签名，解决数据的否认与抵赖问题。

（2）非对称密钥加密法的缺点

非对称密钥加密法存在的主要问题是算法的运算速度较慢，较对称密码算法慢几个数量级。在实际的应用中通常不采用这一算法对信息量大的信息进行加密，只用于少量数据的加密，如信用卡号、网络银行的密码、对称密钥的加密。此外，在非对称密钥加密法应用中，生成较长密钥的技术属于尖端高科技，美国在这种技术方面一直对中国进行封锁，所以中国暂时还没有比较完善的生成较长密钥的技术。

在实际应用中，通常是将对称加密法和非对称加密法结合起来使用，即信息用对称密码加密，而对称密码的密钥用接收方公钥密码的公钥加密，接收方收到密文后用自己私钥解密出对称密钥，再用对称密钥解密明文，也就是数字信封技术，这样就实现了对称密钥的分配并提高了加解密速度。

第三节　数字摘要技术

电子商务中通信双方在互相传送如电子合同、电子支票等数据信息时，不仅要对相关数据进行保密，不让第三者知道，还要保证数据在传输过程中不被别人改变，也就是要保证数据的完整性，数字加密技术只能解决信息的保密性问题，对于信息的完整性则可以用数字摘要技术来保证。

一、数字摘要的定义

所谓数字摘要（Digital Digest），是发送者对被传送的一个信息报文根据某种数学算法算出一个信息报文的摘要值，并将此摘要值与原始信息报文一起通过网络传送给接收者，接收者应用此摘要值检验信息报文在网络传送过程中有没有发生改变，以此判断信息报文的真实与否。

二、数字摘要的应用原理

数字摘要是由哈希（Hash）算法计算得到的，所以也称哈希值。Hash 算法是 Ron Rivest 发明的一种单向不可逆的数学算法，信息报文经此算法处理后，能产生一数字摘要，但用任何算法都不可能由此数字摘要还原为原来的报文，这样就保护了信息报文的机密性。同时不同的信息报文通过 Hash 算法所产生的数字摘要必不相同，对原文数据哪怕改变一位数据，数字摘要都将会产生很大变化。相同的信息报文产生的数字摘要必定相同。因此数字摘要类似于人类的“指纹”，可以通过它去鉴别原文的真伪。

数字摘要的使用过程如图 3-4 所示。

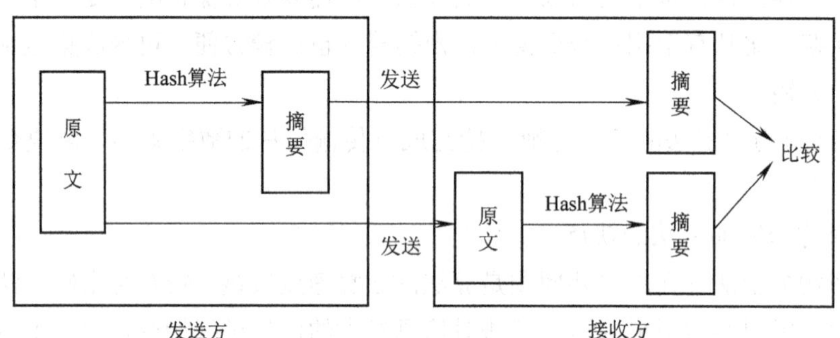

图 3-4 数字摘要使用过程示意图

三、常用的 Hash 算法

目前使用的数字摘要常用算法如 RSA 公司提出的报文摘要算法（MD4、MD5）和安全散列算法（SHA1）等，都是以 Hash 算法为基础的，所以这些算法也称 Hash 编码法。

SHA（Secure Hash Algorithm）安全散列算法是一种报文摘要算法，它产生 160 位的散列值。SHA 已经被美国政府核准为标准，即 FIPS180-1 Secure Hash Standard（SHS），FIPS 规定必须用 SHA 实施数字签名算法。在产生与证实数字签名过程中用到的 Hash 函数也有相应的标准对其作出规定。

MD2、MD 4 和 MD5（MD Standards for Message Digest）是由 RSA 数据安全公司创始人 Ron Rivest 发明的报文摘要算法，由 Ron Rivest 所设计。该编码算法采用单向 Hash 函数将需加密的明文“摘要”成一串 128 位的密文，这一串密文亦称为数字指纹（Finger Print），它有固定的长度，且不同的明文摘要成密文，其结果总是不同的，而同样的明文其摘要必定一致。这样，这串摘要便可成为验证明文是否是“真身”的“指纹”了。其中 MD2 最慢，MD4 最快，MD5 是 MD4 的一个变种。

第四节　数字签名技术

在传统商务的合同或支付单据中平时人们用笔签名或盖章，这个手工的签名或印章通常有两个作用：一是证明支付单据是由签名者发送并认可的，不可抵赖，负有法律责任；二是保证信件的真实性，不是伪造的，非经签名者许可不许修改。而在电子商务中，为了保证电子合同以及网络支付电子单据的真实性和不可否认性，可以使用类似手工签名功能的数字签名，比如在电子支票上的签名认证等。

一、数字签名的定义

数字签名（Digital Signature）是指在要发送的信息报文上附加一个特殊的唯一代表发送者个人身份的标记（数字标签），用来证明信息报文是由发送者发来的。这是密钥加密和信息摘要相结合的一种技术，即把 Hash 函数和公钥算法结合起来，可以在提供数据完整性的同时，保证数据的真实性与不可否认性。完整性是指传输的数据没有被修改，真实性是指确实是由合法者产生的 Hash 函数而不是由其他人假冒产生。数字签名类似于文档的签名，以防止其抵赖行为。

二、数字签名的应用原理

将报文按双方约定的 Hash 算法计算得到一个固定位数的报文摘要值，然后把该报文摘要值用发送者的私人密钥加密，所得的加密的摘要值即为数字签名，并将密文同原报文一起发送给接收者，接收者用发送者的公开密钥对数字签名进行解密，若解密出的数字签名与计算出的相同，则可确定发送者的身份是真实的。这样，只要拥有发送者的公开密钥的人都能够验证数字签名的正确性，而只有真正的发送者才能对发送者进行数字签名，这也就完成了对发送者身份的鉴别。数字签名的基础是密码技术，目前较多使用的公钥加密体制实现数字签名，用于数字签名的公开密钥密码算法一般选用 RSA 算法。

用公开密钥体制实现数字签名的原理非常简单，数字签名的过程如图 3-5 所示。

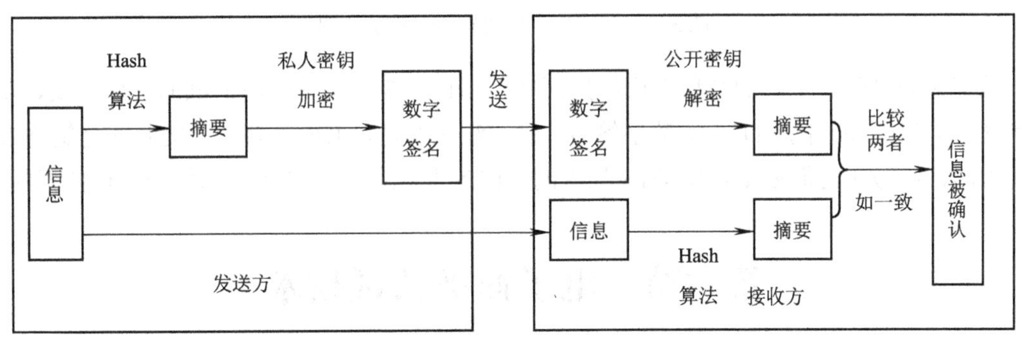

图 3-5　数字签名过程示意图

1）对原文使用 Hash 算法得到信息摘要。

2）发送者用自己的私钥对信息摘要加密。

3）发送者将加密后的信息摘要与原文一起发送。

4）接收者用发送者的公钥对收到的加密摘要进行解密。

5）接收者对收到的原文用 Hash 算法得到接收方的信息摘要。

6）将解密后的摘要与接收方摘要进行对比，若相同则说明信息完整且发送者身份是真实的，否则说明信息被修改或不是该发送者发送的。

由于发送者的私钥是自己严密管理的，他人无法仿冒，同时发送者也不能否认用自己的私钥加密发送的信息，所以数字签名解决了信息的完整性和不可抵赖性问题。

第五节 数字时间戳

在电子商务交易中，时间和签名同等重要。数字时间戳（Digital Time-Stamp，DTS）是由专门机构提供的电子商务安全服务项目，用于证明信息的发送时间。

用户将需要加上时间戳的文件用 Hash 算法加密形成摘要后，将摘要发送到 DTS，由 DTS 在加入了收到文件摘要的日期和时间信息后，再对该文件加上数字签名即用自己的私钥加密，然后发回给用户。获得数字时间戳的用户就可以将它再发送给自己的商业伙伴以证明信息的发送时间。数字时间戳的获得过程如图 3-6 所示。

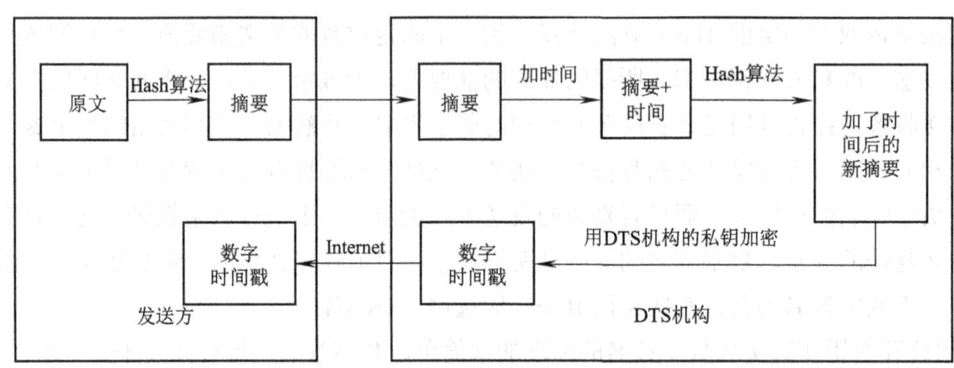

图 3-6 获得数字时间戳的过程示意图

数字时间戳是一个经加密后形成的凭证文档，包括 3 个部分：时间戳的文件摘要、DTS 收到文件的日期和时间、DTS 的数字签名。必须注意的是，书面签署文件的时间是签署人自己写上的，而数字时间戳则是由 DTS 加上的，DTS 是以收到文件的时间作为确认依据的。

第六节 电子商务认证技术

一、数字证书

1. 数字证书的基本概念

数字证书（Digital Certificate 或 Digital ID）就是网络通信中标志通信各方身份信息的一系列数据，提供了一种在 Internet 上验证身份的方式，其作用类似于现实生活中的身份证。数字证书是由权威公正的第三方机构，即 CA 中心签发的。以数字证书为核心的加密技术可以对网络上传输的信息进行加密和解密、数字签名和签名验证，以此来确保网上传递信息的机密性、完整性，交易主体身份的真实性，签名信息的不可抵赖性，从而保障网络应用的安全性。

数字证书利用一对互相匹配的密钥进行加密、解密。每个用户自己设定一把特定的仅为本人所知的私钥，用它进行解密和签名；同时设定一把公钥并由本人公开，为一组用户所共享，用于加密和验证签名。当发送一份保密文件时，发送方使用接收方的公钥对数据加密，而接收方则使用自己的私钥解密，这样信息就可以安全无误地到达目的地，即使被第三方截获，由于没有相应的私钥，也无法解密。

2. 数字证书的内容

数字证书是一个经证书授权中心数字签名的包含公开密钥拥有者信息以及公开密钥的文件。目前，证书的格式一般采用 X.509 国际标准。一个标准的 X.509 数字证书包括如下内容（见图 3-7）：

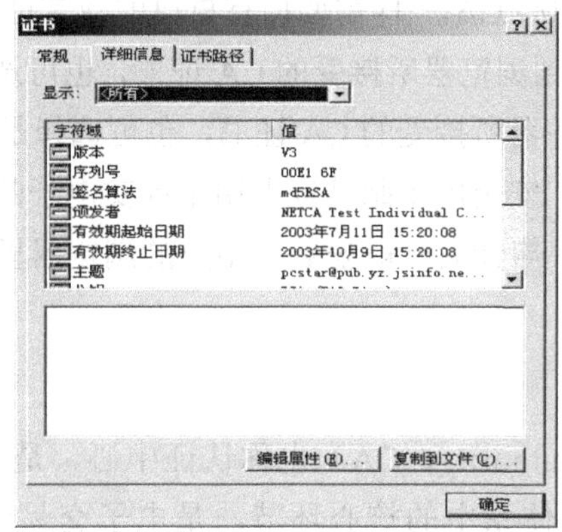

图 3-7　数字证书的详细信息

1）证书的版本信息。

2）证书的序列号，每个证书都有一个唯一的证书序列号。

3）证书所使用的签名算法。

4）证书的发行机构名称。

5）证书的有效期，现在通用的证书一般采用 UTC 时间格式，它的计时范围为 1950～2049。

6）证书主题或使用者。

7）证书所有人的公开密钥信息。

8）其他额外的特别扩展信息。

9）证书发行者对证书的数字签名。

在 Internet Explorer（IE）浏览器中，可以查看数字证书的内容。其方法是：进入 IE 窗口，依次选择“工具”→“Internet”→“内容”→“证书”，然后选择一种证书类别，再在证书列表中选择一个证书，单击“查看”标签，即可查看所选证书的内容。

3. 数字证书的分类

数字证书根据用途、证明实体的不同分为很多种类，现在常用的一般有以下几种类型：

（1）个人身份证书（客户证书） 用来表明和验证个人在网络上的身份的证书，它确保了网上交易和作业的安全性和可靠性，可以用于网上支付、网上炒股、网上保险、网上理财、网上缴费、网上购物、网上办公等。

（2）企业身份证书 用来表明和验证企业用户在网络上身份的证书，它确保了企业网上交易和作业的安全性和可靠性，可应用于网上证券、网上办公、网上交税、网上采购、网上资金转账、企业网上银行等。

（3）服务器数字证书（站点证书） 主要用于网站交易服务器，需要和网站的IP地址、域名绑定，以保证网站的真实性和不被人仿造。目的是保证客户机和服务器之间交易及支付时双方身份的真实性、安全性和可信任度等。

（4）CA证书 发行数字证书的认证中心CA是安全网络支付的核心，如果它不可靠，那问题就严重了，所以认证中心CA一样需要拥有自己的数字证书，证实其CA的真实身份。在IE浏览器里，用户可以看到浏览器所接受的CA证书，也可选择是否信任这些证书。在服务器端，管理员可以看到服务器所接受的CA证书，也可选择是否信任这些证书。

（5）安全电子邮件证书 安全电子邮件证书用于证实电子邮件用户的身份和公钥，可以确保邮件的真实性和保密性，申请后一般安装在用户的浏览器里。用户可以利用它来发送签名或加密的电子邮件。

二、认证机构

认证机构（Certificate Authority，CA）也称认证中心，是一个负责发放和管理数字证书的权威机构，是电子商务体系中的核心环节，是电子交易中信赖的基础。在电子商务交易中，商家、客户、银行的身份都要由CA认证。CA认证中心通过自身的注册审核体系，检查核实进行证书申请的用户的身份和各项相关信息，并将相关内容列入发放的证书域内，使用户属性的客观真实性与证书的真实性一致。CA认证中心作为一个在电子商务交易中受信任和具有权威性的第三方，需要承担网络上安全交易的认证服务，受理数字证书的申请、签发及对数字证书的管理。CA认证中心，以其公正、权威、可信赖的地位，获得证书使用者对它的信赖，并使用户通过对其发放的证书的信赖，实现对交易中持有证书的各方的信赖。

为了在CA认证中心之间建立起可以相互信赖的关系，建立起可信赖的数字证书链，使拥有不同CA认证中心颁发的证书的用户可以相互认证，保证终端用户的安全和交易的方便性，CA认证机构通常采用层次树状结构。上级认证中心负责签发和管理下级认证中心的证书，最下级的认证中心直接面向最终用户，将用户作为树的端节点，这些端节点又可以分为几组，每组有一个上级节点作为可信赖的机构（CA），这些节点又可以分为几组，每组都有其上级节点作为可信赖的机构，以此类推，最后到达根节点，也就是最高级别的认证中心。在这种结构中，任意两个端节点都可以形成一个有效的相互认证。认证数字证书就是通过这种信任分级体系来验证的，每一个数字证书与签发它的CA联系，这个CA又与其上一级CA相连，沿着这条线路就可以找到一个交易各方都信任的组织，就可以确定证书的有效性。CA

体系结构如图 3-8 所示。

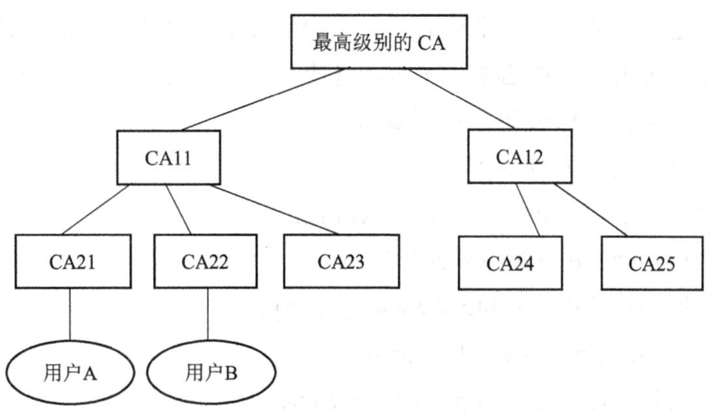

图 3-8　CA 体系结构图

随着电子商务逐渐成为 21 世纪经济生活的新领域，互联网上的安全问题已经日益突出，建立完善的电子认证体系成为电子商务发展的关键。目前世界上最著名的数字认证中心是美国的 Verisign 公司，该公司成立于 1995 年，为全球 50 多个国家提供数字认证服务，已为超过 2700 万 Web 站点服务器提供了认证服务，使用它提供的个人数字证书的人数就更多了。世界 500 强的绝大多数企业的网上业务都用 Verisign 的认证服务业务。除了普遍的有限网络服务外，目前 Verisign 还一样为无线网络上的付款业务等提供安全严格的认证服务。目前的 Verisign，作为世界级的 CA 认证中心，就像 Internet 世界里的“世界工商行政管理总局”。图 3-9 所示为世界著名 CA 认证中心 Verisign 的服务站点。

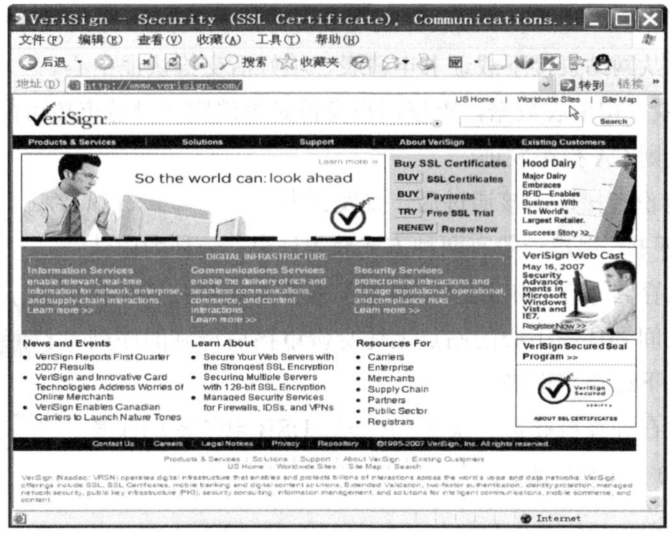

图 3-9　世界著名 CA 认证中心 Verisign 的服务站点

为了保证电子商务在中国的顺利开展，我国的 CA 认证中心发展迅速。自 1998 年中国第一家 CA 认证中心（CTCA）成立以来，全国已经有超过 30 家的 CA 认证中心。从 CA 认证中心建设的背景来分，国内的 CA 认证中心主要分为两大类：行业性的和区域性的。行业性

CA 认证中心有中国金融认证中心、（CFCA）等。区域性 CA 认证中心大多以地方政府为背景，以公司机制来运作，如上海认证中心、广东电子商务认证中心、海南认证中心、中国西部电子商务（宁夏）证书认证中心等。另外，还有一些商业性 CA 认证中心和跨国 CA 认证中心的代理机构，如天威诚信公司、亚洲诚信等。

国内常见的认证中心的网址如下：

中国金融认证中心：http://www.cfca.com.cn

中国数字认证网：http://www.ca365.com

北京数字证书认证中心：http://www.bjca.org.cn

上海认证中心：http://www.sheca.com

广东电子商务认证中心：http://www.cnca.net

中国目前建立的 CA 虽然数目众多，但在规模、服务水平、用户数量、社会信赖度上与国外著名 CA 如 Verisign 等还有相当大的差距。整体上存在着认证中心资源过剩和兼容性差的问题。认证中心很多，但每个认证中心发放的证书却寥寥无几，而且很多证书发放后存在闲置的现象。各认证中心之间的交叉认证不完善，很多基于不同认证中心的用户不能通过已有的证书实现认证。我国电子商务发展不完善，受意识形态制约，同时电子商务法律法规、网络安全系统发展不完全成熟，使得个人和企业不敢完全将交易放在网上，因此大力发展电子商务对 CA 平台的扩充有着十分重要的意义。

三、数字证书的申请

不同 CA 类型的数字证书的申请步骤略有不同，一般有下列步骤：

1）用户需携带有效证件（身份证件或驾驶证等）及其复印件到认证中心申请证书，填写申请表，也可以从网站直接下载证书申请表，填好后交给认证中心。

2）认证中心录入申请表数据，审核用户身份是否属实（身份审核可能需要一点时间），如果审核未通过，则 CA 拒绝发证。

3）CA 进行身份审核，审核通过后，签发证书。

4）用户获取证书。用户一般有两种方式获得证书：一种为由认证中心将证书存入存储介质（如 IC 卡、U 盘）等交给用户；另一种为用户在指定的时间到认证中心的站点上凭身份审核后得到的序列号和密码，从网上下载数字证书。

图 3-10　USB 数字证书

证书可以存放在计算机硬盘、软盘、IC 卡、USB 电子密钥或其他介质中。图 3-10 为 USB 数字证书。

第七节　常用电子商务安全协议

电子商务的安全不仅需要每一个交易个体采用相应的安全技术和对策，它还需要一套广大交易参与者都遵守的安全规则，即电子商务中的常用安全标准协议。目前，电子商务的安全标准协议正在走向成熟，并逐渐形成了一些国际规范。

一、安全套接层协议

1. SSL 协议简介

安全套接层协议（Secure Sockets Layer Protocol，SSL 协议）最初是由 Netscape 公司设计开发的，它提供在 Internet 上的安全通信服务，也是目前电子商务业务中广泛应用的安全通信协议。本质上，SSL 协议是一种在持有数字证书的客户端浏览器（如 Internet Explorer 等）和远程的 WWW 服务器（如 IIS 等）之间，构造安全通信通道并且传输数据的协议。

建立了 SSL 安全机制后，只有 SSL 协议允许的客户才能与 SSL 协议允许的 Web 站点进行通信，并且在使用 URL 资源定位器时，输入“https://”，而不是“http://”。

SSL 协议是介于应用层协议和传输层协议（TCP 协议）两层之间的一个可选协议（见图 3-11），建立用户与服务器之间的加密通信通道，确保所传递信息的安全性。SSL 协议包括两个协议：SSL 握手协议和 SSL 记录协议。其中，SSL 握手协议负责协议版本号的交换，完成加密算法和会话密钥的确定，并具有通信双方的身份验证等功能。而 SSL 记录协议则定义数据传输格式，负责对信息进行分片、压缩、加密等。这样，应用层通过 SSL 协议传输给传输层的数据，已是被加密后的数据。而 TCP/IP 协议只负责将数据可靠地传送到目的地，SSL 协议弥补了 TCP/IP 协议安全性较差的弱点。

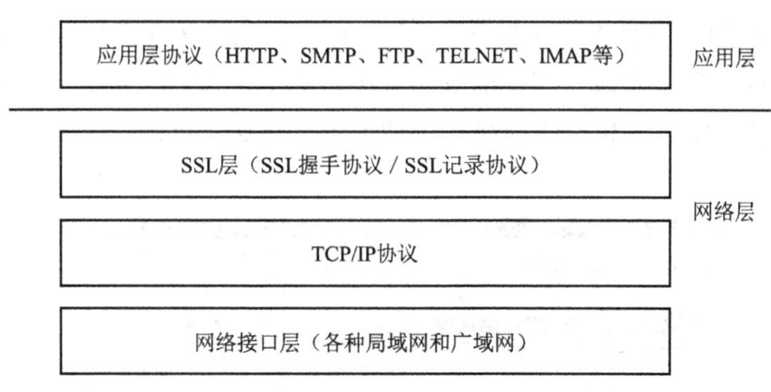

图 3-11　SSL 协议的协议层次图

SSL 协议是工作在公共密钥和私人密钥基础上的，任何用户都可以获得公共密钥来加密数据，但解密数据必须要通过相应的私人密钥。使用 SSL 协议时，首先客户端与服务器建立连接，服务器把它的数字证书与公共密钥一并发送给客户端，客户端随机生成会话密钥，用从服务器得到的公共密钥对会话密钥进行加密，并把会话密钥在网络上传递给服务器，而会话密钥只有在服务器端用私人密钥才能解密，这样，客户端和服务器端就建立了一个唯一的安全通道。

2．SSL 协议的特点

SSL 协议实现简单，独立于应用层协议，而且大部分的 Web 浏览器（如 IE）以及主要的服务器（如 IIS 等）都支持 SSL 协议，便于在电子交易中应用。国际著名的信用卡支付系统就支持这种简单加密模式，应用比较广泛。但 SSL 协议也存在不足：①它是一个面向连接的协议，是针对点对点通信设计的，只能提供交易中客户与服务器间的双方认证。而电子商务的支付系统需要涉及多方，SSL 协议不能对电子商务中支付各方提供信任关系，只能确保数据传输的安全，不能实现多方认证。②SSL 协议只能保证资料传递过程的安全性，而传递是否有人截取就无法保证了。③系统的安全性差，SSL 协议的数据安全性其实就是建立在 RSA 等算法的安全性之上，因此从本质上说，攻破了 RSA 算法就等同于攻破此协议。

3．建立 SSL 安全连接的过程

客户机的浏览器在登录服务器的安全网站时，服务器将招呼要求发给浏览器（客户机），浏览器以客户机招呼来响应。接着浏览器要求服务器提供数字证书，如同要求查看有照片的身份证。作为响应，服务器发给浏览器一个认证中心签名的证书。浏览器检查服务器证书的数字签名与所存储的认证中心的公开密钥是否一致。一旦认证中心的公开密钥得到验证，签名也就证实了这意味着完成了对商家服务器的认证。由于客户机和服务器需要在互联网上传输信用卡号、发票号、验证代码等，所以双方都同意对所交换的信息进行安全保护。

工商银行个人网上银行登录页面和网上支付页面都经过 128 位 SSL 加密处理。图 3-12 显示在工商银行网上银行上登录用户名时即进入 SSL 安全连接。这时浏览器发出安全警报，点击“确定”，开始建立安全连接（见图 3-13）。SSL 安全连接建立好后，在 IE 浏览器右下角状态栏上会显示一个“挂锁”图形的安全证书标识（见图 3-14）。该“锁型”图案表示用户通过网页传输的用户名和密码都将通过加密方式传送。点击“挂锁”，应显示安全证书信息（见图 3-15）。

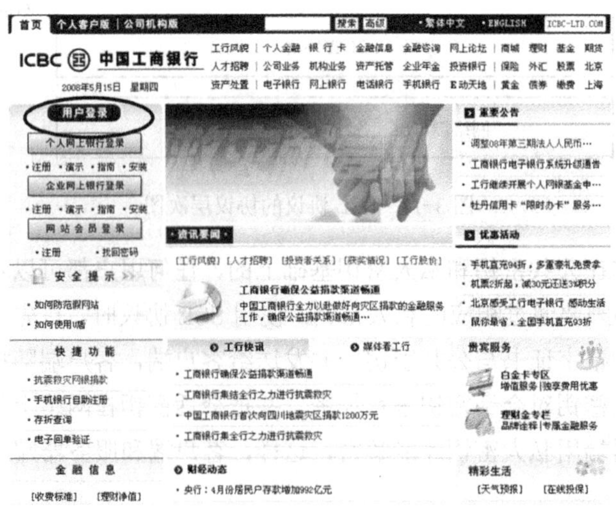

图 3-12 在工商银行网上银行连接交换敏感信息的页面

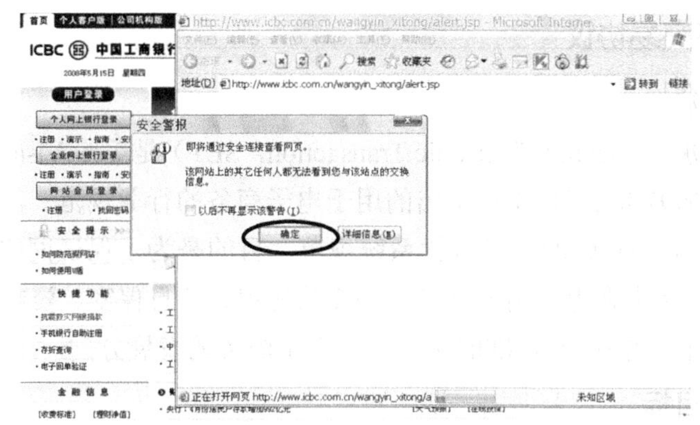

图 3-13　浏览器开始建立安全连接

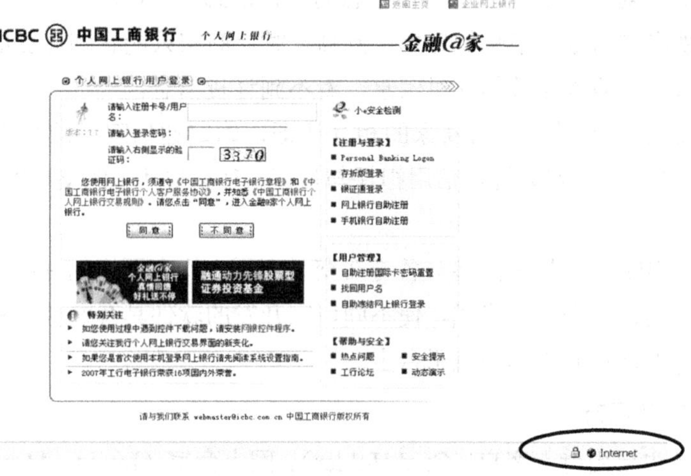

图 3-14　SSL 安全连接已建立的页面

当退出网上银行登录页面，即加密方式传输结束后，浏览器会离开交换敏感信息的页面，点击图 3-16 中“是”即断开 SSL 安全连接。

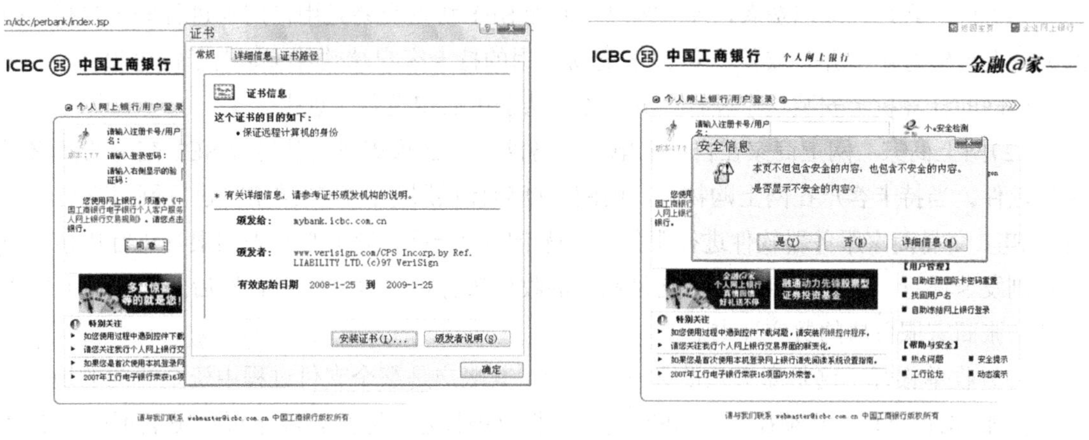

图 3-15　查看并验证服务器安全证书　　图 3-16　离开交换敏感信息的页面，断开 SSL 安全连接

二、安全电子交易协议

1. SET 协议简介

安全电子交易协议（Secure Electronic Transaction，SET）是美国 Visa 和 MasterCard 两大信用卡组织联合于 1997 年 5 月 31 日推出的用于电子商务的行业规范，其实质是一种应用在 Internet 上、以信用卡为基础的电子付款系统规范，目的是为了保证网络交易的安全。SET 协议妥善地解决了信用卡在电子商务交易中的交易协议、信息保密、资料完整以及身份认证等问题。SET 协议已获得 IETF 标准的认可，是电子商务的发展方向。

2. SET 协议的目标

（1）机密性　保证信息在 Internet 上的安全传输，使在网上传输的数据不被窃取。

（2）保护隐私　对客户的订单信息和敏感的支付信息（如信用卡账号、密码等）进行隔离。在将包括消费者支付账号信息的订单送到商家时，商家只能看到订货信息看不到消费者的账户信息；而银行只看到相关的支付信息，看不到订货信息。

（3）多方认证性　通过客户与商家的相互认证，确定通信双方的身份，一般由第三方 CA 机构负责为在线的通信双方提供信用担保与认证，对参与其中的支付网关也要进行认证，以防假冒。

（4）标准性　SET 协议机制的参与各方在交易流程中均有严格的标准可循，主要体现在要求软件遵循相同的协议和信息格式，使不同厂家开发的软件具有兼容性和互操作功能，并且可以运行在不同的硬件和操作系统平台上。

3. SET 协议的参与方

SET 支付系统主要由持卡客户（Card Holder）、网上商家（Internet Merchant）、收单银行（Acquiring Bank）、发卡银行（Issuing Bank）、支付网关（Payment Gateway）、认证中心（Certificate Authority）等 6 个部分组成。对应地，基于 SET 协议的网上购物系统至少包括电子钱包软件、商家软件、支付网关软件和签发证书软件。

（1）持卡客户　即消费者，持卡客户要参加 SET 协议交易且用信用卡进行安全支付，必须先到发卡银行申请并且取得一套 SET 交易专用的持卡客户端软件（如电子钱包软件），在自己联网的计算机上安装这个软件，并向 CA 认证中心申请数字证书。

（2）网上商家　网上商家在自己的电子商务网站上必须集成安装运行 SET 交易的商家服务器软件。当持卡客户在网上购物时，由网上商店提供服务；购物结束时进行网络支付，这时由 SET 交易商家服务器软件进行服务。与持卡客户一样，商家必须先到银行进行申请，但不是到发卡银行，而是到接收网上支付业务的收单银行申请设立账户。然后向 CA 认证中心申请一张商家服务器的数字证书。

（3）收单银行　这是商家开设账户的银行，其账户是整个支付过程中资金流向的地方，商家参加 SET 交易，必须在参加 SET 交易的收单银行建立账户。收单银行虽然不属于 SET 交易的直接组成部分，却是完成交易的必要参与方。支付网关接收商家转来的持卡客户支付请求后，要将支付请求转交给收单银行，进行银行系统内部的联网支付处理工作。

（4）发卡银行　这是指消费者在其中拥有账户的银行，消费者所拥有的支付工具就是由发卡行提供的，支付请求最后必须通过银行间专用金融网络，经收单银行传送到持卡客户的发卡银行，进行相应的授权和扣款。与收单银行一样，发卡银行也不属于 SET 交易的直接组成部分，且同样是完成交易的必要参与方。持卡客户参加 SET 交易，发卡银行就必须参加 SET 交易。

（5）支付网关　这是公用网和金融专用网之间的接口。SET 交易是在 Internet 这个公开的网络上进行的，而银行端的计算机主机及银行专用金融网络是不能与各种非安全的公开网络直接相连的。因此，为了接收从 Internet 上传来的客户支付信息，在银行与 Internet 之间必须有个专用系统，接收处理从商家传来的支付扣款信息，并且通过专线传送给银行；银行对支付信息的处理结果通过这个专用系统反馈给商家。这个专用系统就称为支付网关。支付网关不能分析交易信息，对支付信息也只起保护与传输的作用，即这些保密数据对网关而言是透明的。

（6）认证中心　为了保证 SET 交易的安全，SET 协议规定参与 SET 交易的直接各方，包括支付网关、网上商家、持卡客户，在参加交易前必须到认证中心申请并安装数字证书，以向其他各方认证自己的真实身份。

4. SET 协议的工作流程

以目前流行的信用卡网络支付为例，当采用 SET 安全协议机制时，信用卡的支付流程其实就是电子钱包支付流程。需要进行的预备工作是持卡客户、网上商家、支付网关、收单银行、发卡银行等已经完成相应的网上交易的预备手续，包括持卡客户、网上商家、支付网关的数字证书的申请以及相应软件的安装运行。参照图 3-17，SET 协议的工作流程如下：

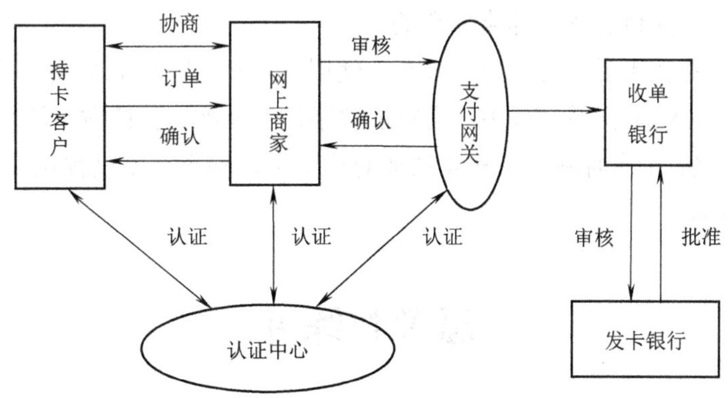

图 3-17　SET 协议的应用流程示意图

1）客户利用自己的计算机通过因特网选定所要购买的物品，并在计算机上输入订货单，订货单上需包括在线商店、购买物品名称及数量、交货时间及地点等相关信息。

2）通过电子商务服务器与有关网上商家联系，网上商家作出应答，告诉客户所填订货单的货物单价、应付款数、交货方式等信息是否准确，是否有变化。

3）客户选择付款方式，确认订单签发付款指令。此时 SET 协议开始介入。

4）在 SET 协议中，客户必须对订单和付款指令进行数字签名，同时利用双重签名技术保证商家看不到客户的账号信息。

5）网上商家接受订单后，向客户所在发卡银行请求支付认可。信息通过支付网关先到收单银行，再到客户的发卡银行确认。发卡银行批准交易后，返回确认信息给网上商家。

6）网上商家发送订单确认信息给客户。客户端软件可记录交易日志，以备将来查询。

7）网上商家发送货物或提供服务并通知收单银行将钱从客户的账号转移到商店账号，或通知发卡银行请求支付。在认证操作和支付操作中间一般会有一个时间间隔，如在每天的下班前请求银行结一天的账。

前两步与 SET 协议无关，从第三步开始 SET 协议开始起作用，一直到第六步，在处理过程中对通信协议、请求信息的格式、数据类型的定义等，SET 协议都有明确的规定。在操作的每一步，客户、网上商家、支付网关都通过 CA 来验证通信主体的身份，以确保通信的对方不是冒名顶替者，所以也可以简单地认为 SET 协议充分发挥了认证中心的作用，以维护在任何开放网络上的电子商务参与者所提供信息的真实性和保密性。

5. SET 协议的特点

在 SET 协议开始介入后的处理过程中，对通信协议、请求信息的格式、数据类型的定义等，SET 协议都有明确的规定。以 SET 协议为基础的支付流程中，每一步都有严格与严谨的规范，并大量利用公开密钥加密法、私有密钥加密法、数字证书、数字摘要、数字签名、双重数字签名等安全技术；同时，在操作的每一步，客户、商家、支付网关都需要通过 CA 来验证交易各方的身份，以确保通信的对方不是冒名顶替者。所以，SET 协议充分发挥了认证中的作用，维护了在任何开放网络上的电子商务参与者所提供信息的真实性和保密性。因此，以 SET 协议为支撑的支付流程是非常安全的。

但 SET 协议也存在不足之处：协议复杂，使用成本高，客户端必须安装“电子钱包”软件才能使用；同时在 SET 交易过程中，需验证数字证书 9 次，验证数字签名 6 次，传递证书 7 次，进行 5 次签名、4 次对称加密和 4 次非对称加密，整个交易过程花费时间在 1.5～2 分钟之间，交易效率低。

思考和练习

1. 电子商务会面临哪些安全隐患？分别可以用哪些技术解决？
2. 简述电子商务的安全需求。
3. 什么是数字证书？数字证书有哪些作用？
4. 简述数字摘要、数字签名、数字时间戳的含义。

5．简述数字签名的过程。

6．描述 SSL 的工作原理。

7．SSL 协议与 SET 协议的不同点是什么？

8．登录中国数字认证网（www.ca365.com）申请免费 CA 证书，并使用邮件证书，发送加密与数字签名的邮件。

9．登录中国工商银行网站，调研其网络银行是如何应用数字证书工具的？由哪个认证中心提供服务？

10．登录某电子商务网站，如淘宝网、当当网或拍拍网等，分析其网上交易安全策略有哪些。

第四章 电子支付系统

知识目标

1. 了解电子支付的概念。
2. 了解主要的网上支付工具如电子现金、电子钱包、信用卡、电子支票等的概念、特点、支付流程及使用情况。
3. 掌握网上银行的概念，掌握常用的第三方支付工具的支付流程与使用方法。

技能目标

1. 学会网络银行的申请及各项功能的使用。
2. 学会操作常用的第三方支付工具，并完成网上支付。

导入案例

在英国，《国富论》作者、经济学家亚当·斯密2007年春天取代了作曲家爱德华·埃尔加，出现在新版20英镑纸币上。这是苏格兰人首次登上英格兰银行发行的英镑（苏格兰银行发行的50英镑纸币早已经采用了亚当·斯密的肖像）。对此，《经济学人》杂志评论说："他是第一位获得这一荣誉的经济学家，也可能是最后一位。"这并不是说没有其他经济学家能跟亚当·斯密相媲美，而是因为英镑很可能不再存在。以目前的发展来看，20年左右，英镑就会被汹涌而至的数字化浪潮淹没，并最终被"01"这种二进制电子码所取代。而已经延绵数千年的现金支付，也很可能与之一同消亡。

自2012年下半年起，杭州、成都、郑州、济南等多个城市都陆续传出已经或即将启动"支付宝打车"业务。我们从相关部门了解到，现在支付宝"电子钱包"的功能，再也不限于简单的线上支付，它除了用于网上购物外，还能付打车费。司机袁师傅称，出租车内提供无线WiFi上网，乘客可手机下载支付宝客户端，到达目的地后只需打开软件进行支付就可以。车费到账后会有短信提醒。如今，这种利用支付宝支付的付费模式正在各城市进行推广，并成为一种趋势。

种种迹象表明，电子支付——现金时代的终结者——已成为我们日常生活中不可或缺的组成部分。它们是银行卡、公交卡、储值卡，也是财付通、支付宝或虚拟装备，甚至还是手机、短信息或Email等。尽管终结者们的表现形式多种多样，但它们都属于一个共同的家族——电子支付。

【思考】

（1）什么是电子支付？

（2）目前常用的电子支付工具有哪些？

（3）常用的电子支付工具如何使用？

第一节　电子支付概述

随着全球电子商务的蓬勃发展，作为电子商务基础的在线电子支付方式，愈发显示其重要性。虽然电子商务也可能通过传统的支付方式进行清算，如货到付款、银行支票、邮局汇款等，但这些传统支付方式在处理效率、方便易用、安全可靠、运作成本等多方面存在诸多局限性。而电子钱包、数字现金、网络银行资金划拨和网上信用卡等电子支付方式显然有着更大的优越性。因为它们比传统的支付方式更快捷，成本更加低廉，而且对网上购物者来说可更加方便地进行网上支付。这些优势使得传统支付方式正日益为电子支付方式所替代。

一、电子支付的含义

电子支付（Electronic Payment）是指电子交易的当事人，包括消费者、厂商和金融机构，以金融电子化网络为基础，以商用电子化机具和各类交易卡为媒介，以计算机技术和通信技术为手段，将货币以电子数据（二进制数据）形式存储在银行的计算机系统中，并通过计算机网络系统以电子信息传递形式实现的货币支付与资金流通。

银行采用计算机技术、互联网技术等进行电子化支付的不同方式，分别代表电子支付发展的不同阶段：

第一阶段：银行间通过电子转账（EFT）技术处理银行之间的业务，办理结算。

第二阶段：银行计算机与其他机构计算机之间进行资金结算，如代发工资、代缴水费、电费、电话费等业务。

第三阶段：利用网络终端向用户提供各项银行服务，如用户在自动柜员机（ATM）上进行存取款、转账和查询、密码设置和更改、账户查询等操作，并且不受银行工作日的限制，客户可得到 7×24 小时的 ATM 服务。

第四阶段：利用银行销售点终端（Point of Sales，POS）向用户提供自动扣款服务。

第五阶段：网上支付，它是电子支付技术发展的新阶段，使电子支付可随时随地通过互联网进行直接转账结算。

电子支付并不等同于网上支付，网上支付是指客户通过互联网进行资金支付，而电子支付不仅包括网上支付，还包括通过银行内部的专用网进行的其他电子形式的支付活动，如柜员机、电话银行等。电子支付是电子商务的关键环节，也是电子商务得以顺利发展的基础条件。它使人们可以随时随地完成购物消费活动，进行货币支付，它将带动网络经济新兴市场的形成与发展。

二、电子支付的特点

传统的支付方式，如邮局汇款、银行电汇、货到付款等，一般都采用现金和票据等工具进行支付。在传统支付中，支付指令的传递完全依靠面对面的手工处理，并在邮政、电信部门的委托下进行。因而，传统的支付结算运作成本高，凭证传递时间长，在途资金积压大，资金周转慢，处理效率低。与传统的支付方式比较，电子支付具有以下特点：

1）电子支付是采用先进的技术通过电子流转来完成信息传输的，其各种支付方式都采用电子化的方式进行款项支付；而传统的支付方式则是通过现金的流转、票据的转让及银行的汇兑等物理实体的流转来完成款项支付。

2）电子支付的工作环境是基于一个开放的系统平台（即 Internet）；而传统支付则是在较为封闭的系统中运行。

3）电子支付使用的是最先进的通信手段，如 Internet、Extranet，而传统支付使用的则是传统的通信媒介；电子支付对软件、硬件设施的要求很高，一般要求有联网的计算机、相关的软件及其他一些配套设施，而传统支付则没有这么高的要求。

4）电子支付具有方便、快捷、高效、经济的优势。用户只要拥有一台上网的 PC 机，便可足不出户，在很短的时间内完成整个支付过程。支付费用仅相当于传统支付的几十分之一，甚至几百分之一。

目前，电子支付仍然存在一些缺陷。比如安全问题，一直是制约电子支付发展的关键性问题。大规模地推广电子支付，必须解决防止黑客入侵、防止内部作案、防止密码泄露等涉及资金安全的问题。目前正通过密码技术、数字证书、CA 认证中心与安全协议等手段建立健全有效的安全机制来保障电子支付的安全。此外，还有一个支付存在的条件问题。消费者所选用的电子支付工具一般需要满足以下条件：消费者账户所在地银行发行支持，相应的支付系统和商户所在银行的支付支持，商户认可此工具等。如果消费者的支付工具得不到商户的认可，或者说缺乏相应的系统支持，电子支付也还是难以实现的。

三、电子支付的主要工具

随着计算机技术的发展，电子支付的工具越来越多。电子商务环境下常用的电子支付工具主要有 3 大类：电子货币类，如电子现金、电子钱包等；电子信用卡类，如智能卡、借记卡和电话卡等；电子支票类，如电子支票、电子汇款（EFT）和电子划款等。它们的交易、支付和结算都有各自的特点。

第二节 电子现金

一、电子现金概述

电子现金又称数字现金，是一种以电子数据形式流通的、能被客户和商家普遍接受的、通过 Internet 购买商品或服务使用的货币。电子现金是一种隐性货币，它能够把用户银行账户中的资金转换成一系列电子加密序列数，这些加密序列数表示现实中各种金额的币值，用户用这些加密序列数就可以在 Internet 上允许接受电子现金的商店购物了。而且，用户在开展电子现金业务的银行开设账户并在账户内存钱后，可以随时通过互联网从银行账号上下载电子现金，从而保证了电子现金使用的便捷性。

二、电子现金的网络支付模式

所谓电子现金的网络支付模式，就是在电子商务过程中，客户利用银行发行的电子现金在网上直接传输交换，使其发挥类似纸币的等价物职能，以实现即时、安全可靠的在线支付形式。

这种电子现金的网络支付模式，在电子现金的产生以及传输过程中同样运用了一系列先进的安全技术与手段，如公开密钥加密法、数字摘要、数字签名以及隐蔽签名，所以其应用上还是比较安全的。

电子现金网络支付模式的主要好处就是客户与商家在运用电子现金支付结算过程中，基本无需银行的直接中介参与。这不但方便了交易双方应用，提高了交易与支付效率，降低了成本，而且电子现金具有类似纸币匿名而不可追溯使用者的特征，可以直接转让给别人使用

（就像纸币），并且保护了使用者的个人隐私。电子现金的这些特征与信用卡、电子钱包、网络银行、电子支票等网络支付方式不同，后者在支付过程一直有银行的中介参与，而且是记名认证的。电子现金网络支付过程因为无需银行直接中介参与，存在伪造与重复使用的可能。在这一点上各电子现金发行银行也正采取一些管理与技术措施来完善它。比如，发行银行建立大型数据库来存储发行的电子现金序列号、币值等信息，商家每次接受电子现金后均直接来银行兑换入账，银行记录已经使用的电子现金；在接受电子现金的商家与发行银行间进行约定，每次交易时都由发行银行鉴定电子现金是否是伪造或重复使用的等。这样做的结果肯定会在一定程度上牺牲电子现金像纸币一样充当一般等价物的自由流通性，但更加安全。随着电子现金相关的新技术的不断开发与应用，技术与应用规范的统一完善，电子现金也会更加自由地流通，真正发挥“网络货币”的职能。

三、电子现金的网络支付流程

应用电子现金进行网络支付，需要在客户端安装专门的电子现金客户端软件，在商家服务端安装电子现金服务器软件，在发行银行运行对应的电子现金管理软件等。为了保证电子现金的安全及可兑换性，发行银行还应从第三方 CA 申请数字证书以证实自己的身份，借此获取自己公开密钥/私人密钥对，且把公开密钥公开出去，利用私人密钥对电子现金进行签名。

电子现金的网络支付业务处理流程一般概括为如下步骤，它涉及商家、客户与发行银行 3 个主体，初始化协议、提款协议、支付协议以及存款协议 4 个安全协议过程。

1）电子现金的使用客户、电子现金接收商家与电子现金发行银行分别安装电子现金应用软件。为了安全交易与支付，商家与发卡银行从 CA 中心申请数字证书。

2）客户端在线认证发行银行的真实身份后，在电子现金发行银行开设电子现金账号，存入一定量的资金，利用客户端与银行端电子现金的应用软件，遵照严格的购买兑换步骤，兑换一定量的电子现金。

3）客户使用客户端电子现金应用软件在线接收从发行银行兑换的电子现金，存放在客户机硬盘上（或电子钱包、IC 卡上），以备随时使用（提款协议）。

4）接受电子现金的商家与发行银行间应在电子现金的使用、审核、兑换等方面有协议与授权关系，商家可以在发行银行开设接收与兑换电子现金的账号，也可另有收单银行。

5）客户验证网上商家的真实身份，并确认能够接收本方电子现金后，挑选商品，选择己方持有的电子现金来支付。

6）客户借助 Internet 平台把订单与电子现金一并发送给商家服务器。

7）商家收到电子现金后，可以随时地一次或批量地到发行银行兑换电子现金，即把接收的电子现金发送给电子现金发行银行，与发行银行协商进行相关的电子现金审核与资金清算，电子现金发行银行认证后把同额资金转账给商家开户行账户。

8）商家确认客户的电子现金真实性与有效性后，确认客户的订单与支付，并发货。

图 4-1 是电子现金网络支付流程示意图。

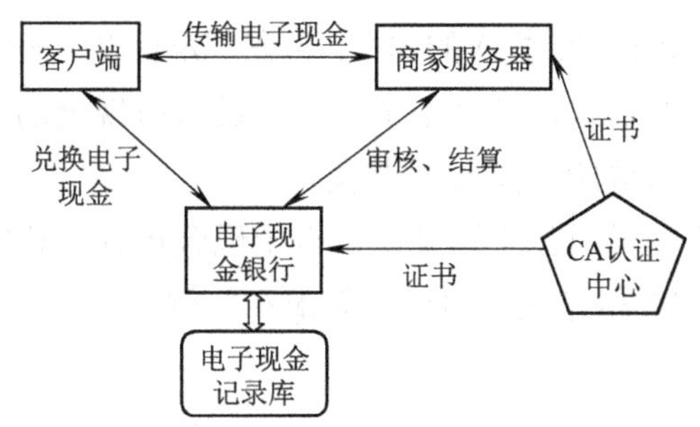

图 4-1　电子现金网络支付流程示意图

四、电子现金的特点

电子现金可以理解为纸质现金的电子化，与其他网络支付方式相比，更能体现货币的特点与等价物的特征，因此电子现金兼有纸币和数字化现金的优势，具有安全性、匿名性、方便性、经济性、可分解性等特点。

1. 电子现金的优点

（1）安全性　电子现金是高科技发展的产物，它融合了现代密码技术，提供了加密、认证、授权等机制，只限于合法人使用，能够避免重复使用，因此防伪能力强，并且由于电子现金无需随身携带，因此减少了遗失和被偷窃的风险。

（2）匿名性　保护客户隐私是电子现金的主要优点，因此电子现金不能提供用于跟踪持有者的信息，即使在进行网络支付时也无法追踪。

（3）方便性　纸币交易受时间、地点的限制，而电子现金借助 Internet 传输，就有较高的效率，并且电子现金的数字化流转形态使得用户在支付过程中不受时间、地点的限制，使用更加方便。

（4）经济性　纸币的交易费用与交易的金额成正比，随着交易量的不断增加，纸币的发行成本、运输成本、交易成本越来越高，而电子现金在网络上完成支付，大大节省资源，避免类似纸币的巨额保管、运输、维护费用。

（5）可分解性　可分解性是指电子现金支付单位的大小可自行定义。例如，在美国电子现金交易的各方可达成协议，决定电子现金的最小单位是 1 美元，狭义单位为 1.2 美元，以此类推。这些单位可由定义者自行决定，不受实际现金系统的限制。这是电子现金同传统货币的一个重要区别。

2. 电子现金的缺点

1）电子现金发展到现在仍然没有一套国际兼容的统一技术与应用标准，接收电子现金的商家和提供电子现金开户服务的银行还是太少（中国基本还没有），因而不利于电子现金的流通。

2）电子现金的灵活性和不可跟踪性带来发行、管理和安全验证等一系列问题。从技术上说，各个银行、商家都可以发行与使用电子现金，如果不加控制与管理，电子商务将不能正常发展，甚至带来严重的经济和金融问题。

3）应用电子现金需要在客户、银行和商家计算机上均安装对应的电子现金软件，且对三方都有较高的软、硬件要求，至少目前的运作成本还较高。为加强认证、防伪，预防重复消费，需要银行建立大型数据库进行记录，投入的加大，会在一定程度上限制电子现金的自由流通性。

4）电子现金的电子数据形式，满足不了人们欣赏纸质现金的直观与触摸感要求，在亲和力上差一些，不容易被大量的传统人士所接受。

5）对于无国家界限的电子商务应用来说，电子现金还存在税收、法律、外汇的不稳定性，以及货币供应的干扰和金融危机的可能性等潜在问题。

第三节 信 用 卡

信用卡于 1915 年起源于美国，它是目前最流行的电子支付工具之一，是银行或其他财务机构签发给资信状况良好人士的一种特制卡片，是一种特殊的信用凭证，可以证明持卡人的身份、支付能力和信用状况等，并且不断创新。

一、各种信用卡及其特性

随着信用卡业务的发展，信用卡的种类不断增多，概括起来，一般有广义信用卡和狭义信用卡之分。

从广义上说，凡是能够为持卡人提供信用证明、持卡人可以凭卡购物消费或享受特定服务的特制卡片均可称为信用卡。广义上的信用卡包括贷记卡、准贷记卡、储蓄卡、提款卡（ATM卡）、支票卡及赊账卡等。

从狭义上说，国外的信用卡主要是指由银行或其他财务机构发行的贷记卡，即无需预先存款可贷款消费的信用卡，是先消费后还款的信用卡。狭义的信用卡是真正的凭借持卡人信用而获取银行资金支持进行消费的银行卡，因此称为 Credit Card。国内的信用卡也主要是指贷记卡或准贷记卡。

贷记卡是指发卡银行给予持卡人一定的信用额度，持卡人可在信用额度内先消费后还款的信用卡，如长城国际卡、牡丹国际卡等。

准贷记卡是指持卡人需先按发卡银行的要求交存一定金额的备用金，当备用金账户余额不足支付时，可在发卡银行规定的信用额度内透支的信用卡，如中国农业银行的金穗卡。

借记卡是指先存款、后消费（或取现），没有透支功能的信用卡。其按功能不同，又可分为转账卡（含储蓄卡）、专用卡及储值卡，如中国银行长城电子借记卡。

按照不同的标准划分，信用卡可分为不同种类，例如，按发行对象划分，可分为公司卡和个人卡；按从属关系划分，可分为主卡和附属卡；按流通范围划分，可分为国际卡和地区卡。

二、信用卡的支付类型

目前，基于信用卡的支付有 4 种类型：无安全措施的信用卡支付、基于第三方经纪人的信用卡支付、简单加密信用卡支付和基于 SET（安全电子交易）协议机制的信用卡支付。

1. 无安全措施的信用卡支付

无安全措施的信用卡支付，是指持卡人利用信用卡进行支付结算时几乎没有采取技术上的安全措施而把信用卡号码与密码等直接传送给商家，然后由商家负责后续处理的模式。可以看出，持卡人主要依靠商家的诚信来保护自己的信用卡隐私信息，这在信用程度高度发达的国家还可以，但在中国这样信用体系刚起步的国家就会出现较多的安全问题与纠纷。

买方通过网络从卖方订货，而信用卡信息通过电话、传真等非网络渠道传递，或者信用卡信息在互联网上传送，但未采取任何安全措施，银行与商家之间使用各自现有的银行商家专用网络授权来检查信用卡的真伪。其支付流程如图 4-2 所示。

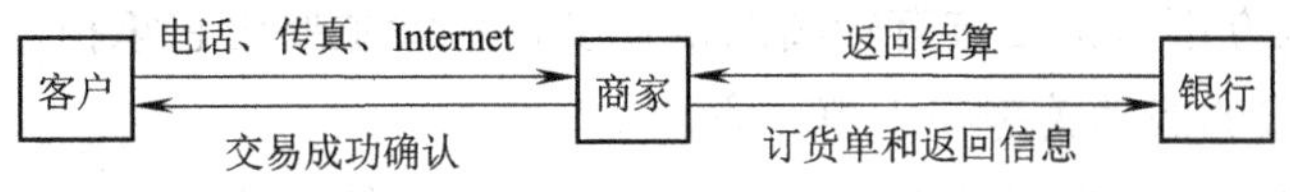

图 4-2 无安全措施的信用卡支付流程示意图

无安全措施的信用卡支付主要是在 20 世纪 90 年代初期，在电子商务各方面发展还不太成熟，特别是银行对电子商务的支持还不完善的情况下出现的，可以说是一种临时过渡方式。其主要特点是风险由商家负责、安全性很差，持卡人的信用隐私信息完全被商家掌握，支付效率较低等。

2. 基于第三方经纪人的信用卡支付

在采取无安全措施的信用卡支付模式时，由于商家完全掌握消费者的账户信息，存在信用卡信息在网上多次公开传输而导致信用卡信息被窃取的风险。为降低这一风险，人们开始采取在买方和卖方之间启用一个具有诚信的第三方代理机构支付的方式，这样可在一定程度上降低支付风险。

业务流程为：客户（在线或离线）在第三方经纪人处开立一个应用账号，第三方经纪人持有客户的信用卡号和账号，客户用应用账号从网上商家在线订货，并把应用账号传送给商家，商家将客户应用账号、交易资金、支付条款等信息提供给第三方经纪人核实，第三方经纪人验证应用账号信息和商家身份，给客户发送电子邮件，要求客户确认购买和支付，得到客户确认后，第三方经纪人再返回给商家一个确认信息，商家收到确认信息后，接受持卡客户的购物订单，并给持卡客户与第三方经纪人发出交易确认通知，第三方经纪人收到商家交易确认信息后，按支付条款要求与银行之间办理资金转拨手续，完成支付过程。

其支付流程如图 4-3 所示。

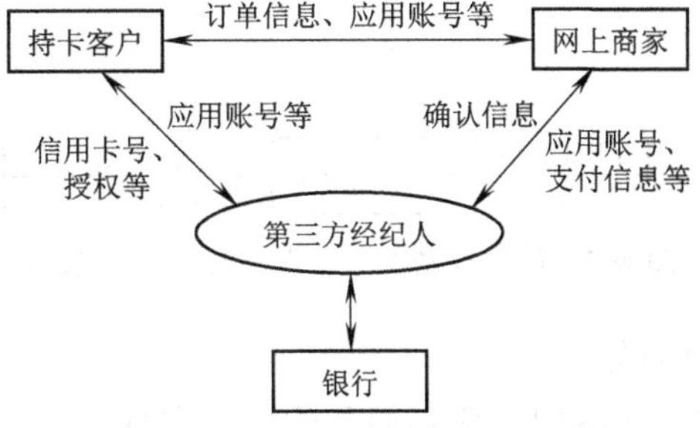

图 4-3 基于第三方经纪人的信用卡支付的支付流程示意图

基于第三方经纪人的信用卡支付模式有以下特点：

1）支付是通过双方都信任的第三方（经纪人）完成的。买卖双方预先获得第三方的某种协议，即买方在第三方处开设账号，卖方成为第三方的特约商户。

2）信用卡信息不在开放的网络上多次传送，用户账号的开设不通过网络，即买方有可能离线在第三方开设账号，这样买方没有信用卡信息被盗窃的风险。

3）卖方信任第三方，因此卖方自由度大，风险小。

4）由于交易双方都对第三方有较高的信任度，风险主要由它承担，保密等功能也由它实现，因此支付方式的成功关键在于第三方。

5）该方式虽然提高了支付的安全性，但支付效率较低，成本较高，性能价格比在小额支付结算中并不高，它同样属于电子商务发展初期利用信用卡支付结算的一种过渡方式。

3．简单加密信用卡支付

简单加密信用卡支付是现在比较常用的一种支付模式，使用这种模式支付时，当信用卡信息被客户输入浏览器窗口或其他电子商务设备时，客户信用卡信息就被加密，加密信息通过网络安全地从买方向卖方传递。通常采用的加密协议有 SSL、SHTTP 等。

业务流程为：客户在发卡银行开设一个信用卡账户，并获取信用卡卡号，客户向商家订货后，把加密的信用卡信息和订单信息一起传送到商家服务器。商家服务器验证接收到的信息的有效性和完整性后，将客户加密的信用卡信息传给业务服务器，在这个过程中商家服务器无法看到客户的信用卡信息，业务服务器验证商家身份后，将客户加密的信用卡信息转移到安全的地方解密，然后将客户信用卡信息通过安全专用网传送到商家银行。商家银行与客户发卡银行联系，确认信用卡信息的有效性，信息得到证实后，商家银行将结果传送给业务服务器，业务服务器通知商家服务器交易完成或拒绝，商家再通知客户。

其支付流程如图 4-4 所示。

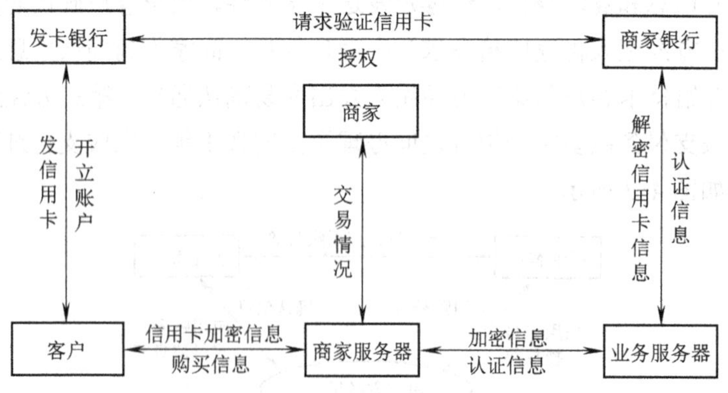

图 4-4　简单加密的信用卡支付流程示意图

简单加密信用卡支付特点如下：

1）在支付过程中，需要业务服务器和服务软件的支持，加密的信用卡信息只有业务提供商或第三方机构能够识别。

2）在交易过程中，交易各方都以数字签名来确认身份。

3）数字签名是买卖双方在注册系统时产生的，且本身不能修改。

4）在交易中使用了对称的和非对称的加密技术。

5）在支付过程中，只需要一个信用卡卡号和密码，无需其他应建设设施，给支付客户带来了极大的方便，且对信用卡卡号等关键信息加密，使交易变得安全。

4. 基于 SET 协议机制的信用卡支付

SET 是安全电子交易的简称，是一种非常安全、逻辑非常严密的网上信息交互机制，它主要针对信用卡的网络支付应用。SET 最初是由 Visa Card 和 Master Card 两大信用卡组织合作开发完成的。基于 SET 协议机制的信用卡支付，是指在电子商务过程中利用信用卡进行网络支付时遵循 SET 协议的安全通信与控制机制，以实现信用卡的即时、安全可靠的在线支付。它提供了消费者、商家和银行之间的认证，确保了交易数据的安全性、完整可靠性和交易的不可否认性。

支付流程为：持卡客户选中商品后请求订货，并验证商家身份。商家返回空白订单，并传送商家证书。持卡客户发送给商家一个完整的订单及支付指令，订单和支付指令由持卡人进行数字签名，同时利用双重数字签名技术来保证商家看不到持卡人的账号信息。支付指令包含信用卡信息，说明持卡人已经作出支付承诺，这是 SET 协议的核心。商家接收订单后，利用其中的客户证书审核其身份，并将经双重签名的订单和支付指令通过支付网关送往专用金融网向发卡银行请求支付认可，批准交易，发卡银行返回确认信息给商家。批准即意味着银行承诺为持卡客户垫付货款，货款并未真正到账。商家将支付批准信息返回持卡客户，确认其购买并组织送货，完成订购服务。商家可请求银行立即将支付款项转移到商家账号，也可以成批处理。

其支付流程如图 4-5 所示。

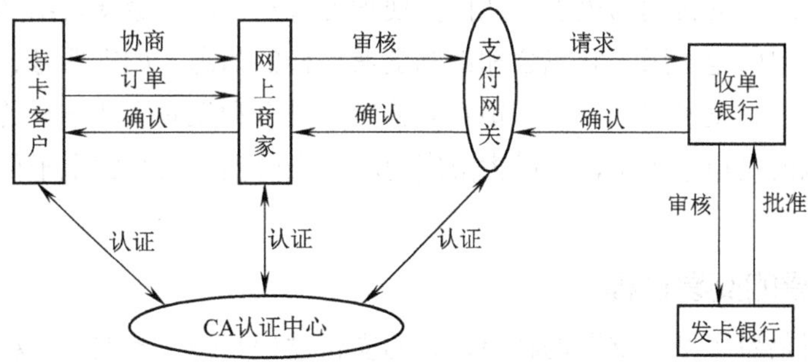

图 4-5　基于 SET 协议机制的信用卡支付流程示意图

基于 SET 协议机制的信用卡支付特点如下：

1）需要在持卡客户端安装客户端软件（电子钱包客户端软件），在商家服务端安装商家服务器端软件（电子钱包服务器端软件），在支付网关安装对应的网关转换软件等。

2）需要各方申请安装数字证书并且验证真实身份。

3）实现的是部分信息加密，以提高效率。

4）使用对称密钥加密法、非对称密钥加密法、数字摘要、数字签名、数字信封、双重数字签名、数字认证等技术，各尽所长，十分安全，但涉及的技术多，成本较高。

5）充分发挥CA认证中心的作用，以保证在Internet上的各电子商务参与方所提供信息的真实性与保密性。

6）由于加密、认证多，支付处理较复杂，速度稍慢一些。

IBM公司宣布其电子商务产品Net.Commerce支持SET协议机制的应用，并且率先建立世界上第一个Internet环境下的SET支付结算系统，即丹麦SET付款系统。新加坡花旗银行付款系统也采用了IBM的SET付款系统。目前应用最普及的Microsoft浏览器软件，即IE4.0以上版本已经加入兼容SET协议应用，包含支持信用卡网络支付的MS Wallet（微软电子钱包），Microsoft还宣称要将其加入Windows核心中。此外，CyberCash公司和Oracle公司也宣布其电子商务产品将支持SET网络支付模式。

在中国，中国银行发行的长城电子借记卡就是采用这种基于SET协议机制的网络支付模式，它也被称为中银电子钱包中借记卡支付模式。从逻辑上来说，基于SET协议机制的网络支付模式更严密、更安全，随着各种条件的逐步具备，它将是电子商务安全网络支付的发展方向。

第四节　电子支票

一、电子支票的概念

电子支票（E-Check）也称数字支票，是将传统支票的全部内容电子化和数字化，形成标准格式的电子版，借助计算机网络（Internet与金融网）完成其在客户之间、银行和客户之间以及银行与银行之间的传递与处理，从而实现银行客户间的资金支付结算。简单地说，电子支票就是传统支票的电子版。它包含和纸制支票一样的信息，如支票号、收款人姓名、签发人账号、支票金额、签发日期、开户银行名称等，具有和纸质支票一样的支付结算功能。电子支票系统传输的是电子资金，可最大限度地利用当前银行系统的电子化与网络化设施的自动化潜力。

二、电子支票的交易过程

电子支票支付借鉴了纸质支票的特点，它的支付过程与传统支票十分相像，不同之处主要在于支付方式采用了电子化手段。电子支票的交易过程如下：

1）客户与开户银行、商家与开户银行之间密切协作，通过严格的认证阶段，如相关资料的认定、数字证书的申请与电子支票相关软件——“电子支票簿”的安装应用、电子支票应用的授权等，以准备利用电子支票进行网络支付。

2）客户与商家达成网上购销协议，并选择用电子支票支付。

3）客户将电子支票的有关内容填写完整，电子支票上包含支付人姓名、支付人账户名、接收人姓名、支票金额等项目，用户用自己的私钥在电子支票上进行数字签名，用卖方的公钥加密电子支票，形成电子支票文档。

4）客户通过网络向商家发出电子支票，同时向银行发出付款通知单。

5）商家收到电子支票后，通过 CA 认证中心对客户提供的电子支票进行初步验证，并背书电子支票，验证无误后将电子支票送交开户银行索付。

6）开户银行在商家索付时通过 CA 认证中心对客户提供的电子支票进行最后验证，如果有效即向商家兑付或转账，即从客户资金账号中转拨出相应资金到商家资金账号。如果支票无效，如余额不足、客户非法等，即把电子支票返回商家，告知索付无效信息。

7）开户银行代理转账成功后，在网上向客户发出付款成功通知信息，方便客户查询。

用电子支票进行支付，客户可以通过计算机网络将电子支票发向商家的电子信箱，同时把电子付款通知单发到银行，银行随时把款项转入商家的银行账户。其交易流程如图 4-6 所示。在实际业务处理中，由于电子支票正在发展中，特别是在 Internet 平台上的应用还不太成熟，因此不同的银行业务流程处理、电子支票形式与发送方式以及技术应用可能有所差别，需要在管理与技术上进一步规范化。

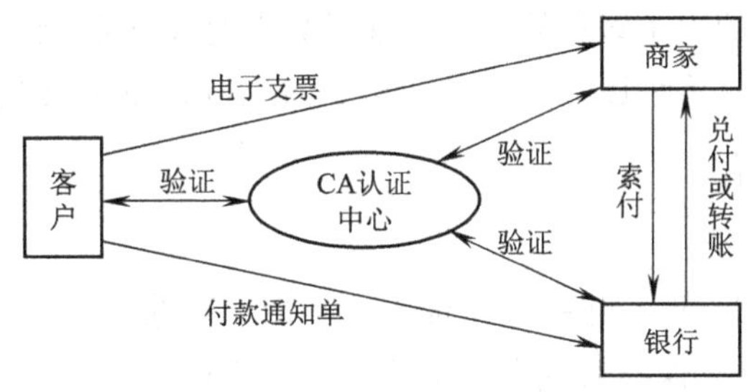

图 4-6　电子支票交易流程图

三、电子支票的特点

电子支票是电子银行与新兴的网络银行服务中常用的一种电子与网络支付工具。与传统的纸质支票相比，电子支票具有如下一些主要特点：

1）电子支票的使用方式与传统支票的使用方式相同，使用简单，易于被人们理解和接受。

2）电子支票适用市场广，电子支票可以很容易与 EDI 应用相结合，推动 EDI 基础上的电子订货和支付，可以较好地支持企业与企业间、企业与政府部门间的电子商务市场发展。

3）电子支票通过应用数字证书、数字签名以及各种加密/解密技术，采用唯一电子支票号码验证技术，提供比纸质支票中使用印章和手写签名更加安全可靠的防欺诈手段。同时加密的电子支票比电子现金更易于流通，买卖双方的银行只要用公开密钥认证确认支票即可，数字签名也可以被自动验证。

4）电子支票能给第三方金融机构带来效益。第三方金融服务者能借助收取买卖双方的交易手续费而获取利润，或如同银行一样提供存款账务查询服务，在提高客户满意度的同时获取利润。

5）电子支票技术将公共网络连入金融支付和银行清算网络，这就充分发挥了现有的金融结算基础设施和公共网络的作用。

第五节 电子钱包

一、电子钱包的概念

电子钱包（Electronic Wallet 或 E-Wallet）是客户在电子商务购物活动中常用的一种支付工具，它是一个客户用来进行安全网络交易特别是安全网络支付并且储存交易记录的特殊计算机软件或硬件设备，就像生活中随身携带的钱包一样，它能够存放客户的电子现金、信用卡号、电子零钱、个人信息等，经过授权后又可方便地有选择地取出使用的新式网络支付工具，可以说是“虚拟钱包”。

电子商务活动中的电子钱包的软件通常都是免费提供的，客户可以直接使用与自己银行账号相连接的电子商务系统服务器上的电子钱包软件，也可以从 Internet 上调用，采用各种保密方式利用 Internet 上的电子钱包软件。目前世界上有 Visa Cash 和 Mondex 两大电子钱包服务系统，其他的电子钱包系统还有 MasterCard Cash、EuroPay 的 Clip 和比利时的 Proton 等。

二、电子钱包的功能

电子钱包具有以下功能：

（1）电子安全证书的管理　包括电子证书的申请、存储、删除等。

（2）交易记录的保存　保存每笔交易记录以备日后查询。

（3）安全电子交易　进行 SET 交易时辨认商户的身份并发送交易信息。

（4）管理账户信息　查询已经发生的交易数据、账户余额、银行账号上收付的账目清单等。

（5）实现自动支付流程　比如当钱包中某信用卡上的账户余额不足以支付时，电子钱包可以重新取出其他的支付工具用于支付。

三、电子钱包的分类

电子钱包本身可能是个特殊的计算机软件，也可能是个特殊的硬件装置，所以可以分为两类：

1）当其形式上是软件时，常常称为电子钱包软件，主要用于网上消费、账户管理，这类软件通常是与银行账户或银行卡账户连接在一起的，如 Microsoft Wallet。

2）当其形式上是硬件时，电子钱包常常表现为一张储值的卡，即智能卡，也称 IC 卡（见图 4-7），用集成电路芯片来储存电子现金、信用卡等电子货币以及消费者信息。该卡可以用来购买产品、服务和存储信息等，已经十分广泛地应用于包括金

图 4-7　智能卡形式

融、交通、社保等很多领域。

四、电子钱包的工作原理

1. 电子钱包的网络支付模式

电子钱包并不只限于在 Internet 平台上应用，也可在专用网络平台上应用，如 IC 卡等硬件电子钱包，也可以像普通信用卡一样在 POS 上进行消费。这种在公共网络平台 Internet 与专用网络平台上都能应用，安全性又较强的特点，是卡式电子钱包在国外比较普及的重要原因。这里主要叙述基于 Internet 平台的电子钱包的支付与结算。

电子钱包的网络支付模式是指在电子商务过程中客户利用电子钱包作为载体，选择其存放的电子货币如信用卡、电子现金等，在 Internet 平台上实现即时、安全可靠的在线支付形式。

电子钱包的网络支付模式，主要遵循 SET 安全协议机制。在基于 SET 安全协议机制的网络支付流程中运用了一系列先进的安全技术与手段，如私有与公开密钥加密法、数字摘要、数字信封、数字签名、双重数字签名等技术手段以及数字证书认证工具，因此它是非常安全的，这也保证了电子钱包的运用是安全的。利用电子钱包里的信用卡支付时完全遵循 SET 安全协议机制，流程严谨而复杂；利用电子钱包里的电子现金支付时，除了验证双方的数字证书外，基本遵守电子现金的支付模式，电子钱包软件成了电子现金客户端软件，支付处理流程比较简单，无需银行的直接中介。所以两者应用上还是有区别的。

电子钱包网络支付模式除了具有非常高的安全性外，还有许多应用上的优点，如个人购物信息集中管理与方便重用、一包存放多张信用卡。该模式对客户、商家与银行的要求也是严格的，特别是商务各方均须安装对应的电子钱包软件，各自申请一张数字证书。对客户来讲，需要先安装专门的电子钱包客户端软件，向电子钱包中添加电子货币（如信用卡），然后申请安装数字证书等。这个先期过程还是让用户感到挺麻烦，它没有基于 SSL 机制的信用卡支付那么简便。

2. 电子钱包的网络支付流程

在 Internet 这样的公共网络平台上应用电子钱包进行网络支付，需要参与各方（客户、商家以及银行）安装相应的电子钱包服务软件，中间涉及第三方 CA 的认证与数字证书颁发事务，以支持电子钱包整个流程上的安全可靠操作。

目前，在 Internet 平台上应用电子钱包主要是取出钱包中的信用卡账号进行网络支付，所以这里以钱包中信用卡的网络支付为例，描述电子钱包的网络支付流程，它在技术机制上遵守 SET 安全协议机制。因此，电子钱包（其中的信用卡）的网络支付流程与基于 SET 安全协议机制的信用卡网络支付的流程基本一致，严谨、安全而复杂，应用多种密码技术与数字证书认证机制，涉及客户、网上商家、支付网关、发卡银行、收单银行、CA 认证中心等多个参与方。

利用信用卡的电子钱包的网络支付业务处理流程一般概括为如下步骤：

1）客户到电子钱包支持银行申请一张相应信用卡，且在银行网站通过网络下载得到对应的电子钱包软件；支持该行电子钱包的网上商家也申请并且安装对应电子钱包服务器端软件。

2）客户在客户端成功安装下载得到的电子钱包软件，设置开包用户名与开包密码，以保证电子钱包的授权使用。

3）客户往自己的电子钱包添加对应的信用卡（也可以使用电子现金、电子支票等）申请并且安装信用卡的数字证书。

4）客户使用计算机通过 Internet 连接商家网站，填写订单、提交订单，商家电子商务网站回送订单收到信息。

5）客户检查且确认自己的购物清单后，利用电子钱包进行网络支付（实际选择对应的信用卡，如长城电子借记卡）。电子钱包自动启动打开，输入自己的开包用户名与密码，客户确认自己的电子钱包且从电子钱包中取出对应的信用卡付款。具体的网络支付过程是由取出的电子货币形式决定的。如果使用信用卡支付，则后续的支付过程采用信用卡的 SET 网络支付模式进行支付结算；如使用电子现金支付，则后续的支付过程采用电子现金模式进行支付结算。

6）如果经发卡银行确认后拒绝且不予授权，说明客户从电子钱包中取出的这张信用卡上的钱不够用或者没有钱，客户可在单击电子钱包的相应项打开电子钱包，取出另一张电子信用卡或者使用另外一种电子货币（电子现金），重复上述操作。

7）发卡银行证明信用卡有效且经客户授权后，在后台专用金融网络平台上把相应资金从客户信用卡账号转移至商家收单银行的资金账号，完成支付结算，并且回复商家与客户。

8）商家按照客户的订单要求发货，同时商家或银行服务器端记录整个交易过程中发生往来的财务与物品数据，供客户电子钱包管理软件查询。

到此，电子钱包购物的全过程就完成了，购物过程中虽经过多次的身份确认、银行授权、各种财务数据交换和账务往来等，但这些都是在极短的时间内完成的。上面只是借助电子钱包中信用卡进行安全网络支付的一般流程，也是目前 Internet 上电子钱包的主要应用形式。随着技术的进步，新版电子钱包不仅仅支持信用卡的 SET 机制支付，也支持更为简便、更有效率、更为普及的信用卡 SSL 机制支付。除此之外，日益成熟的电子现金、电子零钱、电子支票等其他电子货币也纷纷加入电子钱包应用的行列，为电子钱包的方便应用、集中管理提供支持。利用电子钱包的电子现金支付，除需认证客户与商家的身份外，还可直接从电子钱包中取出电子现金直接支付商家，无需银行的直接中介，效率更高。

3. 电子钱包网络支付的特点

电子钱包的应用特点与功能都与人们生活中的钱包差不多，它可以存放各种电子货币与信用卡、个人信息卡等，进行集中管理；平时可以收起来，用时可自动打开。但是，电子钱包毕竟是高科技的产物，在安全性能上远比生活中的钱包强，在应用方法、表现形式上也有一些不同，其特点可归纳如下：

（1）个人资料管理与应用方便　客户成功申请电子钱包后，系统将在电子钱包服务器上为其开立一个属于个人的电子钱包信息档案，客户借助客户端软件可在此信息档案中增加、修改、删除个人资料。当需要应用时，客户只需在网页上单击“钱包图标”，就能把每次重复使用的个人商务信息，如姓名、送货地址、Email、信用卡号等都安全发送到商家网站，既简便又富有效率。

（2）客户可用多张信用卡　很多持卡人都持有不止一张信用卡，不仅持有不同品牌的信用卡，如持卡人同时持有中国银行的长城卡、工商银行的牡丹卡、建设银行的龙卡等，也可能同时持有多张同一品牌的信用卡。许多人考虑将多张信用卡用于网络支付，在不同情况下。或者购买不同商品时，考虑采用不同的信用卡进行支付。电子钱包软件可以满足持卡人的这一要求，不但可以使用多张信用卡，还可以使用电子现金，并且可以让持卡人任意选择。客户使用多张信用卡的前提是，客户必须为电子钱包申请数字证书，并证实自己的真实身份。否则万一有安全问题，会造成较大的损失。不过现在应用电子钱包除了设置电子钱包的开包用户名与密码外，取出信用卡用时还有卡应用密码，具有多重保护机制。

（3）可同时使用多个电子钱包　软件供应商提供的电子钱包客户端软件一般都具有能使用多个钱包的功能，也就是一个电子钱包软件可以让多个人各自授权使用，互不干涉。当启动电子钱包后，只要输入不同的开包用户名与密码，就能打开不同的钱包。每位用户只能打开自己的钱包取出自己的信用卡，而无法打开别人的钱包。

（4）能够保存与查询购物记录　每进行一次交易，无论成功或失败，电子钱包软件都会将结果记录下来，供客户进行查询。电子钱包能够帮助客户记下所有网络交易情况，包括在哪家商店买了什么东西，花了多少钱，都一目了然，客户借助电子钱包可清楚地了解自己的网上消费情况。

（5）具有较高的安全性　电子钱包用户的个人资料存储在服务器端，可以通过技术手段确保安全，而且不在个人计算机上存储任何个人资料，可避免资料泄露的危险，同时网络支付传输采用 SET 安全协议机制，安全可靠。

（6）对参与各方要求较高　使用电子钱包进行网络支付，需要在一整套电子钱包服务系统中进行，并且客户端需配置电子钱包客户端软件才可使用，给客户带来一定的不便。

（7）快速而有效率　应用电子钱包可避免很多信息的重复填写，速度上比较快，因而交易效率较高。

第六节　网络银行

一、网络银行概述

网络银行（Electronic Bank，E-Bank）又称网上银行、在线银行及虚拟银行，是指银行利用 Internet 网络或其他专用网络，为银行客户在网上提供开户、销户、支付、转账、查询、汇款、网上证券、投资理财等传统服务项目，使客户可以不受空间、时间的限制，享受7×24不间断的银行服务。

网络银行既是一种新型的银行机构，也是崭新的网上金融服务系统。它借助Internet遍布全球及其不间断运行，信息传递快捷且多媒体化的优势，突破实物媒介等传统银行的空间与时间局限性，拉近客户与银行的距离，为用户提供全方位、全天候、便捷、实时的快捷金融服务。网络银行的应用目标，是在任何时候（Anytime）、任何地方（Anywhere）、以任何方式（Anyhow）为客户提供金融服务，所以网络银行也称AAA银行。网络银行在电子商务整体框架中是必不可少的重要组成部分，是电子商务正常开展的必要条件。银行作为电子化支付和结算的最终执行者，起着连接买卖双方的纽带作用。由于网络银行既不需要固定场所，也不需要在客户计算机中预先安装相应软件，它在任何一台计算机上都能进行金融服务的交易，已经表现出了传统银行所无法比拟的全天候、个性化、效率高而费用低廉的竞争优势。所以，它必将成为银行业发展的主要趋势，而虚拟金融服务也必将在实践中克服种种弊端而走向成熟和完善。

网络银行主要有两种发展模式：一是完全依赖于Internet发展起来的网络银行，也称纯网络银行，如1995年10月18日诞生的世界上第一家网络银行——美国安全第一网络银行，其主要业务在网上经营，通过互联网提供全球范围的金融服务。二是以传统银行拓展网络业务为基础的网络银行，是指现在传统银行运用Internet开展传统银行业务及开发出新的网上金融服务。这种形式与前一种形式的不同之处在于，它是利用Internet辅助银行开展业务，而不是完全地电子化与网络化。目前我国开办的网上银行业务都是后一种模式。

根据2013年7月由艾瑞网发布的2012—2013中国网上银行年度监测报告显示，2012年中国网银交易规模为820万亿元，增长率为17.0%，其中企业网银交易规模占80%，个人网银交易规模占20.0%。2012年中国个人网银用户规模为2.1亿户，增长率为18.7%；中国企业网银用户规模为1012.5万户，同比增长26.0%。

二、网络银行的主要业务

网络银行根据服务对象的不同可以分为企业网络银行和个人网络银行。由于商务的性质不同，企业网络银行和个人网络银行虽然在应用模式上基本类似，但在应用条件、业务功能上也还存在很多不同的地方。下面分别介绍这两类网络银行的金融业务。

1．企业网络银行的金融业务

企业网络银行将传统银行服务和现代新型银行服务结合起来，利用成熟先进的诸多信息网络技术，以保证企事业单位客户使用的安全性和便利性。企业网络银行的金融业务主要包括账务查询、内部转账、对外支付、代发工资、信用管理、集团支付、定/活期存款互转、B to B电子商务、银行信息通知等功能，几乎涵盖并延伸了现有的对公银行业务。无论对于中小型企业来说还是对于大型集团公司来说，企业网络银行都可以使企业随时掌握自己的财务状况，轻松处理大量的支付、工资发放、大额转账等业务。

企业网络银行的金融业务内容如图 4-8 所示，随着业务需要的发展，业务领域也不断创新，不同的企业网络银行根据各自的业务倾向，在金融业务开展内容或名称上均有所不同。

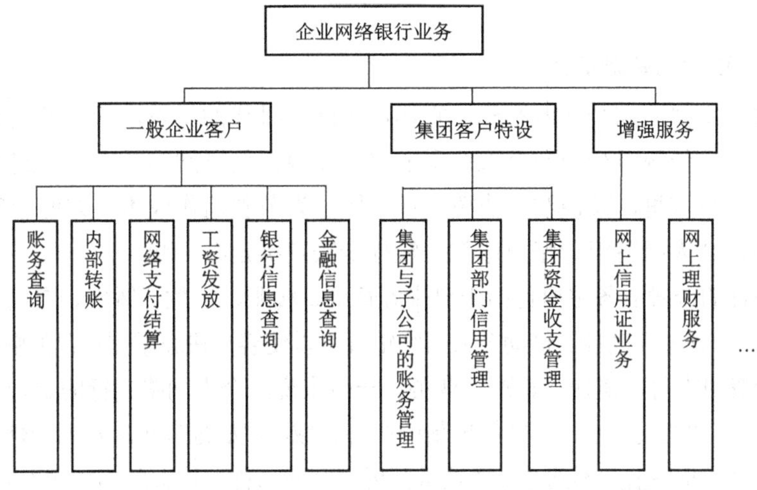

图 4-8　企业网络银行业务内容

（1）企业网络银行面向一般企业客户提供的基本功能

1）账务查询：包括账户余额明细，账户当天、历史交易明细，收付款方信息以及协定存款明细等信息查询。集团公司可以根据协议查看子公司的账务信息，以方便财务监控。

2）内部转账：用于在网络银行开户的本单位账户之间的资金划拨。

3）网络支付结算：向在本行或他行开户的其他企业进行网络支付结算，直接服务于 B to B 电子商务的资金结算。

4）工资发放：用于向本单位员工发放工资。

5）银行信息查询：银行通过网络系统将信息通知给特定客户。比如，定期存款到期通知、贷款到期通知、开办新业务通知、利率变动通知及相关账务信息等。

6）金融信息查询：提供实时证券行情、利率、汇率、国际金融信息等丰富多样的金融信息。

（2）企业网络银行面向集团客户的特设功能

1）集团与子公司的账务管理：实现集团公司对多个子公司账户资金收付的统筹管理，由银行后台通过子公司账户和集团公司计算中心账户之间的关联关系自动进行账务处理，提高集团公司资金的使用效率。

2）集团部门信用管理：查询在网络银行信贷管理系统内的信用情况以及借款借据的当前状态和历史交易。集团公司根据协议可以查询各地子公司在银行的信用情况。

3）集团资金收支管理：对于实行资金集中式管理的公司，集团公司可以根据协议实现分支机构货款向总部的迅速回笼和集中，也可集中向分支机构支付各种费用。

（3）企业网络银行的增强服务功能

1）网上信用证业务：向客户提供网上申请开立信用证和网上查询，以及打印信用证功能，辅助实现 B to B 电子商务的在线中大额支付。为了保证网上信用证的有效性，该项业务遵照国际或国内相关的通用信用证结算标准。

2）网上理财服务：可为企业的剩余资金提供在线的投资咨询等理财服务，增加企业的资金收益。

2．个人网络银行的金融业务

个人网络银行主要面向个人及家庭，它体现了网络时代的特点，满足了顾客个性化的需求。个人网络银行将传统银行面向个人的金融服务和现代信息网络技术结合起来，真正把银行柜台直接送到客户家里，既便利又快捷。在中国，为节省运作成本与方便管理，充分利用银行的各种资源，个人网络银行账户通常与银行卡账户绑定在一起。

个人网络银行的金融业务主要包括账户账务查询、转账、汇款、缴费、自助贷款、网络支付、证券服务、个人理财等功能。借助个人网络银行可以使客户快速掌握自己的财务状况，轻松处理大量的生活费用支付、消费、转账等业务。一般来说，个人网络银行的金融业务内容如图4-9所示。随着业务的发展需求，不断拓展新的业务领域，更好地满足客户的个性化需求。不同的个人网络银行根据业务重点不同在金融业务开展内容或名称上均有所选择和不同。

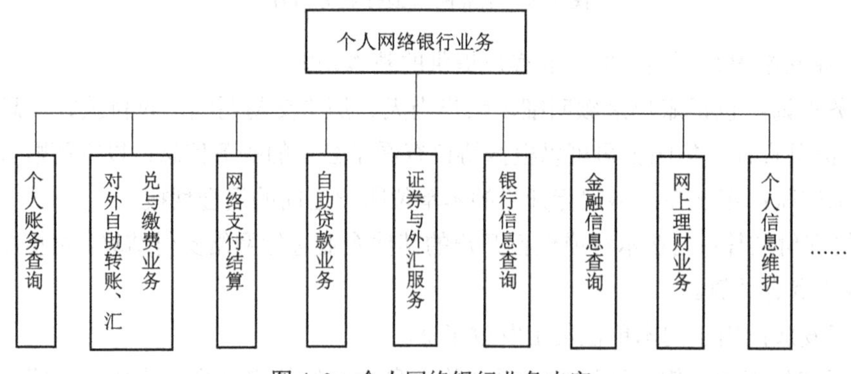

图4-9　个人网络银行业务内容

（1）个人账务查询　包括查询账户信息、查询当日账务信息、查询历史账务信息、查询网络支付记录等。

（2）自助转账、对外汇兑与缴费业务　包括定/活互转、同城转账、异地汇款、批量转账汇款、查询转账汇款记录、收款方信息编辑、话费转账、自助缴费等。

（3）网络支付结算　结合银行卡、电子现金等电子货币提供电子商务的网上支付结算。

（4）自助贷款业务　包括申请贷款、申请转期、债务转化、还款、查询贷款情况、查询贷款额度等。

（5）证券与外汇服务　包括银证转账、外汇与国债等交易服务。

（6）银行信息查询　银行通过网络系统将信息通知给特定客户，如定期存款到期通知、贷款到期通知、开办新业务通知、利率变动通知及相关账务信息等。

（7）金融信息查询　提供实时证券行情、利率、汇率、国际金融信息等丰富多样的金融信息。

（8）网上理财业务　可为客户的剩余资金提供在线的投资咨询、财务分析等理财服务，增加客户的资金收益。

（9）个人信息维护　提供在线注册、挂失、修改密码等业务功能，包括挂失信用卡、修改查询密码与取款密码等。

三、网络银行的应用

本节以中国工商银行个人网络银行为例，介绍网络银行的申请与使用。

中国工商银行（ICBC）网络银行的内容主要有个人网上银行、企业网上银行和手机银行。它可提供网上汇市、网上证券、网上保险和网上商城、个人金融服务、企业金融服务、电子银行服务、银行卡服务和金融信息等服务。ICBC 网站已通过国际权威（CA）认证且采用了先进的安全及加密技术，因此安全可靠。

网上支付系统的使用过程如下：

（1）网上银行注册　客户必须首先用工行牡丹信用卡、灵通卡、贷记卡办理网络银行注册，才能使用网上支付功能。客户可到营业网点办理注册手续，也可在个人网上银行自助注册（见图 4-10）。注册成功后注意要立即登录网络银行（见图 4-11），修改网络银行登录密码和支付卡的网上支付密码，否则不能进行网上支付。

（2）选购　可以在任何提供工商银行网上支付服务的网上商户选购商品和服务。当客户选好商品点击“确认”到订单确认页面后，使用鼠标点击“工商银行网上银行”，就会被自动引导到工商银行网站并进入支付程序。

（3）支付　输入“支付卡号”“支付密码”并确认。如果网上支付成功，将显示你的订单号和交易流水号，完成支付过程。

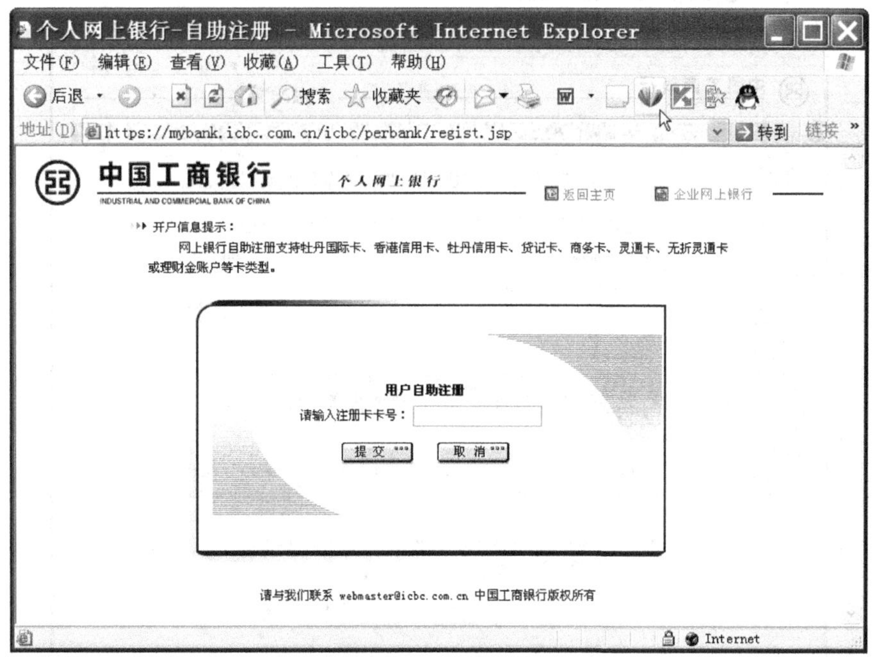

图 4-10　网上银行自助注册

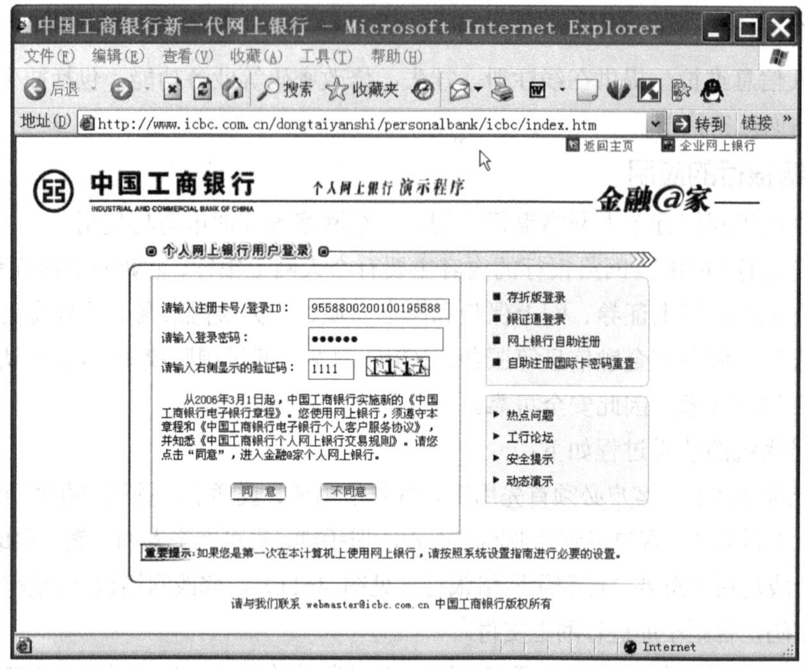

图 4-11　网络银行登录界面

（4）购物明细查询　客户可随时登录到工行个人网络银行进行“网上购物明细查询”（见图 4-12）。

图 4-12　购物明细查询界面

第七节 第三方支付平台

在电子商务系统中，支付系统是极其重要的组成部分，是关系到电子商务能否健康发展的核心因素。基于此，各国政府、大公司、银行、各大著名网站都极为关注电子商务支付系统的建设，纷纷推出解决方案，以保障互联网上电子交易的每一环节的安全。目前，全面应用第三方支付平台已经成为开展电子商务，增加传统企业竞争力的新趋势。第三方支付平台致力于为网络交易用户提供优质的安全支付服务，从而推动电子商务的发展。

一、第三方支付平台概述

第三方支付平台作为目前主要的网络交易手段和信用中介，最重要的是起到了在网上商家和银行之间建立起连接，实现第三方监管和技术保障的作用。采用第三方支付平台，可以安全实现从消费者、金融机构到商家的在线货币支付、现金流转、资金清算、查询统计等流程，为商家开展 B to B、B to C 交易等电子商务服务和其他增值服务提供完善的支持。第三方支付平台是只有已经和国内外各大银行签约，并具备一定实力和信誉保障的第三方独立机构提供的交易支持平台。在通过第三方支付平台的交易中，买方在选购商品后，将货款支付给第三方支付平台提供的账户，第三方支付平台通知卖家货款到达，进行发货；买家收货满意后，就可以通知第三方支付平台将货款支付给卖家账户。第三方支付平台解决了银行无法解决的信用问题，这种服务消除了买卖双方的担忧，是得到市场认可的安全模式。

目前，最著名、最典型的第三方支付平台当属 eBay 的现金支付公司 PayPal，已拥有超过 1 亿的用户，覆盖 100 多个国家，而且仍在迅猛增长之中。近几年，国内银行逐步建立起各自的支付网关，依托于中国银联的第三方支付平台也纷纷搭建起来，如阿里巴巴“支付宝”、腾讯“财富通”、首信“易支付”、YeePay 易宝、快钱等。截至 2013 年 3 月，中国第三方支付行业监管体系逐步细化、完善，逐步从细分业务层面明确第三方支付企业权责界限；支付牌照持续发放，获牌企业数量增至 223 家，确立了第三方支付企业法律地位，并明确划分业务空间。政策环境的完善推动行业健康平稳发展和企业良性竞争。艾瑞咨询的《中国第三方支付行业发展研究报告 2012—2013》调查结果显示：2012 年，中国第三方支付市场交易规模为 12.9 万亿元，较 2011 年保持了一个较好的增长势态，增速为 54.2%；未来增速将逐步放缓，市场保持健康稳定的发展趋势。

二、第三方支付平台工作原理

第三方支付平台实际上就是买卖双方交易过程中的“技术插件”（也叫“中间件”），是在银行监管下保障交易双方利益的独立机构，它的出现彻底杜绝了电子交易中的欺诈行为。作为电子交易的“技术插件”，第三方支付平台不仅可以支持国内外银行发行的储蓄卡、信用卡等，并且与银行的交易接口直接对接，支付环节的所有数据和用户信息传输都是运用国际通用的 SSL 安全套接层协议 128 位加密模式，以点对点封装形式传输给银行，保证消费者的资料安全存储。

下面以具代表性的“支付宝”为例说明第三方支付平台的工作原理。

支付宝是中国最大的第三方网络支付平台，是阿里巴巴公司针对网上交易而特别推出的安全付款服务。支付宝的实质是以其为信用中介，在买家确认收到商品前，由支付宝替买卖双方暂时保管货款的一种增值服务。它使得从事网络贸易者可以坦然地利用网络进行交易，解除了网络交易者最为担心的支付安全问题。具体流程如下：

1）首先注册成为支付宝会员，一旦注册成功，支付宝就会发出邮件进行确认，并让用户激活注册账户。

2）用户开通网络银行业务，与支付宝无缝连接，使资金可从网上银行账户转账至支付宝账户。

3）浏览商品，选中需要购买的商品，单击“立即购买”，确认购买后，通过“付款到支付宝”，就可以将货款从网上银行账户转账至支付宝账户，或者先将应付款项存在“支付宝”账户中。

4）“支付宝”通知卖家发货。

5）待卖家交付货物、买家收到货物且满意时，买家需登录支付宝进行确认，也即同意付款。

6）一旦得到确认，支付宝就会将货款转入卖方的账户。

7）最后就是买卖双方对双方在交易中的表现作出评价，至此交易完成。

从整个交易过程可以看出，支付宝是整个交易过程的纽带，也是买卖双方权益的保障。整个购买与支付过程如图4-13所示。

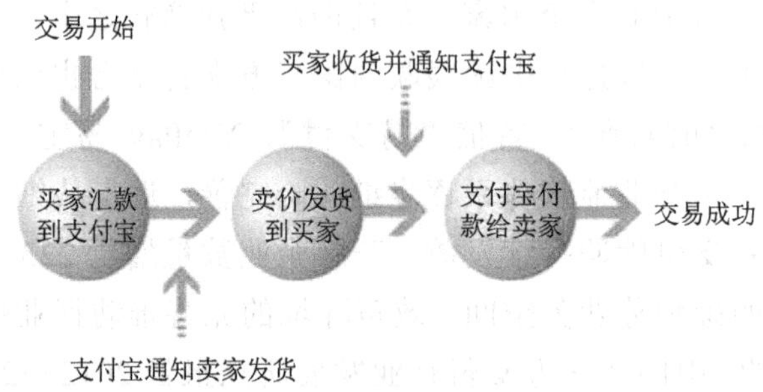

图4-13　支付宝安全交易流程图

支付宝作为网络支付平台，最大的特点就是使用了“收货满意后卖家才能拿钱”的支付规则，在流程上保证了交易过程的安全与可靠。同时，支付宝拥有先进的反欺诈和风险监控系统，可以有效地降低交易风险。支付宝与国内各大银行建立了合作伙伴关系，支持国内外主要的银行卡，实现了与银行间的无缝对接，使得交易双方使用原有的银行账户就能顺利地利用支付宝完成交易。在交易过程中，支付宝用户可以实时跟踪资金和物流的进展，方便快捷地处理收付款和发货业务。截至2012年12月，支付宝日交易额峰值超过200亿元人民币，日交易笔数峰值达到1.058亿笔。目前除淘宝和阿里巴巴外，支持使用支付宝交易服务的商家已经超过 46 万家，涵盖了虚拟游戏、数码通信、商业服务、机票等行业。艾瑞咨询研究数据显示，自2003年到2013年在第三方支付行业中，支付宝的交易额规模始终排名第一，2012—2013年间，持续占整个电子支付市场近50%的份额。

中国的电子支付行业才刚刚起步，支付宝将为建立网上支付信用体系、打造功能更为强大、体系更为健全的网上支付平台而不断努力。

思考和练习

1．列举几种常用的网上支付工具，并说明其各自有什么特点。

2．电子现金的特点是什么？

3．信用卡支付有几种支付方式？

4．简述电子支票的支付流程？

5．简述电子钱包的种类与支付流程？

6．网上银行能提供哪些业务功能？

7．第三方支付平台是怎样对买卖双方实施保护的？

8．简述支付宝的支付流程。

9．上网调研国内几家大型商业银行的网上银行，比较其提供的业务项目与使用方法，完成一份调研报告。

10．利用自己的银行信用卡，试开通其网上银行业务，进行一次实际的网上支付，了解网上支付流程。

11．登录 www.alipay.com 支付宝网站注册一个支付宝账户，试使用该账户完成一次网上支付。

第五章

网 络 推 广

知识目标

1. 了解网络推广的概念及方式。
2. 熟悉软文写作。
3. 熟悉许可 Email 营销与垃圾邮件的区别。
4. 掌握许可 Email 营销的实施过程。
5. 了解博客与微博推广的特点、平台。
6. 熟悉网络社区推广的平台方法。
7. 了解 IM 营销的含义。
8. 了解网络事件营销、网络视频营销、维基推广和 SNS 网络营销等网络推广方式。

技能目标

1. 能够根据给定企业产品特点，撰写并发布论坛推广帖。
2. 能够根据给定企业产品特点，撰写并发表推广博客。
3. 能够根据给定企业产品特点，设计推广邮件的主题和内容。
4. 能够正确群发邮件。

导入案例

绿叶主题餐厅（见图 5-1）位于杭州下沙路 1 号，主营杭帮菜、川菜、粤菜和南洋甜品等。餐厅环境风格复古自然，富有田园风情，是集年轻、时尚、舒适、平民价位等元素于一体的餐厅。餐厅刚开业不久，为聚拢人气，餐厅决定在下沙网（www.xiashanet.com）上进行推广。

图 5-1　杭州绿叶主题餐厅

一、推广前提

1. 绿叶主题餐厅客群定位

家庭聚会、朋友聚会、生日宴请、商务宴请、学生情侣用餐等中、低层消费。

2. 下沙网的媒体及资源优势

（1）下沙地区全覆盖　下沙网日访问量（PV）35 万次，独立访客 6 万次，覆盖下沙地区主流消费人群。

（2）多渠道推广　下沙网拥有下沙地区活跃 QQ 群 30 余个，活跃邮箱地址 5 万多个，网友手机号码资源 3 万余条。

（3）丰富的营销推广经验　自下沙网开网 8 年来，协助下沙地区各行业进行营销推广案例超过 1000 例。

（4）媒体影响力巨大　目前下沙网作为开发区管委会及各街道社区等单位的重要合作伙伴，积极发挥媒体优势，促进地方经济繁荣及政策传导。

3. 借助下沙网进行营销推广的目的

1）借助下沙地区最大媒体，开展形象传播，打造绿叶主题餐厅品牌形象。

2）利用下沙网的集中网友资源，直接带来核心顾客群。

3）通过下沙网的活动发布与组织能力，与本地客户形成互动，产生口碑传播效应。

二、推广策略

下沙网利用下沙本地丰富的网友资源与地理优势，为绿叶主题餐厅提供多样的互动营销策略案：

（1）体验式消费　如下沙网美食团试吃（流程：发布、征集网友、免费试吃、分享试吃报告）。

（2）形象推广　利用下沙网主流频道（下沙网首页团购广告（图 5-2）、下沙网咨询频道内页宣传广告（图 5-3）、下沙网口碑频道通栏（图 5-4）进行品牌形象推广，预计日访问量为 50 000 次。

（3）优惠信息发布　如优惠券下载（口碑频道）、美食套餐团购团（团购频道）、团拜会订餐（节日推广活动）等。

（4）开业/店庆/节日活动　刊登软文、形象广告配合发布。

（5）消费者信息反馈　调查问卷（如消费满意度调查）、有奖征集（如论坛写评论赢取现金抵价券）。

三、推广方案及套餐

绿叶餐厅在下沙网的推广方案及套餐计划如表5-1所示。

表5-1　绿叶餐厅在下沙网的推广方案及套餐计划

套餐类型	套餐项目内容	投放周期	备注
下沙网形象广告	下沙网首页对联广告	2月	覆盖下沙网全体网友（图5-2）
	下沙网咨询频道通栏	6月	咨询频道内页宣传广告（图5-3）
	下沙网口碑频道通栏	6月	美食口碑频道横幅形象广告（图5-4）
	口碑频道商家推荐（LOGO图片广告）	6月	半年后换上（图5-4）
网友活动	美食团购活动	1次	互动活动，针对低价促销时期
	下沙网美食行试吃活动	1次	商家免费提供1次试吃
	微博转发	1次	利用下沙网微博本地客户积累
	抢楼活动	1次	有针对性快速积累人气
	广告语征集	1次	前期形象推广
	小编探底	1次	前期形象推广
套餐配送	下沙电子券免费下载	1年	长期活动新促销
	下沙网论坛话题推荐	2条	活动论坛话题配合
	活跃QQ群组推广	2次	活动配送内容
	下沙网站内邮件推送	2次	活动配送内容

图5-2　绿叶在下沙网首页对联广告

图 5-3　绿叶在下沙咨询频道内页宣传广告

图 5-4　口碑频道横幅广告和口碑商家推荐广告

【思考】下沙网形象广告、微博转发、论坛抢楼、邮件推送等网络推广方案的实施，为绿叶餐厅打开了下沙消费者市场，并建立了良好口碑。

第一节　网络推广概述

网络推广主要是指利用互联网这一媒介，把企业要宣传和展示的产品、服务以及相关信息推广到目标受众面前。换句话说，凡是通过网络手段进行的推广活动，都属于网络推广。

网络推广是企业整体营销战略的一个组成部分，是建立在互联网基础之上并借助于互联网特性来实现特定营销目标的一种营销手段。市场营销的研究对象是市场，而随着网络经济时代到来，这一研究对象发生了巨大变化。网络虚拟市场有别于传统市场，其竞争规则和手段都发生了根本性的改变。人们已经不能简单地将传统市场营销战略和策略搬入网络营销中。在传统营销中具有优势的某些资源在网络市场中不再具有优势。因此，企业必须重新审视网络虚拟市场，调整旧的思路，树立新的观念，开创新的思维，研究新的方法。

由于企业网站是企业的主要网络门户，所以一般的网络推广方案都是以企业站点推广为主。站点推广是网络推广极其重要的一部分。但网络推广不等同于站点推广，网络推广的范围更为广泛，如借助第三方电子商务平台或其他网络媒体推广企业的品牌形象及产品服务等。

一、典型的网络推广方式

随着网络科技发展日新月异，网络推广方式层出不穷。根据网络营销实践经验，当前我国企业比较典型的网络推广方式主要有搜索引擎推广、网络广告推广、Email 营销、博客与微博营销网络社区推广、即时通信营销及其他推广方式。

1．搜索引擎推广

搜索引擎推广，就是根据用户使用搜索引擎的方式，利用用户检索信息的机会尽可能将营销信息传递给目标用户（见图 5-5）。搜索引擎推广得以实现的基本过程是：企业将信息发布在网站上成为以网页形式存在的信息源；搜索引擎将网站网页信息收录到索引数据库；用户利用关键词进行检索（对于分类目录则是逐级目录查询）；检索结果中罗列相关的索引信息及其网址（URL）；根据用户对检索结果的判断选择有兴趣的信息并点击 URL 进入信息源所在网页。这样便完成了企业从发布信息到用户获取信息的整个过程，这个过程也说明了搜索引擎推广的基本原理和基本过程（见图 5-6）。

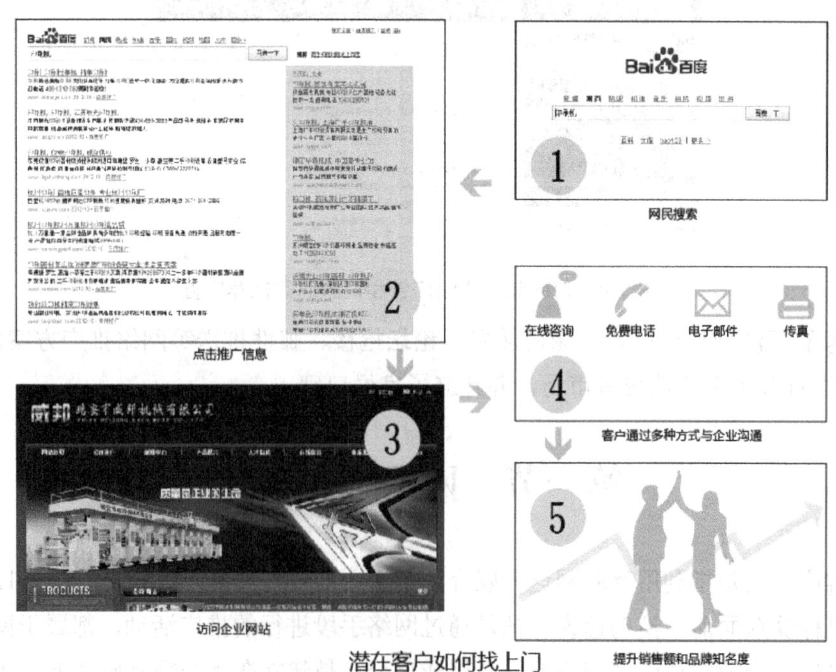

图 5-5 搜索引擎推广的流程

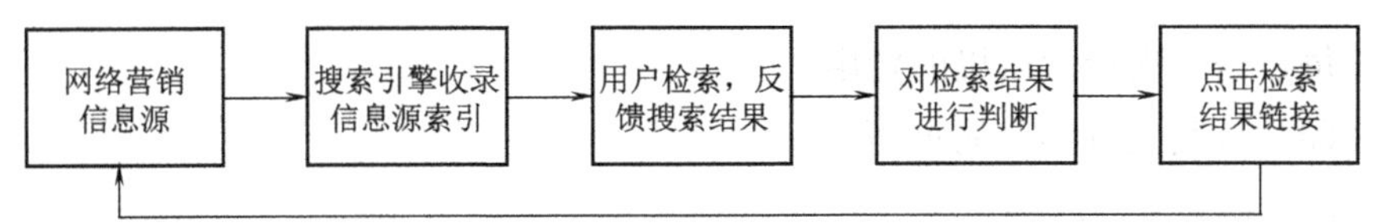

图 5-6 搜索引擎推广的基本过程示意图

搜索引擎推广的一般方法主要有：

（1）搜索引擎登录　即将企业网站信息以免费的方式提交给技术性搜索引擎（如谷歌、百度等），或是以付费的方式提交给分类目录式搜索引擎（如搜狐、网易等）。提交的方法很简单，只要找到搜索引擎相应的网址提交站点，根据提示输入需要提供的信息就可以了。搜索引擎要求的内容一般有网站名称、网址、关键词、网站描述、联系人信息等。

（2）搜索引擎优化　搜索引擎优化的英文简写为 SEO，就是针对各种搜索引擎检索的特点，让网站更适合搜索引擎检索原则，从而获得搜索引擎收录并且在排名中靠前的行为。一般来说，搜索引擎优化可以从核心关键词、页面标题、网页标签、链接、页面结构和格式、栏目结构和导航系统等方面入手。

（3）关键词广告　是付费搜索引擎营销的一种形式，也可称为搜索引擎广告、付费搜索引擎关键词广告等。关键词广告的基本形式是：当用户利用某一关键词进行检索，在检索结果页面会出现与该关键词相关的广告内容，图 5-7 即为谷歌的关键词广告。关键词广告具有较高的定位，其效果比一般网络广告形式要好，因而获得快速发展。

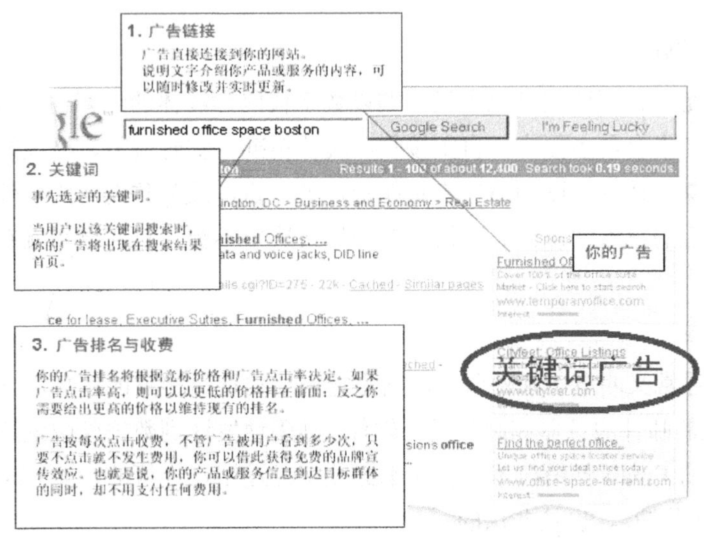

图 5-7 关键词广告

（4）关键词竞价排名　关键词竞价排名是实施关键词广告的一种特殊形式。当有多个企业同时购买了一个相同的关键词广告的时候，就需要通过竞价来决定企业各自广告排列的顺序。

百度（www.baidu.com）对于关键词竞价排名的定义是：在搜索引擎检索结果中，根据付费多少来决定广告的排名位置，付费高的信息将出现在搜索结果最靠前的位置。这里的付费是指用户每点击一次检索结果的费用。

图 5-8 即为百度竞价排名的页面。

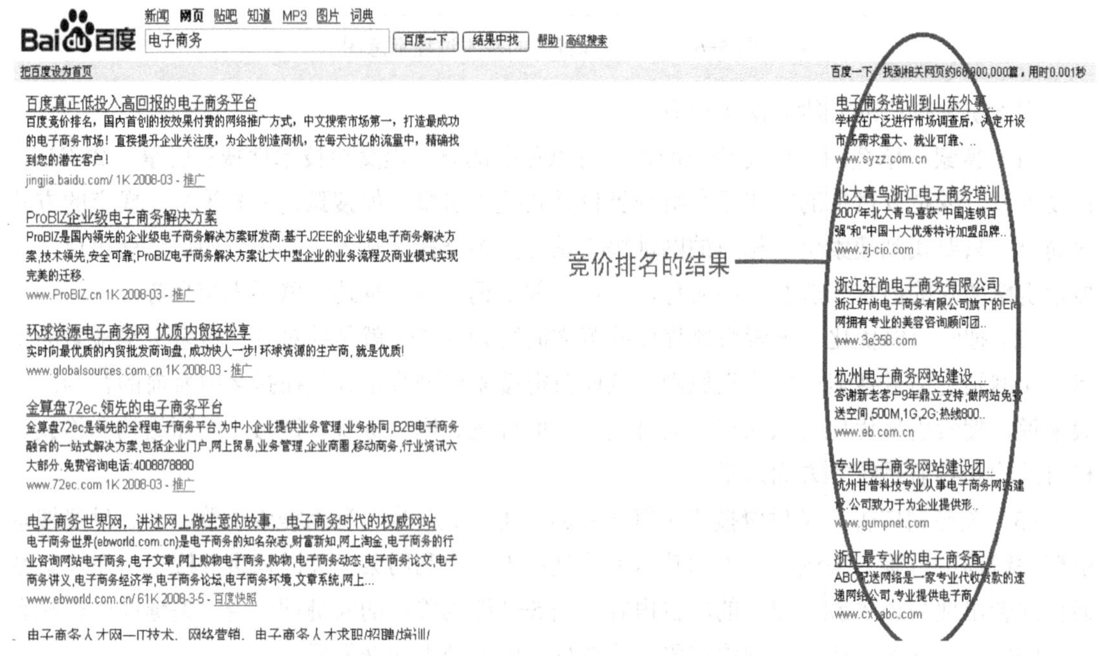

图 5-8 百度竞价排名

2. 网络广告推广

网络广告就是指在互联网站点上发布的以数字代码为载体的经营性广告。与传统的媒体广告相比，网络广告有覆盖面广、自主接收、统计精准、实时调整、极强的互动性及感官性等优势。广告界甚至认为互联网络广告将超越户外广告，成为传统 4 大媒体（电视、广播、报纸、杂志）之后的第五大媒体。网络广告的形式层出不穷，目前已知就有图形等 8 大类近 30 种不同形式。

3. Email 营销

Email 营销通常又叫电子邮件营销。它是把需要传达给客户的信息，制作成图文并茂的 Email，通过专业的邮件服务器和邮件发送软件，准确地发送到数据库中统计的目标客户的邮箱中。这里所指的 Email 营销技术，首先都必须是经过用户许可的，对于垃圾邮件，根本不能称之为“Email 营销”，也是非法的。

4. 博客与微博营销

博客营销是利用博客这种网络应用形式开展网络营销的工具，是公司、企业或者个人利用博客这种网络交互性平台，发布并更新企业、公司或者个人的相关概况及信息，并且密切关注并及时回复平台上客户对于企业或个人的相关疑问以及咨询，并通过较强的博客平台帮助企业或公司零成本获得搜索引擎的较前排位，以达到宣传目的的营销手段。

由于微博信息发布简单，一句话即可，且发布方式多样，一经推出，深受广大网民青睐，用户群巨大。现阶段已有部分旅游、餐饮企业意识到微博营销的价值，开始试着用其进行企业或产品的宣传推广。

5. 网络社区推广

网络社区推广就是企业利用论坛这种网络交流的平台，通过文字、图片、视频等方式发布企业的产品和服务，最终达到宣传企业品牌、加深市场认知度的目的。

6. 即时通信营销

即时通信营销又叫 IM 营销，是企业通过即时工具 IM（如 QQ 或 MSN）帮助企业推广产品和品牌的一种手段。

7. 其他推广方式

其他推广方式还有维基百科推广、事件营销推广、病毒式推广、SNS 网络推广、视频博客推广、网络游戏推广等。

二、软文营销

软文，是相对于硬性广告而言的，是由企业的市场策划人员或广告公司的文案人员来负责撰写的文字广告。与硬性广告相比，软文之所以叫做软文，精妙之处就在于一个“软”字，好似绵里藏针，收而不露，克敌于无形。

软文推广是指以文字的形式对自己所要营销的产品进行推广，来促进产品的销售。企业通过策划在报纸、杂志、DM（直邮广告）、网络、手机短信等宣传载体上刊登的可以提升企业品牌形象和知名度，或可以促进企业销售的一些宣传性、阐释性文章，包括特定的新闻报道、深度文章、付费短文广告、案例分析等。大部分报纸、杂志都会登一块广告，附送一大块发表软文的地方。有的电视节目会以访谈、座谈的方式进行产品和品牌的宣传，这也归属于软文。

广告铺天盖地的今天，越来越多的硬性广告令网民越来越反感，比如，经常有人在 QQ 群发茶叶广告，一看就是广告，每天看到很多次，很是令网民头痛。而软文润物细无声，通过巧妙地把广告融合在原创内容中，让网民感觉不到是广告。软文的最高境界就是“把广告写得不像广告”，这样即使不带网站外链，也能为企业带来极好的品牌宣传效果。

与此同时，软文还可以快速增加网站流量、网站外链，进而增加网站权重。如果我们细心观察不难发现，即使在大型门户网站论坛，也有许多软文掺杂在正规的新闻文章频道，就更不用说其他中小型网站论坛了。如果投稿的软文质量好，很容易通过审核，通过审核后，会被很多网站进行转载。如果发到论坛的软文质量很好又是原创，虽然文中有软广告，但因为论坛也需要有价值的帖子，所以版主一般不会删除你的帖子。

让你的产品和网站在互联网上脱颖而出的最有效的方法就是写软文，通过写一些有分量的文章，你不仅可以吸引特定领域的客户，也会受到搜索引擎的青睐。在网络推广的典型方式中，几乎所有的方式都要进行软文的撰写，因此也可以说，软文营销是网络推广的基础。

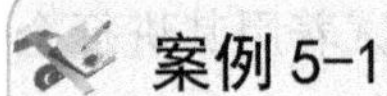 案例 5-1

脑白金年销售额超 10 亿元

说到脑白金，可谓家喻户晓。脑白金是珠海巨人集团旗下的一个保健品品牌，史玉柱以区区 50 万元人民币，在短短的 3 年时间里就使其年销售额超过 10 亿元，令业界称奇。骄人业绩背后，软文营销功不可没。

脑白金入市之初，首先被投放市场的是新闻性软文。如《人类可以长生不老吗？》《两颗生物“原子弹”》（见图 5-9）等。一篇接一篇，持续轰炸，形成了一轮又一轮的脑白金冲击波。

两颗生物"原子弹"

本世纪末生命科学的两大突破，如同两颗原子弹引起世界性轩然大波和忧虑：如果复制几百个小希特勒岂不是人类的灾难？如果人人都能活到 150 岁，且从外表分不出老中青的话，人类的生活岂不乱套？

一、"克隆"在苏格兰引爆

在苏格兰的一个村庄，住着一位 53 岁的生物科学家，他就是维尔穆博士。他培育了一个名叫"多利"的绵羊，为此他本人获得的专利费也不会超过 25 万美元。但这头绵羊和脑白金体的研究成果一样，形成世界性的冲击波。从总统至百姓无不关注培育出"多利"的克隆技术，克林顿总统下令成立委员会研究其后果，规定 90 天内提交报告，并迫不及待地在他的白宫椭圆形办公室里发布总统令。德国规定，谁研究克隆人，坐牢 5 年，罚款 2 万马克。法国农业部长发表讲话：遗传科学如果生产出 6 条腿的鸡，农业部长可就无法干了。

"多利"刚公诸于世，《华盛顿邮报》即发表了"苏格兰科学家克隆出羊"的文章，美国最权威的《新闻周刊》连续发表"小羊羔，谁将你造出来？"、"今日的羊，明日的牧羊人"……美国广播公司晚间新闻发布民意测验：87％的美国人说应当禁止克隆人，93％的人不愿被克隆，50％的人不赞成这项成果。

二、"脑白金体"在美利坚引爆

脑白金体是人脑中央的一个器官，印度 2000 年前就称之为"第三只眼"。近几年美国科学家们发现，它是人体衰老的根源，是人的生命时钟。这项发现如同强大的冲击波，震撼着西方国家。《纽约时报》报道："2000 年前中国秦始皇的梦想，今天在美国实现了"；《华尔街日报》发表"一场革命"；《新闻周刊》居然以"脑白金热潮"为标题，于 8 月 7 日、11 月 6 日封面报道，阐述饮用脑白金的奇迹：阻止老化、改善睡眠，倒拨生命时钟。

美国政府 FDA 认定脑白金无任何副作用，脑白金的价格在美国加州迅速被炒到白金的 1026 倍。不过，在大规模生产的今天，消费者每天的消费仅 1 美元，在中国不过 7 元人民币。脑白金体的冲击波迅速波及全球。日本《朝日新闻》、NHK 电视大肆报道，台湾人从美国疯狂采购脑白金产品，香港政府不得不出面公告：奉劝市民饮用脑白金要有节制。

中国内地也不例外，1998 年 4 月 5 日中央电视台《新闻联播》播放"人类有望活到 150 岁"，详细介绍脑白金体的科技成就，《参考消息》等各大媒体也都相继报道。中国部分城市已出现脑白金热潮的苗头。在美国，不少人撰文对脑白金体成果表示担忧。如果人人都活到 150 岁，从外表分不出成年人的年龄，会出现许多社会问题。世界老化研究会议主席华特博士在其科学专著中指出，饮用脑白金明显提高中老年人的性欲。于是评论家们担心，性犯罪率必将上升。

三、什么是克隆？

图 5-9　脑白金软文截屏（《两颗生物“原子弹”》）

在读者眼里，这些文章的权威性、真实性不容置疑。没有直接的商品宣传，脑白金的悬念和神秘色彩被制造出来了，人们禁不住要问：“脑白金究竟是什么？”消费者的猜测和彼此之间的交流使“脑白金”的概念在大街小巷迅速流传起来，人们对脑白金形成了一种企盼心理，想要一探究竟。

紧接着跟进的是系列科普性（功效）软文。如《一天不大便等于抽三包烟》《人体内有只‘钟’》《夏天贪睡的张学良》《宇航员如何睡觉》《人不睡觉，只能活五天》（见图 5-10）、《女子四十，是花还是豆腐渣？》等，这些文章主要从睡眠不足和肠道不好对身体的重大危害两方面阐述，并指导人们如何克服这种危害，将脑白金的功效巧妙地融入软文中。每一篇软文似乎都在谈科普，并没有做广告，读者读来轻松，由不得不信，这种投入短短两个月就获得了意想不到的效果。

人不睡觉，只能活五天

医学工作者都知道：

不吃饭,人可以活 20 天,

不喝水,人可以活 7 天,

不睡觉,人可以活 5 天。

可见,睡觉比吃饭、喝水更重要,睡眠有障碍的人往往面色灰黄,智力及记忆力下降,精神萎靡,抵抗力差、衰老过速等。有关文献显示:睡眠障碍者每天的衰老速度是正常人的 2.5—3 倍，急性病发生率是正常人的 1.5 倍。

在人为造成不休息的情况下经过一天，青年期小白鼠的内脏器官严重损伤，出现血管变脆等严重的衰老症状，持续 36 小时，白鼠死亡，寿命相当于人类的 40 岁。医学论文同时指出：浅睡眠与失眠造成的危害几乎相当。

为什么会出现睡眠障碍？原来是大脑的中枢神经出现了故障。人进中年，各种压力随之而来，长期在这种状态下，中枢神经的正常节律遭到破坏，关键调节物质脑白金也逐渐下降。

图 5-10 脑白金软文截屏（《人不睡觉，只能活五天》）

【思考】：脑白金的软文为什么可以取得成功？

【分析】虽然脑白金产品备受争议，但脑白金的软文营销堪称经典案例。

（1）以概念推广的形式，宣传产品的多项保健功效。脑白金最初入市，以大脑脑白金体及其分泌的脑白金为主诉求点，宣传衰老与年轻态的概念，引出产品的多项保健功效。其实，脑白金的主要组成成分是褪黑素（Melatonin），这种食品早在 1995 年就开始在美国流行。由于其能够改善睡眠，因而受到人们的广泛关注。实际上国内也有一些保健品公司为美国公司做产品销售代理。史玉柱的“高明”之处就在于，他把褪黑素和具有化积消食通便功能的口服液组合在一起，推出了自己的产品。脑白金“年轻态”概念的打造、推广，使人们“求美、求新、求年轻”的心理被大大地激发，越来越多的人接受和认可脑白金。

（2）以知识普及的形式，对脑白金产品信息进行介绍。保健品营销通常离不开功效诉求，人们购买保健品是因为它具有某种独特的作用，那么，这种作用是如何产生的？为什么会有这种作用？这些无疑是人们心中最大的困惑，要使人们信以为真，最好的办法就是摆事实，讲道理，以理服人。脑白金软营销的巧妙之处就在于，它以知识普及的形式，迎合了人们“求美、求新、求年轻”的心理。在软文写作上，它则以极具诱惑力的标题吸引大众眼球，从关注人们健康长寿的角度去阐述，使读者产生试用的冲动。当人们为文章严密的逻辑性、权威性以及所蕴含的大量信息所折服时，也一步一步地走进了脑白金的营销“圈套”。

1．软文推广具有明显优势

（1）性价比高　成本一般是硬性广告的 1/20。

（2）更具公信力　新闻营销就是以新闻的视角、新闻的表现形式，完整、清晰地将真实、可靠的新闻事件向公众阐述清楚，并被多家媒体转载、报道，这样就更容易被受众接受、信赖。

（3）内容完整　新闻文章可以将事件进行完整的报道、阐述，图文并茂，使得受众对事件信息能够进行全面、完整的了解。

（4）时效性　新闻的基本特点就是新鲜性，即将最新发生的事件，迅速、及时地报道给受众。这样就会使受众更有兴趣关注并可能被口碑传播。

（5）连续性　新闻可以连续报道事件的发展进程，这样不仅使受众完整、全面地了解事件内容，更主要的是可使新闻事件的主体持续地得到受众的关注，这样就达到了持续宣传的目的。

（6）保存价值　网络新闻可以简便、完整地长期保存，以便将来查阅之用。

（7）多点传播　新闻易被转载，可进行二次或多次传播。

（8）受众广泛　由于新闻的真实性和时效性，人们更愿意关注，因此受众更为广泛，包括消费者、投资者、媒体记者、编辑等。

2．软文写作的几种常见形式

（1）悬念式　也可以叫设问式。其核心是提出一个问题，然后围绕这个问题自问自答，如《人类可以长生不老？》《什么使她重获新生？》《牛皮癣，真的可以治愈吗？》等。通过设问引起话题和关注是这种方式的优势所在，但必须掌握火候，首先提出的问题要有吸引力，其次答案要符合常识，不能作茧自缚、漏洞百出。

（2）故事式　通过讲一个完整的故事带出产品，使产品的“光环效应”和“神秘性”给消费者心理造成强暗示，使销售成为必然，如《1.2亿买不走的秘方》《神奇的植物胰岛素》《印第安人的秘密》等。讲故事不是目的，故事背后的产品线索是文章的关键。听故事是人类最古老的接受知识的方式，所以故事的知识性、趣味性、合理性是软文成功的关键。

（3）情感式　情感一直是广告的一个重要媒介，软文的情感表达由于信息传达量大、针对性强，当然更可以叫人心灵相通，如《老公，烟戒不了，洗洗肺吧》《女人，你的名字是天使》《写给那些战“痘”的青春》等。情感最大的特色就是容易打动人，容易走进消费者的内心，所以“情感营销”一直是营销百试不爽的灵丹妙药。

（4）恐吓式　恐吓式软文属于反情感式诉求，情感诉说美好，恐吓直击软肋，如《高血脂，瘫痪的前兆！》《天啊，骨质增生害死人！》《洗血洗出一桶油》。实际上，恐吓要比赞美和爱更具备记忆力，但也往往会遭人诟病，所以一定要把握度，不要过火。

（5）促销式　促销式软文常常跟进在上述几种软文见效时，如《北京人抢购×××》《×××，在香港卖疯了》《一天断货三次，西单某厂家告急》等。这样的软文或者是直接配合促销使用，或者就是使用“买托”造成产品的供不应求，通过“攀比心理”“影响力效应”等多种因素来促使人们产生购买欲。

（6）新闻式　事件新闻体就是为宣传寻找一个由头，以新闻事件的手法去写，让读者认为就仿佛是昨天刚刚发生的事件。这样的文体有利于体现企业本身的技术力量，但是，文案要结合企业的自身条件，多与策划沟通，不要天马行空地写，否则，多数会造成负面影响。

3．软文推广的注意事项

1）设计文章结构，把握整体方向，控制文章走势，选择冲击力强的标题。例如，《CNBS

（中国商务支援）为您提供注册公司一站式服务……》，这样的标题没有冲击力，也不能引起读者兴趣。

2）软文中的链接不能太多，1～2 个就够了，2 个以上就多了，搜索引擎也不喜欢软文中有太多链接。

3）产品功能要形象化，不能光停留在简单的说明上，否则会软绵无力。

4）写作语言要通俗化，要能照顾到大多数阅读者的理解能力。

5）写软文首先要选好切入点，即如何把需要宣传的产品、服务或品牌等信息完美地嵌入文章内容中。例如，宣传 CNBS 的服务，直接写“CNBS 为您提供……”很可能引起读者的反感，效果也不好。正确的做法是选好一个亮点，如可由“您在烦恼企业怎样拓展海外营销市场吗”吸引读者的注意力，进而慢慢引入 CNBS 的服务——设立咨询、海外公司注册等。这样便可不知不觉引领读者进入我们要推广的网站，对其提供的服务有所了解。

第二节 Email 营销推广

一、何谓 Email 营销

Email 营销又叫电子邮件营销，是指把需要传达给客户的信息，制作成图文并茂的 Email，通过专业的邮件服务器和邮件发送软件，准确地发送到数据库中统计的目标客户的邮箱中去。

Email 营销包含 3 层含义：

1）形式上为点对点的电子邮件。

2）包含两个主体，企业为发送者，其潜在客户或现有客户为接收对象。

3）内容上为企业商业信息，服务于企业的某种商业目的。

二、许可 Email 营销与非许可 Email 营销

许可 Email 营销是基于用户许可基础上的营销活动，非许可 Email 营销就是众人痛恨的垃圾邮件群发，与垃圾短信一样，是非法的。

中国互联网协会在《中国互联网协会反垃圾邮件规范》中是这样定义垃圾邮件的：

“本规范所称垃圾邮件，包括下述属性的电子邮件：

（1）收件人事先没有提出要求或者同意接收的广告、电子刊物、各种形式的宣传品等宣传性的电子邮件；

（2）收件人无法拒收的电子邮件；

（3）隐藏发件人身份、地址、标题等信息的电子邮件；

（4）含有虚假的信息源、发件人、路由等信息的电子邮件。”

本项目所分析的 Email 营销技术，首先都必须是经过用户许可的，对于垃圾邮件，根本不能称之为“Email 营销”，自然也没有必要研究其方法和有效性。

三、企业现阶段开展Email营销优劣势分析

1. Email营销优势分析

（1）低成本　Email 营销成本主要包括从订阅邮件到发送邮件的全套功能的开发成本、积累邮件订阅者的时间成本、邮件内容编辑和维护的人工成本；购买第三方的系统和许可邮件地址成本等。与其他方式的营销成本相比，由于互联网的低成本性，Email 营销的低成本性还是显而易见的。

（2）快速实施　邮件营销的最大特点是“瞬间爆发性”，它可使企业的营销信息在几天内传达百万目标受众群。这是其他任何网络营销方式都无法比肩的巨大优势。

（3）精确点对点，易于测量跟踪　通过数据库平台，企业可以精确筛选发送对象，将特定的推广信息投递到特定的目标社群。同时，可根据用户的行为，统计打开邮件的点击数并加以分析，以获取销售线索。

（4）主动出击　根据客户的需要，企业可以制定个性化内容，主动给客户发出企业的营销信息，实现企业的营销目的。

（5）无纸化绿色环保　Email 营销以无纸化的邮件代替传统的邮寄广告，既可节省成本，也能节约社会资源，绿色环保。

2. Email营销存在的不足

1）在垃圾邮件泛滥的今天，许可 Email 营销如果实施不当易被误认为是垃圾邮件而损害企业形象。

2）在当前网络环境下，使用一般发送手段，难以保证大批量营销邮件的到达率。

案例 5-2

立邦漆——小鱼带您游星座

著名油漆品牌立邦在各大城市建立“配色服务中心”来为客户提供个性化服务。为了引起消费者对立邦漆“配色服务中心”的关注，以低成本创造大效率，立邦漆采取 Email 营销策略。

一封优秀的电子邮件，与受众良好的互动是必不可少的。互动方式不仅仅是在邮件广告的二级页面留一个 Email 邮箱、咨询电话、在线聊天方式，以及提供在线购买、售后服务等链接，更重要的是让观赏者能够参与到广告的画面或是情境中来，实现广告与受众之间的沟通与交流，达到集手动、脑动、心动、行动于一体的全面互动效果。

【思考】立邦漆的营销邮件和一般的营销邮件有哪些不同之处？

【分析】立邦漆这封“小鱼带您游星座”的邮件（见图 5-11），伴随着轻柔的音乐，出现了蔚蓝的星空，12 星座勾勒出一个代表立邦漆的 N 字。拖动鼠标画面上的小鱼就会随着鼠标的方向慢慢地移动，画面营造出一种宽敞舒适休闲的家居氛围，而这种氛围就是立邦漆提供的。如此生动有趣的邮件，通过动态 Flash 的设计，让用户获得一种宁静、祥和、温馨、轻松的体验，同时用户对立邦漆“配色服务中心”的认识在潜移默化中加

深了。

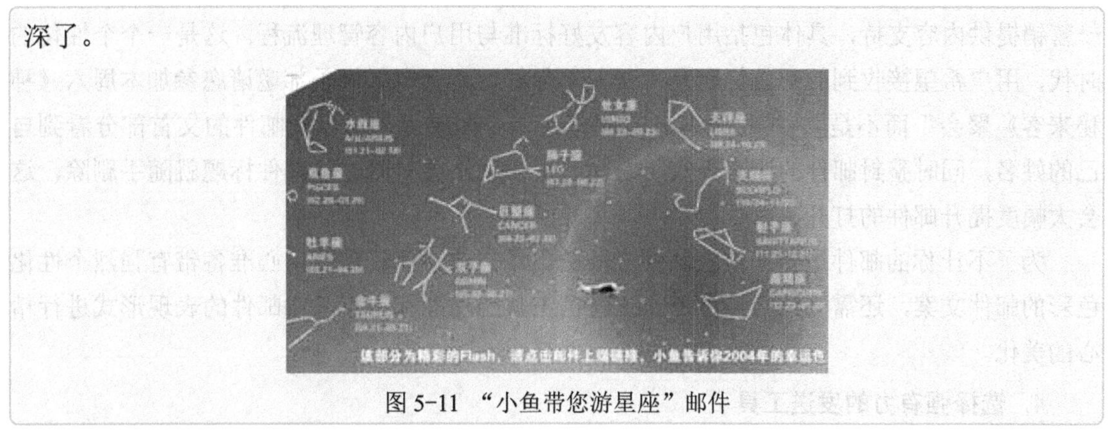

图 5-11 “小鱼带您游星座”邮件

四、许可 Email 营销的实施过程

1．确定许可 Email 营销的目的与目标

许可 Email 营销不是简单地发送普通邮件，而是面向你的目标客户开始一个长期的持续的个性化的一对一的基于许可 Email 的营销活动。确定明确的目的和目标，制定合理的目标任务分解计划和预算，选择合适的方法与策略，建立相应的配套组织和服务体系，是开展许可 Email 营销的第一步。

在确立目的和目标时，需要充分考虑实施的可行性。基于许可的 Email 营销，从本质上来说是网络营销的一种形式，没有基本的网络条件，实施许可 Email 营销就是空中楼阁。因此，企业需要有网站、网络环境以及适合自身特征的工具。

2．对客户数据进行收集与整理，建立数据库

对客户数据进行收集与整理，建立数据库需要获取用户数据，对用户进行逐级深入细分，利用对用户行为的分析结果计算每一个用户的关注内容。对开展一对一营销提供数据库支持，具体包括用户数据获取方法与流程、数据库更新维护标准与流程、用户分类标准与流程、用户行为建模分析标准与流程。

有些行业客户数据库建立非常容易，如银行业、保险业、航空业、媒体出版业、教育培训行业、网站等，因为这些行业的客户必须提供自己的姓名和联系方式。但是，像零售行业的专卖店、连锁超市或批发商这些企业，收集客户资料相对比较困难，必须运用一些技巧和方法才能成功地建立客户数据库。

比如，建立许可邮件库的一个有效方式，就是在企业自己的网站建立入口，让潜在的消费者可以方便地填入自己的邮件地址，以订阅他们需要的信息。还有要用明确、显著的方式告知潜在消费者，你不会将他们的邮件地址以任何方式泄露给第三方，除非经过他们的同意。不仅如此，还要提供方便的“退订”手段，让他们看到确实可以很方便地将自己的邮件地址从你那里清除，他们才会放心地将邮件地址提供给你。

3．制作个性化一对一的丰富内容

根据数据支持，利用所见即所得编辑器自动生成针对不同分类用户的友好内容，为一对

一营销提供内容支持，具体包括用户内容友好标准与用户内容管理流程。这是一个个性化的时代，用户希望接收到的邮件标题是“张三丰你好，海客电影俱乐部邀请您参加本周六《神秘来客》聚会”而不是“《神秘来客》主题聚会”。如果用户可以在邮件的文首部分看到自己的姓名，同时整封邮件的语言平实、易懂，他们就不会只看一下邮件标题就随手删除，这会大幅度提升邮件的打开率。

为了不让你的邮件遭到和垃圾邮件一样的下场，你不仅仅需要精心准备带有强烈个性化色彩的邮件文案，还需要结合许可 Email 营销工具的功能和特点，对邮件的表现形式进行精心的美化。

4. 选择强有力的发送工具

Foxmail 或者 Outlook 这些常规的邮件发送工具，比较适合发一封或者几封邮件，用这些常用的邮件软件作为许可 Email 营销工具，会有许多弊端，比如容易泄露被抄送者的邮件地址、内容千篇一律等。因此，必须选择能够多任务、多批次、多线程，可以快速大批量并且是模拟单独发送邮件，发送时占用的带宽和计算机资源少，支持在邮件中使用丰富多彩的表现手段，收件人只能看到自己的邮件地址等的邮件发送工具。

5. 实时反馈统计系统与服务响应支持体系

实时反馈统计系统是指统计分析测量营销实施效果，根据报告数据，剔除无效邮件地址，对内容、方式、用户细分进行调整，具体包括发送统计分析（包括发送成功率、到达率、打开率、点击率）、综合的全面统计分析报告管理、用户行为模型分析等。

服务响应支持体系是指许可 Email 营销实施后，便与客户建立了关系，因此企业需要像开展其他营销活动或使用其他营销工具一样，做好各方面的准备，比如如何应对客户咨询、购买、服务和投诉。

6. 精确衡量营销投入产出比

许可 Email 营销效果的评估指标以千封邮件综合成本和综合收益的比率作为主要指标。综合成本包括网络环境建设和使用成本、搜集和建立许可邮件库的成本、制作许可邮件文案和模板的成本、营销过程中产生的对外服务费用、为网络营销所制定的优惠带来的成本和其他相关成本，而综合收益则应该把邮件的广告宣传效果和直接的购买行为所带来的收益进行统一计算，不应该仅仅偏重直接销售收入。

五、许可 Email 营销的技巧

阅读率的高低直接关系到许可 Email 营销的最终效果，因此，了解用户的阅读习惯，提高 Email 的阅读率，对于许可 Email 营销具有重要意义。一般来说，邮件主题、发信人、收信人及邮件内容本身，尤其是邮件主题和发信人，对于用户的阅读有重要影响。

1. 邮件主题：提供收件人感兴趣的信息

与一般电子邮件一样，许可 Email 营销邮件的标题也非常重要，一个醒目并且具有价值的标题不仅能让用户将电子邮件与垃圾邮件区别开来，而且又有助于让用户决定打开并阅读

邮件内容。不同类型的邮件主题对于用户的阅读决策有不同的影响，而且用户的性别差异也对阅读决策有重要影响。知名网络广告公司 DoubleClick 的研究表明：对于男性用户来说，对用户打开邮件最有帮助的是有吸引力的信息/新闻标题（占被调查者的 69%），其次是提供折扣信息（50%）、新产品发布（37%）；而对于女性用户来说，最能吸引她们打开邮件的是折扣信息（64%），然后是有吸引力的新闻（46%）、免费送货（43%）等。

2．发信人要让读者产生信任

邮件主题和发件人两项因素对用户的阅读决策都很重要，如果是用户经常接收的电子邮件如自己订阅的邮件列表、购物网站的会员通讯等，发件人已经获得用户的认可，邮件主题就成为主要的因素。对于第一次发送的邮件，或者发件人信息并不固定的情形，发件人信息的影响甚至会超过邮件主题。

一般来说，应该如实地设置显示的发件人地址，以给用户提供真实的信息，这样，一方面即使用户不打开邮件也可以在一定程度上起到宣传的效果，另一方面用户也可以根据发信人是否和自己有关来判断要不要阅读邮件内容。但也有一些营销邮件为了获得较高的开信率，将发件人和主题都设置得标新立异，这样的邮件表面上看来可能会多获得一些点击，但却会让人对邮件广告用户的诚信产生怀疑，甚至产生厌烦心理。这种情形经常发生在垃圾邮件中，正规企业合法的 Email 营销活动通常没有必要采取这种方式。但实际上仍然会有一些企业，甚至会是知名企业没有对这些细节问题给予足够的重视。

3．内容预览是留住读者的最后机会

如果收件人看了邮件主题和发信人之后决定不打开邮件，无论多么有价值的邮件也与垃圾邮件无异，这封邮件很快将会从用户的计算机上消失，但还有最后一点希望可能使他回心转意，这就是邮件预览区中的内容。对于使用 MS Outlook Express 之类邮件程序接收 Email 的用户来说，在程序默认情况下，有一个邮件内容的预览区，虽然这个区域不大，但企业可充分利用这一点营销资源，向用户推广自己的信息、品牌、产品/服务。

预览区中的内容之所以重要，还有另一层意义，因为已经决定打开邮件的用户，也不一定都会认真看完邮件的全部内容，尤其邮件内容比较复杂时。这时候，预览区中的内容就显得更为重要，因为用户很可能已经从中获得了对他有价值的信息。因此，在邮件预览区中设计最重要的信息、最有可能引起用户关注的内容是非常必要的，如企业 LOGO、新产品信息、优惠措施、内容提要、收件人姓名等。

4．让收件人感觉邮件与自己有关

这往往是容易被忽视的内容，但正确显示收件人的信息，看起来像是一对一的个性化电子邮件，效果显然要比没有收件人名称，甚至没有收件人 Email 地址的邮件效果要好得多。如果在邮件预览区之内看到自己的名字，对读者进一步关注邮件内容必然有重要影响。有些资料认为，以用户姓名为抬头的邮件点击率可以高达 40%～50%，这虽然是未经证实的数据，但至少可以相信，有收件人称谓的电子邮件比没有收件人称谓的受关注的程度要高得多。

第三节　博客与微博推广

一、博客

博客最初的名称是Weblog，由Web和Blog两个单词组成，字面意思是网络日记。

博客营销是指利用博客这种网络应用形式开展网络营销，是公司、企业或者个人利用博客这种网络交互性平台，发布并更新企业、公司或者个人的相关概况及信息，并且密切关注并及时回复平台上客户对于企业或个人的相关疑问以及咨询，通过较强的博客平台帮助企业或公司零成本获得搜索引擎的较前排位，以达到宣传目的的营销手段。

伴随着注册数量的增多，博客以极快的速度融入到社会生活中，逐步大众化，成为基于互联网的基础服务，并随之带来一系列新的应用，诸如博客广告、博客搜索、企业博客、移动博客、博客出版、独立域名博客等创新商业模式，日益形成一条以博客为核心的价值链条。

在这个价值链条上，博客网站提供平台，企业博客作者撰写相关营销博客，并通过持续不断地更新获得与公众之间的交互沟通，积累“人气”，提升企业或企业产品知名度。“粉丝”们关注博客，并通过不断增长的点击量为博客平台带来持续高涨的注意力。巨大的点击量又吸引广告商，形成良性循环。

1．博客营销的特点

1）细分程度高，定向准确。

2）互动传播性强，信任程度高，口碑效应好。

3）影响力大，引导网络舆论潮流。

4）与搜索引擎营销无缝对接，整合效果好。

5）有利于获取长远利益和培育忠实用户。

2．典型博客平台提供商

目前国内的典型博客平台提供商（BSP）市场基本呈现三类并存的形势：一是独立运营的BSP，如Blogcn、Blogbus等；二是基于传统的门户网站而建立起来的BSP，如新浪博客、搜狐博客等；三是借助关联产品建立起来的BSP，如网易空间、腾讯QQ空间等。就目前的市场占有率来看，腾讯QQ空间、新浪博客、网易空间、搜狐博客等具有较高的市场占有率。

从功能来看，有文字博客，如新浪博客、博客中国等；图片博客，如拉风网、Foto Blog等；移动博客，如万蝶移动博客；视频博客，如酷6网、土豆网等。

3．博客口碑营销应用实例

徐静蕾的博客曾经被誉为“中文第一博”，拥有极高的阅读率与关注度，她的观点与意见影响了无数的网民。2006年AMD签约徐静蕾，正式赞助其博客，将AMD的品牌信息嵌入到徐静蕾博客之中，成为博客营销第一范例。

图 5-12 徐静蕾的博客

【思考】徐静蕾的博客有哪些吸引你的地方？你自己的博客都写些什么？

二、微博客

1. 微博客的概念

微博客（Micro-bloging）其实就是一种非正式的迷你型博客，也称为微博，是一种可以即时发布消息的类似博客的系统，它最大的特点就是集成化和开放化，用户可以通过手机、IM 软件（Gtalk、QQ、Skype）和外部 API 接口等途径向微博客发布消息。微博客的另一个特点还在于这个“微”字，一般发布的消息只能是只言片语。最早也是最著名的微博是美国的 Twitter。2009 年 8 月份中国最大的门户网站新浪网推出“新浪微博”内测版，成为门户网站中第一家提供微博服务的网站，微博正式进入中文上网主流人群的视野。

2. 微博发展简史

2006 年 3 月，博客技术先驱 blogger.com 创始人埃文·威廉姆斯（Evan Williams）创建的新兴公司 Obvious 推出了大围脖服务。在最初阶段，这项服务只是用于向好友的手机发送文本信息。在 2007 年 5 月，全球总共有 111 个类似 Twitter 的网站。然而，最值得注意的仍是 Twitter，它于 2007 年在得克萨斯州奥斯汀举办的南非西南会议赢得了部落格类的网站奖。Twitter 的主要竞争对手是 Plurk 和 Jaiku。后来微博的新服务特色持续诞生，如 Plurk 有时间轴，可以观看整合了视讯和照片的分享。

国外 Twitter 的“大红大紫”，令国内有些人终于坐不住了。2005 年从校内网起家的王兴，在 2006 年把企业卖给千橡互动后，于第二年建立了饭否网。同样擅长技术活的 SwiSen 也瞄准了这个行业，很快清新、简约的随心微博也开始正式上线。而腾讯作为一个拥有 4.1 亿 QQ 用户的企业，了解到用户对随时随地发布自己状态的强烈需求后，也忍不住尝试了一把，2007 年 8 月 13 日腾讯滔滔上线。

自 2009 年 7 月中旬开始，国内大批老牌微博产品（饭否网、腾讯滔滔等）相继停止运营，一些新产品开始进入人们的视野，如 1 月份开放的大围脖，6 月份开放的 Follow5，7 月份开放的贫嘴，8 月份开放的新浪微博，其中 Follow5 在 2009 年 7 月 19 日孙楠大连演唱会上的亮相，是国内第一次将微博引入大型演艺活动，与 Twitter 当年的发展颇有几分神似。

2010 年国内微博迎来了春天，微博像雨后春笋般崛起。4 大门户网站均开设微博。据中国互联网络信息中心（CNNIC）发布的《第 28 次中国互联网络发展状况统计报告》显示，2011 年上半年，中国微博用户从 6331 万增至 1.95 亿，增长约 2 倍。微博在网民中的普及率从 13.8%增至 40.2%。从 2010 年年底至 2011 年 6 月，手机微博在网民中的使用率从 15.5%上升到 34%。2011 年上半年，新浪微博用户数超过 1 亿，这得益于它抢占了先机，而且在整体的战略执行上也比较彻底到位。仅仅两年时间，新浪微博就为新浪生下了一个价值几十亿美元的“金蛋”。不仅是个人网民，很多企业也纷纷开设微博，用以宣传产品。例如，2012 年 1 月 5 日，京东商城就通过其新浪官方微博 http://weibo.com/jingdong 发布了 iPhone 4S 即将开售的消息，如图 5-13 所示。

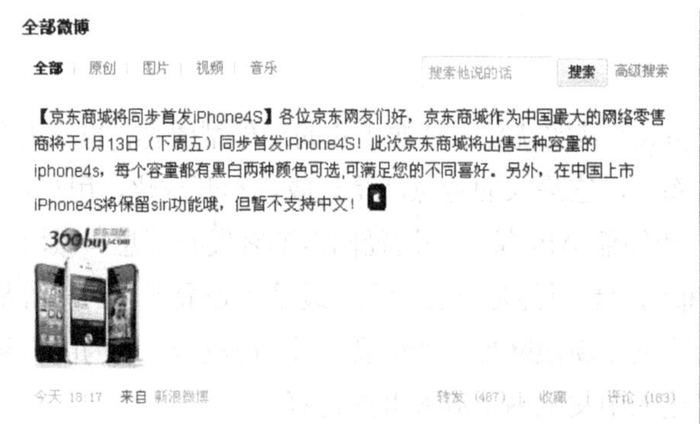

图 5-13　京东商城通过官方微博发布 iPhone 4s 即将开售的消息

【思考】除了京东，还有哪些知名企业利用微博开展营销？

案例 5-3

杭州裂莎电子商务公司的微博营销

杭州裂莎电子商务有限公司是一家集电子商务、服装贸易营销等多项服务于一体的新兴电子商务企业，主要从事网络服饰、鞋帽箱包等产品的销售，提供网络营销系列策划等服务，公司坚持以市场为导向，以服务抢先机，通过建立新型电子商务模式，促进服装产品交易的发展。

裂莎公司在新浪微博上开展“小米手机”抽奖活动，吸引网友转发微博，如图 5-14 所示。

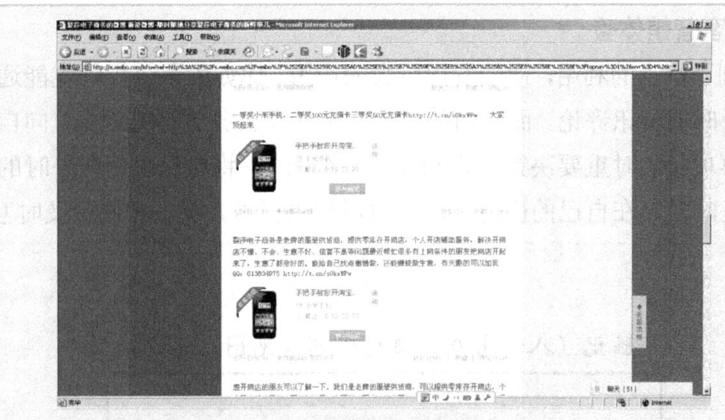

图 5-14 裂莎公司的“微活动”

【思考】除了有奖转发，还有哪些微博营销手段？

【分析】可以在一些人气较旺、“粉丝”较多的微博上有偿发帖，或者让其转发自己的微博，以此提高企业微博的关注度，进而提高企业的知名度。

3. 微博的特点

（1）便捷性　相对于博客来说，微博的内容更为简短，通常为 140 字。这一点导致大量原创内容爆发性地被生产出来。博客的出现，已经将互联网上的社会化媒体推进了一大步，公众人物纷纷开始建立自己的网上形象。然而，博客上的形象仍然是化妆后的表演，博文的创作需要考虑完整的逻辑，这样大的工作量对于博客作者来说是很重的负担。“沉默的大多数”在微博上找到了展示自己的舞台。

（2）背对脸交流　与博客上面对面的表演不同，微博上是背对脸的交流，就好比你在计算机前打游戏，路过的人从你背后看着你怎么玩，而你并不需要主动和背后的人交流。可以一点对多点，也可以点对点。当你关注一个自己感兴趣的人时，两三天就会上瘾。移动终端提供的便利性和多媒体化，使得微博用户体验的黏性越来越强。

（3）原创性　现在微博网站的即时通信功能非常强大，可通过 QQ 等直接书写，在没有网络的地方，只要有手机就可在事发现场即时更新自己的内容。类例于一些大的突发事件或引起全球关注的大事，如果有微博在场，利用各种手段在微博上发表出来，其实时性、现场感以及快捷性，甚至超过其他所有媒体。

（4）新闻发生地　新闻发布会是发布信息的地方，而新闻发生地是指微博本身的变动就是值得报道的新闻。这充分证明了麦克·卢汉的观点——“媒介即信息”。2009 年 11 月 21 日，针对昆明市螺蛳湾批发市场的群体性事件，在云南省宣传部副部长伍皓的主导下，云南省政府新闻办在新浪微博开设了国内第一家政府微博“微博云南”，并在第一时间对“螺蛳湾”事件作出了简要说明。“微博云南”开设后，引起社会高度关注，目前已有 1.3 万人关注了微博云南。

（5）客观反映民意　从个人的生活琐事至体育运动盛事，再到全球性的灾难事件，微博已经成为全世界的网民们表达意愿、分享心情的重要渠道。

4. 企业微博客营销体验

微博如果得到了恰当的利用，便能发挥巨大的作用。比如股票分析师就能通过手机向自己的客户提供相对及时的资讯评论。而公司的负责人也能在公务旅行的途中，向自己的公司员工发布即时的注意事项和临时重要决策。媒体的记者更是能够将自己出门在外时的只言片语的灵感或者重要消息及时发布在自己的微博上，为日后写稿积累素材，和同行及时互通有无。

案例 5-4

胜记（八卦老店）微博营销（见图 5-15）

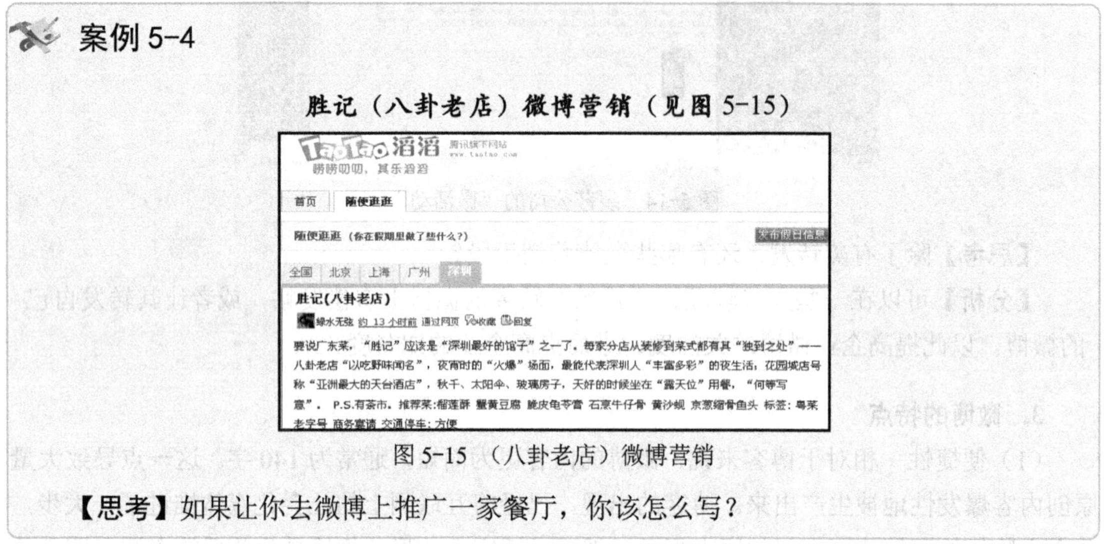

图 5-15（八卦老店）微博营销

【思考】如果让你去微博上推广一家餐厅，你该怎么写？

案例 5-5

下沙绿叶主题餐厅的微博营销

具体情境见本章导入案例。绿叶主题餐厅利用下沙网新浪微博（见图 5-16），设置 3 道菜（100 元）、5 道菜（300 元）、8 道菜（500 元）的奖项，下沙网微博“粉丝”@3、5、8 个网友这 3 个类别，分别有机会得到相应的奖项。

利用微博的时效性和传播性，有目的性和针对性地对下沙本地网友进行群发，在一个星期之内，得到最大面积的推广，为下沙论坛抢楼活动作前期积蓄铺垫。

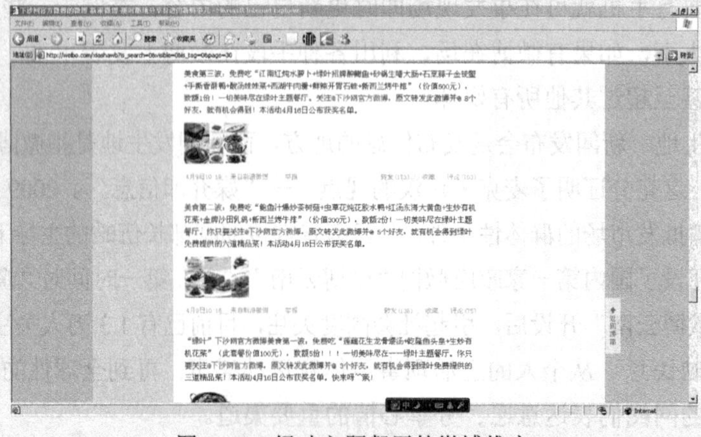

图 5-16　绿叶主题餐厅的微博推广

【思考】微博营销要想取得最佳效果应该怎么做？

【分析】微博营销要想提高营销效果，必须和论坛、视频推广等其他手段结合起来。

第四节 网络社区推广

随着 Web 2.0 技术的高速发展和社区应用的普及成熟，互联网正逐步跨入社区时代。从论坛 BBS、校友录、互动交友、网络社交等新旧社区应用，到社区搜索、社区聚合、社区广告、社区创业、社区投资等社区经营话题，都是业界关注的热点。

一、典型的网络社区

典型的网络社区有百度贴吧、天涯虚拟社区、猫扑大杂烩、西祠胡同、MySpace 交友社区等。

二、网络社区市场分析

1．目标受众的细分

当今的互联网正影响着每一个人的生活，而社区作为互联网上人与人之间一对多、多对多进行直接沟通的桥梁工具，则深刻地影响着人们的判断和选择行为。事实上，大量广告浪费并非因为广告创意不再产生作用，而真正的问题在于投放的广告没有锁定目标受众。而随着目前社区分类的不断细分，不同社区影响的人群也有所变化，实现了目标受众的细分。品牌、产品或服务一旦向相关匹配人群推出，就能更准确地传达到有相应需求的用户中去。

2．社区中心化特征显著

搜索引擎的发达也降低了互联网用户对门户网站的依赖，搜索引擎已成为网民最依赖的应用之一。搜索引擎的发达加速了社区市场的中心化。

3．口碑营销价值更大

互联网正在从“一对多”的信息传递模式，转变为“多对多”的信息传递模式。经验表明：随着互联网成熟度的提高，网民更乐意主动获取信息，年龄成熟、受教育程度高、网龄长的互联网用户更乐意通过社区获取信息。

分散在网上各个角落、种类繁多的网上论坛（BBS），则逐渐具备了媒体的特征和价值，从而引起了企业和营销界的关注和青睐。在社区里，每个人都作为一个实实在在的个体存在，对于所面对的信息可以作出自己的选择，不再像传统媒体那样，必须被动接受、强制阅读。同时，真实的人群在社区中也最容易产生有效的口碑。

4．由大众行销转向精确营销

互联网正从大众行销转向精确营销，从向受众广播转型至与受众互动沟通，密切关注用户的反馈，从而最终赢得真正的品牌口碑。社区能“人以群分”，从而为用户传达更准确的信息。同时，社区人群也容易产生有效的口碑宣传。

5. 传统广告价值逐渐降低，给社区广告带来机会

互联网的发展形态在发生变化的同时，价值也在产生着深刻的转移。具体而言，传统互联网媒体的广告投资回报率正在逐渐降低，广告效果已经大不如前。网络社区的快速发展以及社区搜索、社区广告等话题成为业界关注的热点，这无疑给网络社区媒体带来了机会，广告主的投放行为日趋理性，组合性投放、媒体的综合运用日渐成为主流。

三、网络社区推广的特点

1. 成本低

论坛营销多数时候属于论坛灌水，其操作成本比较低，考量的是操作者对话题的把握能力与创意能力，而不是资金的投入量。

2. 信息传播精准度高

不同的论坛是不同的兴趣相同者的聚合，所以企业选择某个特定论坛进行营销，其锁定的目标客户群都高度精准，较易达到营销效果最大化的目的。

3. 可信度高

与网络新闻传播一样，因为论坛营销往往是企业以伪身份发布信息，所以对网友来说，其发布的信息要比单纯的网络广告可信度高。

四、网络社区营销理念分析

网络社区针对性强、黏性高和互动性强等特点和优势决定了它具有非常高的营销价值，社区中的“意见领袖”们所发表的观点和经验，正自觉不自觉地影响着其他社区用户的消费理念和消费行为。基于此，社区也建立了相应的盈利方式，主要有广告收入、电子商务收入和相关增值业务收入。具体流程如图 5-17 所示。

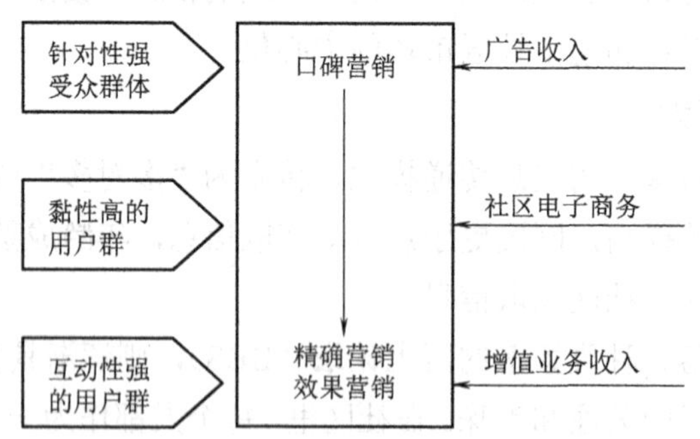

图 5-17 社区营销流程图

在策划网络社区营销时，要选取有趣、有一定质量、值得用户传递分享的话题。能够让用户主动去分享的内容一定具有轰动性、独特性、新奇性的特征，在这些内容上适当加入广告信息无疑也具有非常广泛的传播性。具体营销方法有很多，重点是在目标客户集中的论坛中利用“意见领袖”发有价值的帖子，进行企业网站或店铺的宣传推广，增加自己的人气。

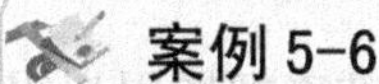 案例 5-6

PPG 衬衫的论坛推广（见图 5-18）

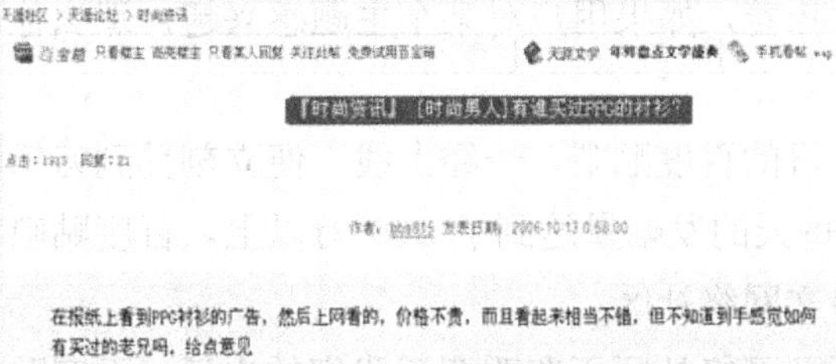

『时尚资讯』 [时尚男人]有谁买过PPG的衬衫？

在报纸上看到PPG衬衫的广告，然后上网看的，价格不贵，而且看起来相当不错，但不知道到手感觉如何
有买过的老兄吗，给点意见

图 5-18 PPG 衬衫的论坛营销

在这篇精心设计的“PPG 衬衫问题”的论坛帖之下，有许多人跟帖，其跟帖的意见都是正面的，从价格优惠、质量不错、设计时尚等各个方面对 PPG 衬衫进行褒奖。这些都属于企业论坛营销的自我操作，目的在于引导更多的消费者关注 PPG 衬衫，并对 PPG 衬衫产生好感。

【思考】成功的论坛营销需要具备哪些要素？

【分析】论坛营销要想取得成功，必须做到：

（1）选择对产品有针对性的论坛 最好是能直击目标客户群的论坛。比如你这个网站是做建材产品的，根据产品的特性，就应该找一些大的家居论坛。

（2）巧妙地设计好帖子的内容 帖子作为一个产品的信息传达的载体，成功与否取决于标题、主帖与跟帖 3 部分。一个成功的帖子不但要吸引网民的眼球，巧妙地传达产品信息，同时还要做到让网民完全感觉不到它是一个 AD（广告）帖。

1）标题。标题是一个帖子成功与否的关键，标题写得诱人不诱人直接影响帖子的浏览量。

2）主帖。当网友被标题吸引到主帖时，帖内容的质量直接决定着回复，因此在写帖内容时，可以把标题中有争议的场景展开，传达产品对用户的重要性或相关性。在回复设置悬念，产品信息传达也可发生在回复中，因此建议主帖只要把产品的信息进行简要叙述就可以，不需要加入太多的产品信息，避免引起网民反感。

3）回帖。回帖一般为网友对于产品的主观评论，当网民被标题、主帖吸引，查看回复时，那就是帖子“真实身份”曝光的时刻。评价过高会令网友察觉整个帖子的意图，影响产品传达的效果。因此，在写回复时要采取发散性思维，声东击西，为产品信息作掩护，将网友可能产生的负面情绪降到最低。

（3）及时有效地跟踪帖子 帖子发出后，如果后期不去跟踪维护，那么很快就会沉下去，尤其在人气比较旺的论坛，沉帖就不能起到营销的作用了，可见帖子的后期维护是多么重要。

五、贴吧推广

贴吧是一种基于关键词的网上主题交流社区。它与搜索紧密结合，能够准确把握用户需求，通过用户输入的关键词，自动生成讨论区，使用户能立即参与交流，发布自己感兴趣的话题的信息和想法。这就意味着，如果用户对某个主题感兴趣，那么他可以立刻在贴吧上建立相应的讨论区。

诞生于 2003 年 12 月 3 日的百度贴吧，一经上线，便立刻受到万千网民的追捧，现在百度每天新增贴吧 6000 个，每天的发帖量达到了 300 万以上。百度贴吧积累了大量的吧和用户，早已成为全球最大的中文网络社区。

以百度贴吧为代表的新型网络社区正在改变着我们的生活，百度贴吧正在成为网络营销的新战场：2006 年，百度通过贴吧、知道与惠普共同合作的社区营销——惠普 6515 手机的独家发布，使惠普在推广期后的两个月里取得销量提升 30%的卓越成效；其与标志 206 合作的社区营销大大改善了人们对这款经济型轿车的口碑。

贴吧营销的特点是：精准有效；流传互动；低成本、大影响。

图 5-19 是百度“索爱手机”吧，在这个贴吧中，有索爱手机的各种技术解释、使用感受、用户经验交流，无形中成为索爱与用户交流的一个民间博客。这对拉近索爱与用户的情感距离起到了极好的促进作用。

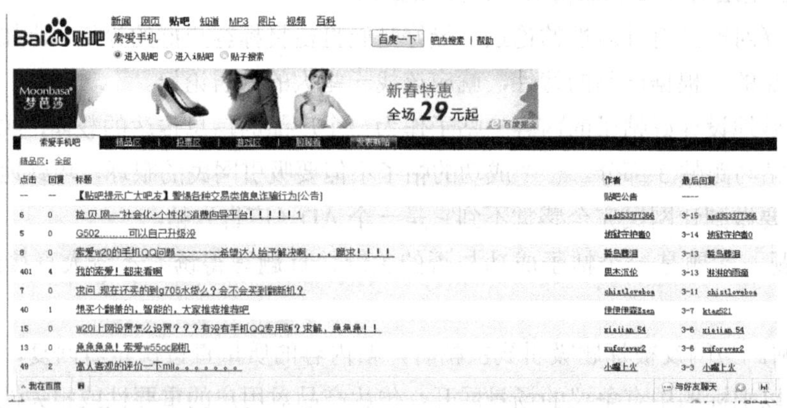

图 5-19　百度“索爱手机”吧

第五节　即时通信推广

即时通信推广又叫 IM 推广，是企业通过即时工具 IM（如 QQ 等）帮助企业推广产品和品牌的一种手段。一般有两种应用方式：

1）网络在线交流，即中小企业在建立网店或者企业网站时一般会设立即时通信在线，这样潜在的客户如果对产品或者服务感兴趣自然会主动和在线的商家联系。

2）企业通过IM营销工具发布一些产品信息和促销信息，或者可以通过图片发布一些网友喜闻乐见的表情，同时加上企业要宣传的标志。

IM作为互联网的一大应用，其重要性日益突出。最新调查显示，IM已经成为人们工作上沟通业务的主要方式，有50%的受调查者认为每天使用IM的目的是方便工作交流，49%的受调查者在业务往来中经常使用IM，以更便捷地交换文件和沟通信息。有数据表明，IM的使用已经超过了电子邮件的使用，成为仅次于网站浏览器的第二大互联网应用工具。

早期的IM只是个人用户之间信息传递的工具，而现在随着IM在商务领域内的普及，IM营销也日益成为不容忽视的话题。

IM营销的特点有：精准化传播，可以精确锁定目标客户群；形式新颖，更吸引年轻一族的关注；与一般性的网络广告相比，IM营销成本低廉。

对于一名网民来说，IM软件的账户几乎就是网络身份证，而中国作为世界上最大的IM软件市场，更是有着数目庞大的IM用户。

据权威调查显示，截至2013年第三季度，国内移动即时通信（ZM）累计账户数达1517亿个，活跃账户规模达到813亿个。中国排在前两名的IM软件分别为腾讯的QQ、阿里巴巴的阿里旺旺。拥有8.156亿活跃用户账户的腾讯QQ是当之无愧的IM王者。

淘宝网的成功带动了BtoB和BtoC等电子商务的快速发展，注册了阿里旺旺，不论是买东西还是卖东西，买卖双方都能够便捷地沟通，淘宝网的成功带来了阿里旺旺的成功。

与一般的营销传播手段不同的是，IM营销面对的都是朋友或者熟人，所以信息宣传的有效性与针对性毫无疑问将会大大加强。在一个商业信息泛滥的社会中，许多消费者对一般性的商业广告已经熟视无睹，但是对朋友圈中来自好友的信息还是比较愿意接受的——这正式诸多企业看好IM营销的主要原因所在。

案例 5-7

可口可乐火炬在线传递

成为奥运火炬传递手，几乎是每个中国人的梦想。然而，真正能实现这一夙愿的只是极少数人，对于绝大多数普通民众而言，传递圣火往往是可望而不可即的。而在线传递火炬的方式，成为他们表达心中奥运情结的一个极佳平台。可口可乐借着圣火传递之势，适时推出这一在线传递活动（见图5-20），不仅成就了普通网民传递火炬的梦想，也实现了其品牌自身的梦想。

图5-20 QQ火炬在线传

成为在线火炬手的方法很简单。未成为火炬手的QQ用户往往会受到已成为火炬手的QQ好友的邀请，点击接受邀请，就相当于接过了火炬。此时只要把手中的火炬传给另一个尚未参与火炬传递的QQ好友，就是已经完成了火炬传递的整个过程，并可以获得一个点亮的火炬图标作为标识。错过或尚未收到火炬传递要求的也没关系，可以通过登录火炬在线传递官网首页，在活动资格争夺区争夺火炬传递的资格。

和现实中的奥运圣火一样，网络火炬接力所到之处引来无数尖叫和沸腾，短短130天内，就有超过6200万人在网络上传递了圣火，引起了7600万人的竞相议论，产生了251万的讨论热帖，参与人数之多也创下了国内互联网营销的纪录。发起这场活动的可口可乐和腾讯，在短时间内成为互联网热议的焦点，品牌的知名度、美誉度得到了极大的提升。

【思考】可口可乐火炬在线传递活动为什么会吸引如此多网友参与？

【分析】找到营销的引爆点：

引爆点之一：以情感作为刺激点

奥运是2008年的主题和主旋律。每个人都是奥运的"粉丝"。每个人心中对奥运都存在某种憧憬，奥运自然也成了2008年各大企业营销的必谈主题之一。到底如何在眼花缭乱的营销世界中突围呢？可口可乐巧妙地选择了归属感作为情感刺激点，这种火炬传递的方式切合了网民希望自己能为奥运作贡献的愿望，使其产生满足感、自豪感，促使网民积极、主动地参与到活动中来。

引爆点之二：深入互动

同是以奥运为主题的营销活动，可口可乐并没有像其他企业那样仅仅停留在谈奥运的层次，而是有效地借助腾讯的网络平台，通过传递火炬的形式，让所有的网民都真实地参与到奥运中去。这种互动的参与比起简单的单向传播更能引起受众的兴趣，使活动快速、迅猛地向四周扩散开来。

引爆点之三：选择了正确的传播途径

在这次互动中，可口可乐选择拥有2亿多人口基数的腾讯QQ。QQ对于可口可乐而言，不仅其目标受众有相当高的契合度，而且QQ几乎已经成为中国网民，特别是年轻群体的生活必需品，成为其生活的一部分。这都证明可口可乐对传播媒体的选择十分恰当，而且互动又可以增加QQ门户的浏览量，使之赚足人气，可谓一举两得。

第六节　其他推广方式

一、网络事件营销

网络事件营销（Internet Event Marketing），是指企业通过策划、组织和利用具有新闻价值、社会影响以及名人效应的人物或事件，以网络为传播载体，吸引媒体、社会团体和消费者的兴趣与关注，以求建立、提高企业或产品的知名度、美誉度，树立良好品牌形象，并最终促成产品或服务销售的手段和方式。

由于网络事件营销这种营销方式具有受众面广、突发性强，在短时间内能使信息达到最大、最优传播的效果，能够为企业节约大量的宣传成本等特色，近年来渐渐成为一种国内外十分流行的公共传播与市场推广手段。它集新闻效应、广告效应、公共关系、形象传播、客户关系于一体，是为新产品推介、品牌展示创造机会，建立品牌识别定位，快速提升品牌知名度与美誉度的营销手段。其在公共和营销实践中塑造了许多成功案例，网络事件营销已成为营销传播过程中的一把利器，是企业低成本营销的绝佳方法，也是最快捷有效网络“造星”的手段。

网络事件营销的特点：小投入，大产出；影响面极广、关注度极高；可快速提升知名度。

案例 5-8

“封杀王老吉”

2008 年 5 月 19 日，一封让任何生产厂家看了都不免心惊的封杀帖——《让王老吉从中国的货架上消失！封杀它!》——出现在知名网络论坛天涯上，叫嚣着“封杀王老吉”，如图 5-21 所示。

图 5-21 “封杀王老吉”原帖

然而加多宝（凉茶王老吉的生产商）却稳操胜券。

帖子短短 50 多字，却引发了惊人的讨论、转载和点击量。3 个小时内百度贴吧关于王老吉的帖子就超过 14 万个，到 6 月 2 日，这个帖子的浏览量就已经超过 52 万，回帖多达 5000 多条，成为后来几乎是人尽皆知的名帖。

QQ 博客见图 5-22。

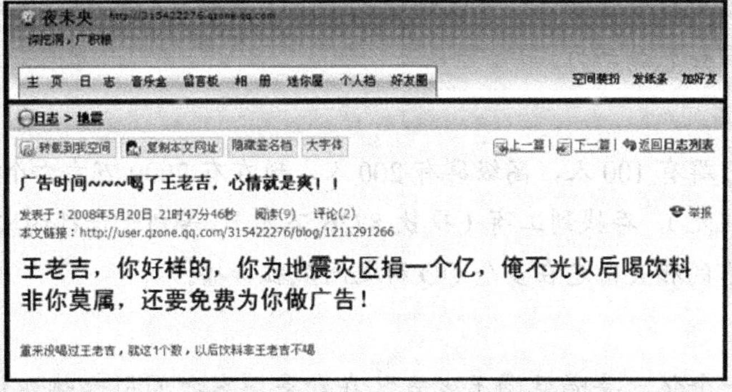

图 5-22 王老吉在 QQ 空间的推广

封杀帖写着“王老吉，你够狠，竟然捐一个亿”“为了‘整治’这个嚣张的企业，买光超市的王老吉！上一罐买一罐！”

王老吉，喜欢被“封杀”！

事情源于2008年5月18日晚央视举办的“爱的奉献——2008抗震救灾募捐晚会”，晚会上王老吉向地震灾区捐款1.4亿元人民币，创下国内单笔最高捐款额度，一时间名扬国内外。随后《王老吉捐款一亿元》的新闻迅速出现在各大网站上，成为人们关注的焦点。

次日，正当人们为王老吉的一亿元巨款大加赞赏之时，封杀帖惊现天涯，掀起“封杀巨浪”。一时间几乎各大网站和社区都能看到《让王老吉从中国的货架上消失！封杀它！》的帖子。这种反向营销，虽然题目打着醒目的“封杀”二字，但读过帖子的网友都能明白，这并不是真正的封杀。

紧随其后则有《捐款就捐一个亿，要喝就喝王老吉!!!》《今年过节不收礼，收礼只收王老吉》等帖，在这种热情的煽动之下，网民们将“要买得王老吉在市场脱销，加班加点生产都不供不应求”“让王老吉从超市消失，有一罐买一罐”的呼吁，转变成了真金白银的采购行动。他们认为，自己的购买实际是在间接地向地震灾区捐献一份爱心。

数日后，网上出现了王老吉在一些地方卖断货的传言。至此，恐怕王老吉想不火也不行，想不被“封杀”都不行。

“封杀王老吉”的创意营销传播是一次严密的网络传播案例，在这个事件的背后，离不开多渠道的话题传播。

1．论坛推广

在王老吉的地震网络推广中，网络推手不断制造引人注意的话题，如“彻底封杀王老吉”等，输入“封杀王老吉”，可以找到相关帖子741000篇。

2．贴吧推广

百度贴吧在“超女”之后，成为最大的中文社区。王老吉也如“超女”一样成为贴吧明星，在百度贴吧中搜索王老吉，可以搜索到16171篇相关的帖子，网络推手不断发帖，大量地回复，富有强烈煽动力。

3．QQ群推广

一个普通QQ群有100人，高级群有200人，现在有2000万左右个QQ群。“以后喝王老吉（捐款一亿元），存钱到工商（捐款8726万元）”等易于传播的文字在QQ群的快速传播，让王老吉的相关信息在多个QQ群之间疯狂传播。

4．博客推广

“要捐就捐一个亿，要喝就喝王老吉”在众多博客之间引起热烈讨论，如图5-23所示。

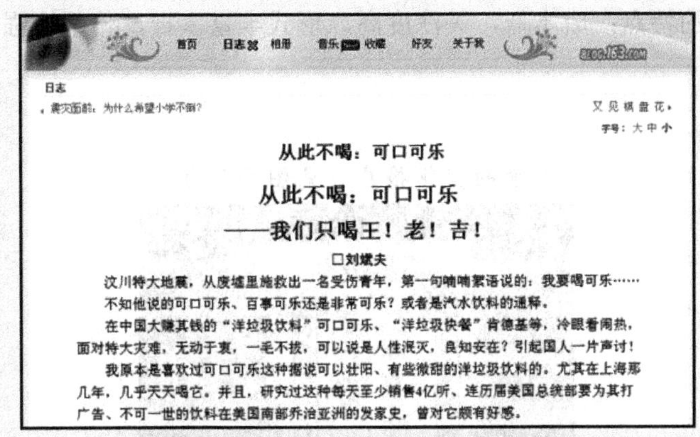
首页　日志　相册　音乐　收藏　好友　关于我

日志

，震灾面前：为什么希望小学不倒？

又见棋盘花，

字号：大 中 小

从此不喝：可口可乐

从此不喝：可口可乐

——我们只喝王！老！吉！

□刘斌夫

汶川特大地震，从废墟里施救出一名受伤青年，第一句喃喃絮语说的：我要喝可乐……不知他说的可口可乐、百事可乐还是非常可乐？或者是汽水饮料的通释。

在中国大赚其钱的“洋垃圾饮料”可口可乐、“洋垃圾快餐”肯德基等，冷眼看闹热，面对特大灾难，无动于衷，一毛不拔，可以说是人性泯灭，良知安在？引起国人一片声讨！

我原本是喜欢过可口可乐这种据说可以壮阳、有些微甜的洋垃圾饮料的。尤其在上海那几年，几乎天天喝它。并且，研究过这种每天至少销售4亿听、连历届美国总统都要为其打广告、不可一世的饮料在美国南部乔治亚洲的发家史，曾对它颇有好感。

图 5-23　王老吉在网易博客的推广

5．媒体关注

新闻报道王老吉捐出一亿元后，这一消息立刻成为众多网络媒体的关注热点，而加多宝公司在网络上的推广活动也不断地促进网络媒体的报道，不断给传统媒体提供素材。

【思考】“封杀王老吉”为什么能够取得相反的营销效果？

【分析】“封杀王老吉”事件创意三原则：

（1）成功借势　汶川地震之后，全国人民都对企业捐款奉献爱心非常关注，在当时“比富（比谁捐款多）”的大舆论背景下，大部分企业都是捐赠几百万元，王老吉一出手就是一亿元，毫无疑问是一鸣惊人的。

（2）有效策划　网友是单纯的，也是容易被煽动的。王老吉捐款一个亿的“壮举”在接下来的几天里迅速成为各个论坛、博客讨论的焦点话题。但是话题是分散的，需要一个更强有力的话题让这场讨论升级。于是“封杀王老吉”成为由赞扬到付诸实际购买行动的号令。创意本身契合当时网友的心情，使得平日里可能会被人痛骂为“商业帖”的内容一下子成了人人赞誉的好文章。

（3）持续推动　任何一个创意营销传播话题要最终变成现实的营销拉动力，都必须使话题得到持续关注，并且不断扩散。

二、网络视频（播客）营销

网络视频营销就是通过网络视频对产品优势或者企业实力进行介绍，或者用故事演绎的方式来宣传产品或品牌的特点。

据最新的调查显示，截至 2013 年 12 月，我国网络视频用户规模达 4.28 亿，相当于每 2 个网民中就有 1 个网络视频用户。跨国公司，如可口可乐、帝亚吉欧和联合利华等都加入了网络视频营销大军——这些网络视频能够带来数百万的观众，但是成本却比在电视节目中投放广告低得多。如百度唐伯虎系列小电影没有投入任何推广费用，却换来 2000 万人的传播效应，让“百度更懂中文”深入人心，这个成功案例也鼓舞了许多企业跃动的心。

网络视频营销的特点：成本低，关注度高，形式丰富多样，传播性强。

案例 5-9

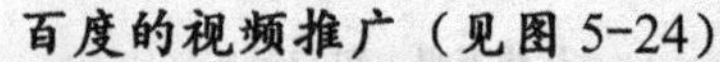

百度的视频推广（见图 5-24）

图 5-24 《百度，更懂中文·唐伯虎篇》视频

为了树立自己的品牌地位，也为了阻击对手的逼近，百度决定策划一次独特有效的营销传播战役，在传递自己优势的同时，也能够有效地打击对手谷歌的软肋——这就是《百度，更懂中文·唐伯虎篇》网络小电影的“病毒”式传播。

百度知道网络视频营销最重要的是培育有吸引力的“病原体”，也就是好的、有价值的、能广为传播的内容，这些内容要能够在最短时间内吸引观众的关注度与兴趣点。

《百度，更懂中文·唐伯虎篇》是在一种周星驰式的风格中展开的，面对一张中文告示，风流才子唐伯虎三度通过分词断句，将女“粉丝”从一个自以为懂中文的洋人身边全部抢夺过来，最后连他最亲密的女朋友也被唐伯虎征服，最后该洋人被气得吐血。

《百度，更懂中文·唐伯虎篇》在网络上播出之后引起了轰动，网民疯狂的转载使得这个短片成为网络的热议话题，百度的知名度迅速飙升，消费者对百度品牌的认知度也大幅度提升。来自艾瑞咨询的市场研究结果表明，在百度、谷歌、雅虎、搜狐等多个品牌宣传的信任度排名中，百度的“百度，更懂中文”更受到他们的信赖，有超过七成的消费者认同这一品牌形象。

【思考】百度的视频为什么能吸引年轻人的注意力？

【分析】这种恶搞的表达形式，很符合年青一代网民的口味，一下子击中了他们的心理特点，因此近一个月就拥有了超过 2000 万的点击量。百度短片中诸多元素构建，诙谐之余也极具意趣。它完全符合“病毒”式传播的第一定律：传播对用户有价值的东西。

三、维基推广

1．维基的概念

维基译自英文 Wiki，原意为“快点快点”。它其实是一种新技术，一种超文本系统。这种超文本系统支持面向社群的协作式写作，同时也包括一组支持这种写作的辅助工具。这是多人协作的写作工具，而参与创作的人，也被称为维客。

2003 年左右，Wiki（维客）开始进入中国，一些维客网站已在国内出现，但当时更多地借鉴和模仿了国外的维基百科（Wikipedia），不论是网站构建架构还是经营理念上，都与维基百科非常相似。2007 年，维客在中国进入了多元化发展的一年。在国内有了一些通过维客协同完成的新型项目，如使用互动维客的 HDWiki 开源软件编写的中文协作小说等。人们对维客的参与热情不断增长。随着开源软件的推广和人们尤其是企业对维客认识程度的增加，通过维客软件构建企业级的知识管理系统等服务将逐渐成熟。

2．Wiki 在电子商务中的应用模式

Wiki 应用模式如图 5-25 所示。

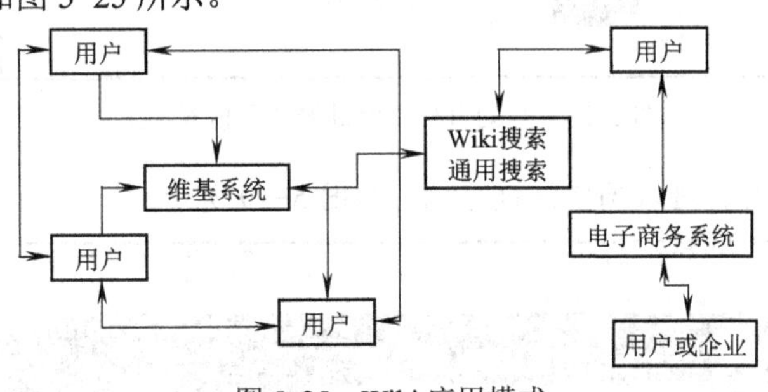

图 5-25　Wiki 应用模式

案例 5-10

HDWiki 互动百科营销体验

1）HDWiki 互动百科首页如图 5-26 所示。

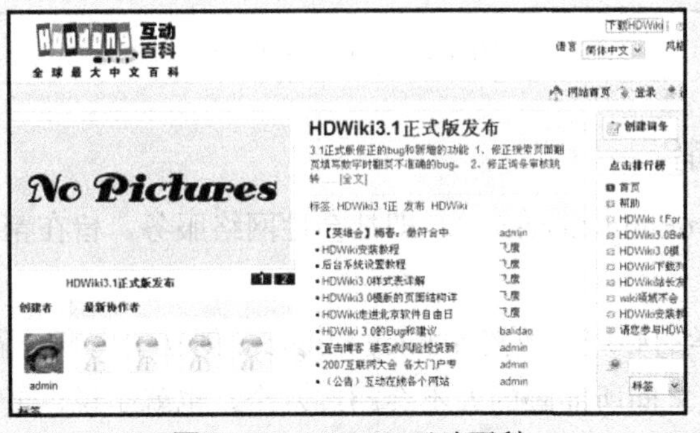

图 5-26　HDWiki 互动百科

2）查找“保健滋补”词条，显示搜索结果，如图 5-27 所示。

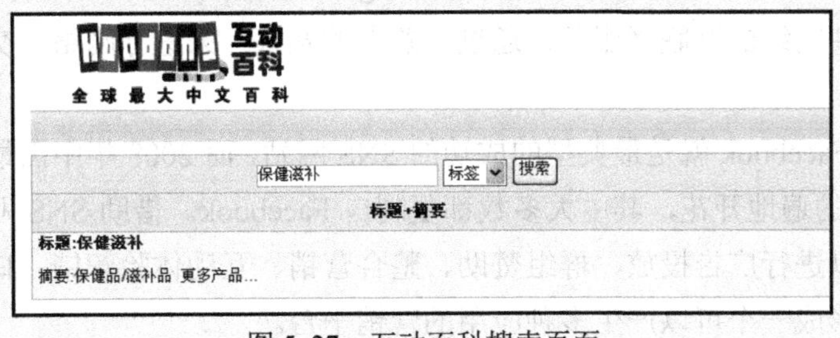

图 5-27　互动百科搜索页面

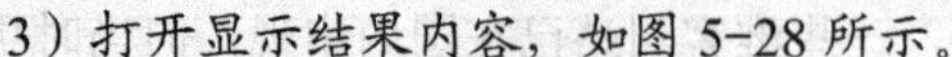

3）打开显示结果内容，如图 5-28 所示。

图 5-28　互动百科“保健滋补”搜索结果

4）点击产品图片，进入淘宝链接店铺，如图 5-29 所示。

图 5-29　淘宝店铺信息

四、SNS 网络营销

SNS（Social Networking Services），即社会性网络服务，旨在帮助人们建立社会性互联网应用服务。

1967 年，哈佛大学的心理学教授 Stanley Milgram 创立了六度分隔理论，简单地说就是：“你和任何一个陌生人之间所间隔的人不会超过六个，也就是说，最多通过六个人你就能够认识任何一个陌生人。”按照六度分隔理论，每个个体的社交圈都不断放大，最后成为一个大型网络，这是对社会性网络（Social Networking）的早期理解。后来有人根据这种理论，创立了面向社会性网络的互联网服务，通过“熟人的熟人”来进行网络社交拓展，这就是所谓的 SNS 网络。

风靡美国的 Facebook 就是最典型的成功的 SNS 网站，而 2008 年中国最火爆的互联网现象就是 SNS 网站的遍地开花，其中大多数都复制自 Facebook。借助 SNS 网站对用户资源进行开发，进而可以进行广告投放、群组赞助、整合营销、互动体验营销、口碑营销、虚拟物品的买卖，从而形成一个可以产生多种应用的营销平台。

SNS 网络营销的特点是：体验式营销优势明显；口碑传播速度极快；信息再传播性极强。

案例 5-11

开心网（见图 5-30）

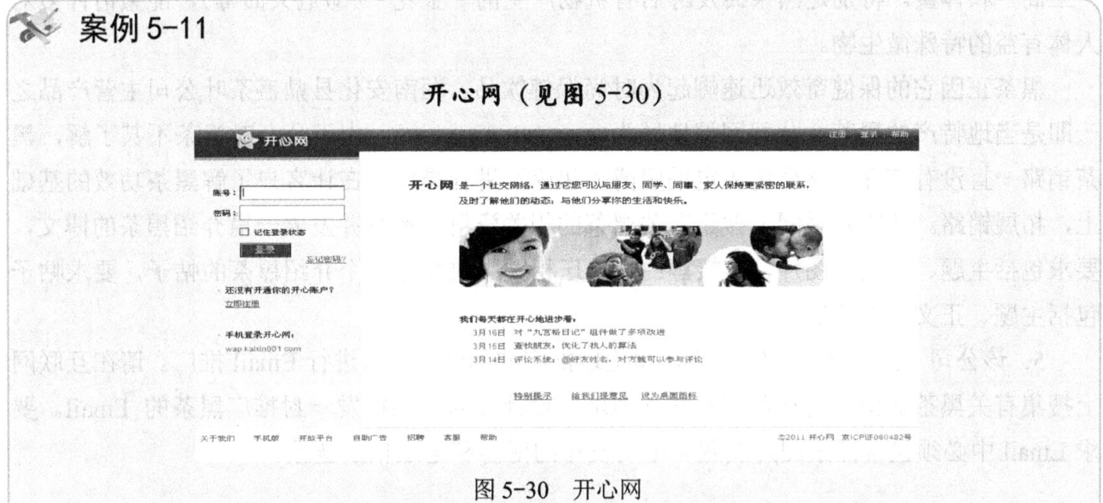

图 5-30 开心网

2008 年，一个叫做开心网的游戏网站红遍中国，通过买卖好友、抢车位之类的小游戏插件，开心网在短短几个月的时间内网罗了一大批白领用户。许多著名的品牌也开始展开嵌入式营销，手机、汽车、楼盘等一大批著名品牌的产品，在开心网随处可见，用户通过虚拟货币就可以虚拟拥有产品，提前体验产品使用的感觉。网上甚至开始流传一句话：“如果你没有上过开心网那你一定没有跟上潮流。”

在开心网上网友通过玩游戏增进同事、朋友之间的交往，拓展自己的圈子，而共同的圈子构成了一定程度的黏性，最终把网友变成开心网的资源。而开心网则对用户资源进行开发，进而可以进行广告投放、群主赞助、整合营销、互动体验营销、口碑营销、虚拟物品的买卖，使之成为一个可以产生多种应用的平台。开心网的流行让所有人开始认识到 SNS 的威力。

【思考】除了开心网，你还能举出哪些 SNS 类型的网站？

思考和练习

1．简述许可 Email 营销的实施过程。

2．结合本章所学谈一谈成功论坛营销的要素有哪些？

3．微博作为一种新兴的网络推广工具，有些什么特点？

4．黑茶是中国独有的茶类，其特点是经发酵制成，并随储存“陈化”而提升品质，具有良好的保健功效和收藏价值。中国黑茶主产于湖南、四川、湖北、云南、广西，分别被称为湖南黑茶、四川黑茶、湖北老青茶和滇桂黑茶。成品黑茶，色泽油黑，汤色橙黄如琥珀，口感浓醇。

黑茶具有降脂、减肥、暖胃、清理肠道等多种功效，对人体健康有利，常喝黑茶能控制“三高”和体重。特别是黑茶砖发酵后有机物产生的“金花”（即冠突曲霉），能繁衍许多对人体有益的特殊微生物。

黑茶正因它的保健奇效迅速崛起为时尚保健饮品。湖南安化县鼎盛茶叶公司主营产品之一即是当地特产的黑茶，公司网站地址为www.anhuatea.com。由于公众对黑茶不甚了解，黑茶销路一直没有打开。该公司决定采用博客和论坛进行推广，在让客户了解黑茶功效的基础上，拓展销路。请在互联网上搜集有关黑茶的相关资料，撰写并发表一篇介绍黑茶的博文，要求包括主题、正文、图片、链接等；在论坛相关版块发布一个介绍黑茶的帖子，要求帖子包括主题、正文、图片等。

5．该公司（接上题）决定在博客和论坛推广的基础上，再进行 Email 推广。请在互联网上搜集有关黑茶的图片资料及客户邮件地址，设计并向他们群发一封推广黑茶的 Email。要求 Email 中必须包含黑茶图片及题 4 中所发布的博客和论坛帖的链接。

第六章

电子商务物流

知识目标

1. 了解并掌握电子商务物流的概念。
2. 了解电子商务与物流的关系。
3. 了解电子商务物流的基本要素。
4. 掌握电子商务物流的模式。
5. 了解电子商务物流技术的应用。

技能目标

1. 会选择电子商务物流模式。
2. 会使用电子商务物流技术。

导入案例

母亲节那天，正好也是张淑母亲的生日，如此重要的节日，张淑想送给母亲一件心仪的礼物，以表达自己的心意，可她母亲远在北京。近几日自己又恰好被领导叫去办公室加班，无奈之余，坐在办公桌前，她想到了互联网。张淑开始搜索网上花店，她访问了好几家花店的网页，终于选中了她要为妈妈买的花束，张淑填写了一张在线订单，并通过网上银行付了款，下班后，张淑就接到了母亲打来的电话，鲜花已经收到了。

【思考】这笔网上交易能够成功实现，最关键的环节是什么？假如你是这家花店的职员，面对越来越多的网上订单，你打算如何做好？

第一节 电子商务环境下的物流与物流管理

电子商务时代，由于企业销售范围的扩大，企业和商业销售方式及最终消费者购买方式的转变，使得送货上门等业务成为一项极为重要的服务业务，促使了物流行业的再一次兴起。物流行业作为一个包括运输配送、仓储保管、分装包装、流通加工等工作流程的能提供完整物流机能服务的行业，涉及仓储、运输、装卸搬运、配送、流通加工等部门。同时，信息化、全球化、多功能化和一流的服务水平，已成为电子商务下的物流企业在管理中所追求的目标。

一、物流的产生及其含义

关于物流的理解和认识，是一个不断深化和日益丰富的历史进程。

关于物流活动的最早文献记载是在英国。1918 年，英国犹尼利弗的哈姆勋爵成立了“即时送货股份有限公司”，旨在全国范围内把商品及时送达到批发商、零售商和用户手中。

第二次世界大战（以下简称二战）期间，美国首先采用了“物流管理”（Logistics Management）这一名词，并对军火的运输、补给、屯驻等进行全面管理。“物流”一词被美国人借用到企业管理中，被称作“企业物流”（Business Logistics）。从此以后，“物流”概念在全世界范围得到了广泛应用。

二战以后，西方经济进入大量生产、大量销售的时期，降低流通成本的矛盾引人注目，实物分配（PD）的概念更为系统化。20 世纪 50 年代 PD 的概念在日本被译为“物的流通”，日本著名学者、被称为“物流之父”的平原直这样定义物流：“物质资料从供给者向需要者的物理性移动，是创造时间性、场所性价值的经济活动。从物流的范畴来看，包括包装、装卸、保管、库存管理、流通加工、运输、配送等诸种活动。”

1986 年美国物流协会所下的物流定义是：“以适合于顾客的要求为目的，对原材料、在制品、制成品及与其关联的信息，从产出地点到消费地点之间的流通与保管，为求有效率且最大的‘对费用的相对效果’而进行计划、执行、控制。”

20 世纪 90 年代以来，现代高新技术发展迅速，对企业生产经营活动产生了积极推动作用，进入了信息经济、知识经济时代，关于物流的认识正由于多种因素的共同影响，呈现出更丰富的发展态势。

1996 年台湾物流协会拟定的物流定义是："物流是一种物的实体流通活动的行为，在流通过程中，透过管理程序有效地结合运输、仓储、装卸、包装、流通加工、资讯等相关物流机能性活动以创造价值，满足顾客及社会性需求。"

1998 年《中国现代物流研究》指出："物流中的'物'指一切可以进行物理性位置移动的物质资料。""物流中的'流'，是指物理运动。这种运动也称之为位移。"

1998 年，美国物流管理协会为了适应物流的发展重新修订了物流的定义："物流是供应链过程的一部分，是以满足客户需求为目的的，为提高产品、服务和相关信息从起始点到消费点的流动储存效率和效益而对其进行计划、执行和控制的过程。"

1999 年，联合国物流委员会对物流作了新的界定：物流是为了满足消费者需要而进行的从起点到终点的原材料、中间过程库存、最终产品和相关信息有效流动和存储计划、实现和控制管理的过程。现代物流是指"物"在一定的时间内的空间移动以及在物的移动过程中动态及静态的管理。这个定义强调了从起点到终点的过程，提高了物流的标准和要求，确定了未来物流的发展，较传统的物流概念更为明确。

还有一些专家提出了物流的 7R 定义，认为物流就是"在恰当的时间、地点和恰当的条件下，将恰当的产品以恰当的成本和方式提供给恰当的消费者"。在该定义中，用了7 个恰当（Right），故称作 7R。该定义揭示了物流的本质，有助于我们对物流概念的理解。

不论上述对物流概念的具体理解有何差异，但是有一点认识是共同的，即物流不仅包括原材料、产成品等从生产者到消费者的实物流动过程，还包括伴随这一过程的信息流动。因此，我们可以将物流定义为：物流是指为满足用户需求而进行的原材料、中间库存、最终产品及相关信息从起点到终点间的有效流动，以及为实现这一流动而进行的计划、管理、控制过程。

二、物流价值的发现和再发现

最近，"物流"这个词在媒体中出现的频率越来越高，许多国外企业在进入我国市场之前多方探寻中国的物流服务情况和物流环境情况，许多国内的企业开始认识到物流对于降低企业生产成本和企业战略发展的重要性，在企业内建立物流管理系统和在企业内部增加"物流"结构。一时间，人们对物流价值似乎有新的发现，使物流在国内的热度升高。从国际范围来讲，物流价值已经有 7 次重要发现：

第一次价值发现可以称之为物流系统功能价值的发现。在第二次世界大战期间，美国在军队中采用了托盘、叉车的后勤军事系统，这个系统贯穿了军事物资从单元组合（集装）的装卸活动——高效连贯地搬运、运输、储存、再运输搬运开始，直到按指定军事目标到达目的地为止的整个过程，有效地支撑了庞大的战争机器。这就促使人们认识到物流作为一种系统的活动能够实现以往由许多活动才能完成的各项功能，使人们认识到物流系统功能的价值。

第二次价值发现可以称之为物流经济活动价值的发现。第二次世界大战以后，大量军事技术和军事组织方式转移到民间活动中去，物流系统的思想方法、相关技术、相关管理方式实现了“军转民”，取得了成功。这就使人们认识到，物流不仅有非常重要的军事价值，而且也具备非常重要的经济活动价值，可以在经济界广泛地采用，可以为企业增加一些新的管理思想和结构模式。第二次世界大战以后，价值工程、物流等在战争期间形成的形态，都成功地实现了向经济领域的转移，从军事活动的价值转变为经济活动的价值。

第三次价值发现是物流利润价值的发现。第二次世界大战以后，主要国家的经济发展面对的是一个“无限的市场”，只要能够快速、顺利地实现产品向用户转移就能够获取利润。企业界采用物流技术和物流管理方式之后，能够有效地增强企业的活力，提高企业的效率和效益，从而增加企业的利润。在产业革命以后，经济领域对于人力、原材料这两个利润源泉挖掘已经有了100多年的历史，虽然在现代社会中仍然可以用新的方式来开发这两个利润源泉，但寻找新的利润源泉变得更为迫切。物流作为“第三个利润源泉”就是在这种情况下被发现的。

第四次价值发现是物流成本价值的发现。20世纪70年代初，世界爆发了“第一次石油危机”，实际上是以石油为首的能源、原料、材料、劳动力价格的全面上涨。传统的第一、第二利润源泉已经变成了企业的成本负担，在这种情况下，人们发现物流领域有非常大的降低成本的空间。企业和经济界对物流系统技术和现代物流管理方式的有效利用，大大缓解了原材料、能源、人力成本上扬的压力，从而使人们认识到，物流还具备非常重要的降低成本的价值。物流的这一价值的发现，大大提高了物流在国际上的声誉。石油危机期间，许多经济学家预言的全世界的长期的经济衰退并没有出现，这和经济领域中成功地发掘物流的降低成本价值有相当大的关系。

第五次价值发现是物流环境价值的发现。物流系统的开发、物流合理化的广泛推行和系统物流管理的普遍实施，能有效降低成本，还能够在合理、节约使用物流设备的情况下完成资源配置任务；物流系统化以后，物流装备可以得到全面的、系统的开发，装备的效率大大提高而同时装备的能耗大大降低。这些努力汇集起来之后，人们惊喜地发现，物流对改善环境、降低污染、实施可持续发展有重大作用，这就使受现代城市病之苦的许多工业化城市对用物流这种系统经济形态来改善分立的、混乱的交通，减少交通阻塞、运输损失，降低污染，改善企业外部供应环境格外重视。

第六次价值发现是物流对企业发展战略价值的发现。这个发现实际上是对物流服务价值的发现。20世纪七八十年代之后，企业普遍从过去那种狭窄的、近期的、微观的视野，从当前的利益和成本考虑转向了长期的、战略性的发展的考虑。这个长期的、战略性的发展有两个非常重要的支持因素：一个支持因素是在现代信息技术支撑下建立的稳定的、有效的“供应链”，以增强企业的本体能力；另一个支持因素就是贴近用户的服务，而这个服务是远远超出所谓售后服务水平之上的全面贴近用户的服务。在物流领域里面出现了广泛配送方式、流通加工方式以及更进一步的“准时供应系统”“即时供应系统”“零库存系统”等，这些都成功地使企业获得了取得更长远的战略发展的能力。

第七次价值发现是物流对国民经济价值的发现。1997 年东南亚爆发了经济危机，危机过后，人们在分析和总结东南亚各国和各地区的情况时发现，以物流为重要支柱产业的新加坡、中国香港有较强的抗御经济危机的能力。例如，1998 年受金融风波影响较大的马来西亚经济增长为-6.8%，泰国为-8%，东盟为-9.4%，与之相比较，中国香港的情况比较好，为-5.1%，而新加坡当年实现了 1.5%的正增长。这个发现非常重要，它的重要性在于，物流不仅对于微观企业有非常重要的意义，而且对于国家经济发展也有非常重要的意义。物流作为一个产业，在国民经济中的地位也是非常重要的，它能够起到完善结构、提高国民经济总体质量和抗御危机的作用。

三、电子商务下物流的特点

电子商务活动过程中的任何一笔交易，都是由 4 种基本的"流"，即信息流、商流、资金流、物流所组成。开展电子商务活动时，前 3 种流的活动都可以通过计算机和网络通信设备高效率实现，在某种意义上可以说，整个生产过程实际上就是系列化的物流活动。只有合理化、现代化的物流活动，才能优化库存结构、减少资金占压、缩短生产周期、不断降低生产费用、保障现代化生产的高效进行，从而为实现电子商务活动提供基本的保证。电子商务下的物流具有如下特点：

1．技术性

电子商务是现代通信技术、信息技术和网络技术发展的产物。电子商务时代，企业物流为了适应电子商务的发展，必须积极采用现代科学技术，全面改造和提升企业物流的技术能力，这必然反映出技术性特征。

1）企业物流的技术性表现为物流信息化，具体包括物流信息的商品化、物流信息收集的数据库化和代码化、物流信息处理的电子化和计算机化、物流信息传递的标准化和实时化、物流信息存储的数字化等。以物流系统信息化为基础的现代先进技术如条码技术、数据库技术、电子订货系统、电子数据交换、快速反应及有效的客户反馈、企业资源计划等技术与观念将广泛地应用于物流领域。

2）企业物流的技术性表现为物流自动化。物流自动化的核心是机电一体化，外在表现是无人化，效果是省力化，可以扩大物流作业能力，提高劳动生产率，减少物流作业的差错，具体包括条码/语音/射频自动识别系统、自动分拣系统、自动存取系统、自动导向车、货物自动跟踪系统等。

3）以信息化、自动化为基础，企业物流的技术性还表现为物流智能化。物流作业过程大量的运筹和决策，如库存水平的确定、运输路线的选择、自动导向车的运行轨迹和作业控制、自动分拣系统的运行、物流配送中心经营管理等方面均需借助大量的现代管理和技术知识，以建立和完善物流专家系统和物流机器人系统，实现物流智能化。

2．服务性

服务性作为现代企业物流的本质特征，在电子商务发展过程中表现得更加突出。企业物流的服务性主要表现为物流柔性化和物流增值性。物流柔性化是企业物流系统在为企业生产经营活动服务，为物流客户服务的过程中，本着“以需求为导向，以顾客为中心”的经营理念而提出的。物流柔性化就是根据企业物流需求的变化来重组物流资源，科学设计物流系统，灵活安排物流作业。物流柔性化必须适应现代生产发展的弹性制造系统、计算机集成制造系统、制造资源系统、企业资源计划以及供应链管理的概念和技术，不断创新和发展物流系统的服务方式。物流增值性就是企业物流系统提供的物流，通过降低成本费用及创造时间、空间效应，促进了生产经营过程中商品和服务价值的实现和增值。

3．系统性

在电子商务发展影响下，企业物流的系统性特征充分地表现为物流运作的系统化和物流管理的系统化。首先，企业物流运作必须以系统的思想来设计和安排物流运作的作业体系，把多种物流资源和物流功能要素合理地组合起来，形成一个高效运行的作业体系；同时，需要广泛采用现代先进设施设备和技术手段，不断完善和优化物流运作系统，以适应电子商务的发展需要。其次，企业物流管理必须以系统优化为目标，以现代供应链管理的思想和技术全面整合物流管理资源，系统思考和统筹解决物流管理的决策问题，实现物流系统化管理。

4．协作性

电子商务的发展通过更大空间范围、更快时间速度改变了市场交易方式，改变了市场经济的竞争模式。企业物流发展与之相适应表现出协作性特点。企业物流的协作性，首先表现为物流系统内部协作即物流系统各部门、各环节以及各功能要素之间为了实现共同的目标而产生的协作，是物流运行效率的基础。企业物流的协作性，其次表现为物流系统外部协作。从供应链思想来看，企业物流系统只是整个供应链的一个部分，为了创造供应链整体价值，顺利完成供应链运动过程，就需要参与供应链的各个部分能够相互配合、共同努力，进行广泛的协作。

5．生态性

企业物流的生态性特征表现为物流资源的可持续发展和物流绿色化。企业物流活动需要耗费物流资源，在电子商务时代，由于改变了交易方式和过程，为实现物流资源合理化创造了条件，从而能充分降低物流资源耗费。企业可通过供应链管理新概念和新技术的应用，不断创新物流发展模式，实现物流资源的可持续发展。同时，电子商务发展为绿色物流发展提供了机遇。绿色物流就是以绿色环保思想为指导，广泛应用绿色技术设备，对绿色商品实行绿色储存、绿色运输和绿色包装的物流运作和物流管理新模式。

四、电子商务物流管理

1．物流管理的定义

物流管理（Logistics Management），是指在社会再生产过程中，根据社会物质实体流动的一般规律，应用管理的基本原理和科学方法，对物流进行计划、组织、指挥、协调和控制的活动过程。物流管理的基本目的就是实现物流活动的优化与协调，以降低物流成本，提高物流效率和经济效益。物流管理主要包括：对物流活动诸环节的管理，如对运输、库存和包装等环节的管理；对物流系统诸要素的管理，如对人、财、物和信息等要素的管理；对物流活动中具体职能的管理，如对物流活动的计划、质量、技术等职能的管理。

2．物流管理的发展过程

（1）功能化物流管理　运输、仓储、包装等物流的功能是在生产活动和社会经济活动中产生的，通常被作为生产经营活动过程的辅助环节来完成特定的功能，相互孤立地处于生产经营活动的从属地位。在物流概念形成之前，人类社会在产品交换行为中已经存在着广泛的物流活动，由于社会生产力发展，产品交易市场空间扩大，整个生产销售活动中的运输、储存和包装等功能性物流活动得到关注。但是，物流管理处于分散的、单一功能的组织与管理状况。

（2）系统化物流管理　由于社会生产力水平提高，管理理论的发展，物流管理逐渐由单一功能的分散管理发展成将物流活动看成一个完整的系统进行的组织与管理。系统化物流管理，就是指为了实现企业确定的物流系统的目标，提高向消费者和用户供应商品的效率，而对物流系统进行计划、组织、指挥、协调和控制的活动。它追求在适宜的时间，以所期望的服务水准和最低的成本将原材料和产成品配置到指定的场所。其特征是依据企业的经营战略，将存在于企业生产经营全过程中的物资流动作为一个有机整体加以管理，以实现经营效益的最大化。系统化物流管理就是将与生产经营活动过程相关的原材料、在制品，零部件的流动和保管、制造支援以及销售物流加以整合的全过程管理。

运用系统化思想指导企业物流管理，一般分成3个阶段：①系统研究，包括研究分析企业物流资源状况，各物流相关因素的关系以及企业物流存在的关键性问题，提出企业物流管理目标；②系统性设计，为企业物流设计合理的系统方案并进行深入科学的系统论证；③系统应用，采取切实可行的物流管理办法，实现物流系统化运作的最优状况。

（3）集成化物流管理　集成化物流管理就是实体供应管理、制造支持管理与实体分销管理的系统集成，包括从原材料、零部件等实体供应开始，通过生产加工过程的制造支持和产品实体分销链，直到将产成品送到最终用户手中为止的实物流动的全过程，主要包括功能集成、内部集成和外部集成。

1）功能集成。功能集成是指实现相关功能的集成化管理，即用实体供应管理、制造支持管理和实体分销管理来替代各单个物流活动（如采购、运输、仓储等）的分散管理。实体供应管理包括采购管理与物料控制，需要制订物料需求计划，优选供货渠道，并实现订货、购进运输、收货、验收、仓储、搬运的集成化管理。制造支持管理包括生产计划与在制品库存控制，需要制订主生产计划，实现在制品搬运、储存、厂内运输的集成化管理。实体分销管理包括产成品销售与配送管理，需要进行需求预测，实现订单处理、成品库存控制、保护性包装、搬运、配送、顾客服务改善的集成化管理。

2）内部集成。内部集成是指将实体供应、制造支持、实体分销作为一个完整系统的物流过程，实现其集成化管理，以使企业的物流活动得到有效的控制。

3）外部集成。外部集成是指在内部集成的基础上，将集成范围扩展到企业外，实现企业与供应商、顾客的集成化管理。外部集成特别注重建立企业与外部供应商、顾客之间战略合作伙伴关系，管理的焦点是要以面向供应商与顾客取代面向产品，通过加强相互间的协调与合作，进一步降低成本，减少风险，优化配置总体资源，提高整个集成化系统的运作效率，以获取更大的整体竞争优势。

（4）网络化物流管理　企业物流管理在现代信息技术和网络技术的支持下，能够整合企业内外各种物流资源，实现跨行业、跨区域的网络化物流管理，核心基础就是物流供应链管理。所谓供应链是由涵盖不同过程中活动的上下游企业链接而成的组织化网络，这个网络的功能就是开发双向最终客户交付产品和服务的价值。网络化物流管理就是对供应商和客户的上下游关系的管理以及对与此相关联的物流功能、物流资源、物流组织等进行管理，并以整个网络的最小总成本向客户提供最大的价值，主要包括：

1）网络化物流管理是对互动界面的管理。供应链管理是对存货流动（包括必要的停顿）中的商务过程的管理，是对关系的管理，具有互动的特征。现代物流管理必须对供应链中所有关键的商务过程实施精细的管理、需求管理、订单执行管理、制造流程管理、采购管理和新产品开发及其商品化管理等。企业物流的网络化管理过程还包括从环境保护理念出发的商品回收渠道管理。

2）网络化物流管理是对物流战略的管理。在企业运作的层次上，从实物分配开始，到整合物资管理，再到整合相关信息，通过功能的逐步整合形成了物流系统管理。在企业关系的层次上，有从制造商向批发商和分销商再到最终用户的前向整合，有从制造商向供应商的后向整合，并通过关系的整合形成了网络化物流管理。从作业功能的整合到渠道关系的整合，使物流从战术的层次提升到战略高度。

3）网络化物流管理是协商的机制。一般情况下，企业力图通过一个计划来控制产品和信息的流动，与供应商和客户的关系本质上是利益冲突的买卖关系，常常导致存货或成本向上游企业的转移。企业采取网络化管理是为了谋求在渠道成员之间的联动和协调，就是通过分享需求和存货的信息来获取共同利益。网络化物流管理强调企业内外一体化。一般物流管理主要关注企业内部的功能整合，而网络化管理则认为只有企业内部一体化是不够的，需要实现企业内外一体化。网络化物流管理是一个高度互动和复杂的系统工程，需要考虑不同层次上的相互关联的技术经济问题，进行成本效益权衡。

4）网络化物流管理对共同价值有着更大的依赖性。网络化物流管理是对物流网络伙伴的相互信任、相互依存、互惠互利和共同发展的共同价值观的依赖。

网络化物流管理在“核心业务”基础上，通过协作整合外部资源来获得最佳的总体运作效果，它按照市场的需求，以品牌、知识、核心技术和创新能力所构成的网络系统来整合或重新配置社会资源。网络化物流管理以协作和双赢为手段。

第二节　电子商务物流基本要素

电子商务物流是物质资料从供给者向需要者的物理性移动，是创造时间性、场所性价值的经济活动。从物流的范畴来看，电子商务物流的基本要素包括包装、装卸、保管、库存管理、流通加工、运输、配送等诸种活动。

一、运输

1. 物流运输的含义

物流运输是指物的载运及输送，它是在不同地域范围间，如两个城市、两个工厂之间，或一个较大的企业内相距较远的两车间之间，对物进行空间位移，以改变物的空间位置为目的的活动，包括集货、分配、搬运、中转、装入、卸下、分散等一系列操作。

在理解物流运输的概念时，我们应注意与它类似的概念“搬运”的区别。物流运输是较大范围内的活动，它是指在物流网络的节点之间经过公共空间移动货物的活动，而搬运是指场地内部的移动，是在同一区域之内的活动。在运输中，特意把短途、小宗货物的末端运输称为“配送”。

在物流的诸多环节中，运输和仓储是两个主要环节，特别是运输占有中心的地位。它们虽然不产生新的物质产品，但却能实现物品在空间或时间上的转移，创造场所性和时间性价值。可以说，运输是物流过程中最主要的增值活动。

2. 物流运输的职能

一般而言，物流运输具有两种职能：

（1）物品移动　显而易见，运输首先实现了物品在空间上移动的职能。无论物品处于哪种形式——材料、零部件、配件、在制品或流通中的商品，运输都是必不可少的。运输通过改变物品的地点与位置而创造出价值，这是空间效用。另外，运输能使物品在需要的时间到达目的地，这是时间效用。运输的主要职能就是将物品从原产地转移到目的地，运输的主要目的就是要以最少的时间完成产品的运输任务。

运输是一个增值的过程，通过创造空间效用和时间效用来创造价值。商品最终送到顾客手中，其运输成本构成了商品价格的一个重要部分，运输成本的降低可以达到以较低的成本提供优质服务的效果。

（2）短时产品库存　产品进行短时储存也是运输的职能之一，即将运输工具作为暂时的储存场所。如果转移中的产品需要储存，而短时间内产品又重新转移的话，卸货和装货的成本也许会超过储存在运输工具中的费用，这时，便可考虑采用此法，只不过产品是移动的，而不是处于闲置状态。

例如，当交付的货物处于转移之中，而最初的装运目的地被改变时，产品需要临时的储存，那么采取改道则是产品短时存储的一种方法。另外，在仓库空间有限的情况下，利用运输工具储存也不失为一种可行的选择。可将货物装上运输工具，采用迂回路径或间接路径运往目的地。尽管用运输工具储存产品可能是昂贵的，但如果从总成本或完成任务的角度来看，考虑装卸成本、储存能力的限制等，那么用运输工具储存往往是合理的，甚至有时是必要的。

3. 运输的原则

运输有两条基本原则，即规模经济和距离经济。

（1）规模经济　规模经济的特点是随着装运规模的增长，单位货物的运输成本下降。例如，整车装运（即车辆满载装运）的每单位成本低于零担装运（即利用部分车辆能力进行装运）。铁路或水路之类运输能力较强的运输工具，其每单位重量的费用要低于诸如汽车或飞机之类运输能力较弱的工具。运输规模经济之所以存在，是因为有关的固定费用（包括运输订单的行政管理费用、运输工具投资以及装卸费用、管理以及设备费用等）可以按整批的货物量分摊。另外，规模运输还可以获得运价折扣，也使单位货物的运输成本下降。总之，规模经济使得货物的批量运输显得合理。

（2）距离经济　距离经济的特点是每单位距离的运输成本随运输距离的增加而减少。距离经济的合理性类似于规模经济，尤其体现在运输装卸的费用上的分摊。距离越长，可使固定费用分摊后的值越小，导致每单位距离支付的总费用很少。运输工具往往在启动时消耗最大能量（如飞机起飞），这也使得距离过近的运输会不经济。

4. 运输的分类

按不同的标准，可把运输方式作以下分类：

（1）按运输的范围分

1）干线运输。这是利用铁路、公路的干线，大型船舶的固定航线进行的长距离、大数量的运输，这是进行远距离空间位置转移的重要运输形式。干线运输一般速度较同种工具的其他运输速度要快，成本也较低。干线运输是运输的主体。

2）支线运输。这是与干线相接的分支线路上的运输。支线运输是干线运输与收、发货地点之间的补充性运输形式，路程较短，运输量相对较小。

3）二次运输。这是一种补充性的运输形式，是指干线、支线运输到站后，站与用户仓库或指定地点之间的运输。由于是单个单位的需要，所以运量也较小。

4）厂内运输。这是指在大型工业企业范围内，直接为生产过程服务的运输。但小企业内的这种运输称之为“搬运”。从工具上讲，厂内运输一般使用卡车，而搬运则使用叉车、输送机等。

（2）按运输的作用分

1）集货运输。将分散的货物汇集集中的运输形式，一般是短距离、小批量的运输。货物集中后才能利用干线运输形式进行远距离及大批量运输，因此集货运输是干线运输的一种补充形式。

2）配送运输。将节点中已按用户要求配好的货物分送各个用户的运输。一般是短距离、小批量的运输，从运输的角度讲是对干线运输的一种补充和完善的运输。

（3）按运输的协作程度分

1）一般运输。孤立地采用不同运输工具或同类运输工具而没有形成有机协作关系的为一般运输。

2）联合运输。联合运输是使用同一运送凭证，由不同运输方式或不同运输企业进行有机衔接接运货物，利用每种运输手段的优势以充分发挥不同效率的一种运输形式。采用联合运输，对用户来讲，可以简化托运手续，方便用户，同时可以加快运输速度，也有利于节省运费。

（4）按运输中途是否换载分

1）直达运输。在组织货物运输时，利用一种运输工具从起运站、港一直到到达站、港，中途不经过换载，中途不入库储存的运输形式。直达运输可避免中途换载所出现的运输速度减缓、货损增加、费用增加等一系列弊病，从而能缩短运输时间、加快车船周转、降低运输费用。

2）中转运输。在组织货物运输时，在货物运往目的地的过程中，在途中的车站、港口、仓库进行转运换装，称为中转运输。中转运输可以将干线、支线运输有效地衔接，可以化整为零或集零为整，从而方便用户、提高运输效率。

（5）按运输设备及运输工具不同分　分为铁路运输、公路运输、水路运输、航空运输和管道运输等。

5．运输合理化

（1）运输合理化的含义　运输合理化就是按照货物流通的规律，用最少的劳动消耗，达到最大的经济效益，来组织货物调运。即在有利于生产，有利于市场供应，有利于节约流通费用、运力和劳动力的前提下，使货物走最短的里程，经最少的环节，用最快的时间，以最小的损耗，花最少的费用，把货物从生产地运到消费地。

（2）影响运输合理化的因素　由于运输是物流中最重要的功能要素之一，物流合理化在很大程度上依赖于运输合理化。运输合理化的影响因素很多，起决定性作用的有5方面的因素，称作合理运输的“五要素”：

1）运输距离。在运输时，运输时间、运输货损、运费、车辆或船舶周转等运输的若干技术经济指标，都与运距有一定比例关系，运距长短是运输是否合理的一个最基本因素。缩短运输距离从宏观、微观看都会带来好处。

2）运输环节。每增加一次运输，不但会增加起运的运费和总运费，而且必须增加运输的附属活动，如装卸、包装等，各项技术经济指标也会因此下降。所以，减少运输环节，尤其是同类运输工具的环节，对合理运输有促进作用。

3）运输工具。各种运输工具都有其使用的优势领域，对运输工具进行优化选择，按运输工具特点进行装卸运输作业，最大限度地发挥所用运输工具的作用，是运输合理化的重要一环。

4）运输时间。运输是物流过程中需要花费较多时间的环节，尤其是远程运输，在全部物流时间中，运输时间占绝大部分，所以运输时间的缩短对整个流通时间的缩短有决定性的作用。此外，运输时间短，有利于运输工具的加速周转，充分发挥运力的作用，有利于货主资金的周转，有利于运输线路通过能力的提高，对运输合理化有很大贡献。

5）运输费用。前文已言及运费在全部物流费中占很大比例，运费高低在很大程度决定着整个物流系统的竞争能力。实际上，运输费用的降低，无论对货主企业来讲还是对物流经营企业来讲，都是运输合理化的一个重要目标。运费的判断，也是各种合理化措施是否行之有效的最终判断依据之一。

（3）运输合理化的一般途径　长期以来，我国劳动人民在生产实践中探索和创立了不少运输合理化的途径，在一定时期内、一定条件下取得了效果。在发展现代物流的今天，这些做法仍然是值得借鉴的。同时，现代物流技术与管理的应用，也为运输合理化提供了新的途径。

1）提高运输工具实载率。实载率有两个含义：一是单车实际载重与运距之乘积和标定载重与行驶里程之乘积的比率，在安排单车、单船运输时，这是作为判断装载合理与否的重要指标；二是车船的统计指标，即在一定时期内车船实际完成的货物周转量（以吨公里计）占车船载重吨位与行驶公里之乘积的百分比。在计算时，车船行驶的公里数，不但包括载货行驶，也包括空驶。

提高实载率的意义在于：充分利用运输工具的额定能力，减少车船空驶和不满载行驶的时间，减少浪费，从而求得运输的合理化。

我国曾在铁路运输上提倡“满载超轴”，其中，“满载”的含义就是充分利用货车的容积和载重量，多载货，不空驶，从而达到合理化之目的。这个做法对推动当时运输事业发展起到了积极作用。当前，国内外开展的“配送”形式，优势之一就是将多家需要的货和一家需要的多种货实行配装，以达到容积和载重的充分合理运用，比起以往自家提货或一家送货车辆大部空驶的状况，是运输合理化的一个进展。在铁路运输中，采用整车运输、合装整车、整车分卸及整车零卸等具体措施，都是提高实载率的有效措施。此外，发展货物市场和货运信息网络，对于减少回程空驶现象起到了明显的作用。

2）采取减少动力投入，增加运输能力的有效措施求得合理化。这种合理化的要点是，少投入、多产出，走高效益之路。运输的投入主要是能耗和基础设施的建设，在设施建设已定型和完成的情况下，尽量减少能源投入，是少投入的核心。做到了这一点就能大大节约运费，降低单位货物的运输成本，达到合理化的目的。

3）发展社会化的运输体系。运输社会化是指发展运输的大生产优势，实现专业分工，打破一家一户自成运输体系的状况。运输社会化也称第三方化，即由第三方的专业物流或运输企业承担原由企业自己完成的运输业务。

一家一户的运输小生产，车辆自有，自我服务，不能形成规模，且一家一户运量需求有限，难于自我调剂，因而经常出现空驶、运力选择不当（因为运输工具有限，选择范围太窄）、不能满载等浪费现象，且配套的接、发货设施，装卸搬运设施也很难有效地运行，所以浪费颇大。实行运输社会化，可以统一安排运输工具，避免对流、倒流、空驶、运力不当等多种不合理形式，不但可以追求组织效益，而且可以追求规模效益，所以发展社会化的运输体系是运输合理化非常重要的措施。

当前铁路、航空和远洋运输的社会化运输体系已经较完善，而在公路运输中，自备货车现象非常普遍，这是建立社会化运输体系的重点。

在社会化运输体系中，各种联运体系是其中水平较高的方式。联运方式充分利用面向社会的各种运输系统，通过协议进行一票到底的运输，有效打破了一家一户的小生产，受到了欢迎。

我国在利用联运这种社会化运输体系时，创造了“一条龙”货运方式。对产、销地及产、销量都较稳定的产品，事先通过与铁路、交通等社会运输部门签订协议，规定专门收、到站，专门航线及运输路线，专门船舶和泊位等，有效保证了许多工业产品的稳定运输，取得了很大成绩。

4）开展中短距离铁路公路分流、“以公代铁”的运输。这一途径的要点是，在公路运输经济里程范围内，或者经过论证，超出通常平均经济里程范围，也尽量利用公路。这种运输合理化的表现主要有两点：一是对于比较紧张的铁路运输，用公路分流后，可以得到一定程度的缓解，从而加大这一区段的运输通过能力；二是充分利用公路从门到门和在中途运输中速度快且灵活机动的优势，实现铁路运输服务难以达到的水平。

我国“以公代铁”目前在杂货、日用百货运输及煤炭运输中较为普遍，一般在200公里以内，有时可达700～1000公里。经认真的技术经济论证，山西煤炭外运用公路代替铁路运至河北、天津、北京等地是合理的。

5）尽量发展直达运输。直达运输是追求运输合理化的重要形式，其对合理化的追求要点是通过减少中转过载换载，从而提高运输速度，省却装卸费用，降低中转货损。直达的优势，尤其是在一次运输批量和用户一次需求量达到了一整车时表现最为突出。此外，在生产资料、生活资料运输中，通过直达运输建立稳定的产销关系和运输系统，也有利于提高运输的计划水平。因此，我们要考虑用最有效的技术来实现这种稳定运输，从而大大提高运输效率。

特别需要一提的是，如同其他合理化措施一样，直达运输的合理性也是在一定条件下才会有所表现，不能绝对认为直达一定优于中转。这要根据用户的要求，从物流总体出发作综合判断。如果从用户需要量看，批量大到一定程度，直达是合理的，批量较小时中转是合理的。

6）配载运输。配载运输是充分利用运输工具载重量和容积，合理安排装载的货物及载运方法以求得合理化的一种运输方式。配载运输也是提高运输工具实载率的一种有效形式。

配载运输往往是轻重商品的混合配载，在以重质货物运输为主的情况下，同时搭载一些轻泡货物。例如，海运矿石、黄沙等重质货物时，可在舱面捎运木材、毛竹等，铁路运矿石、钢材等重物上面搭运轻泡农、副产品等，在基本不增加运力投入和基本不减少重质货物运输的情况下，解决了轻泡货的搭运，因而效果显著。

7）“四就”直拨运输和直接换装。“四就”直拨是减少中转运输环节，力求以最少的中转次数完成运输任务的一种形式。一般批量到站或到港的货物，首先要进分配部门或批发部门的仓库，然后再按程序分拨或销售给用户。这样一来，往往出现不合理运输。

“四就”直拨运输，首先是由管理机构预先筹划，然后就厂或就站（码头）、就库、就车（船）将货物分送给用户，而无须再入库了。

直接换装（Cross-docking）是指物品在物流环节中，不经过中间仓库或站点，直接从一个运输工具换载到另一个运输工具的物流衔接方式。直接换装的含义与“四就”直拨运输基本相同，只不过前者更强调信息技术的支持。

8）发展特殊运输技术和运输工具。依靠科技进步是运输合理化的重要途径。例如，专用散装及罐车，解决了粉状、液状物运输损耗大、安全性差等问题；袋鼠式车皮、大型半挂车解决了大型设备整体运输问题；“滚装船”解决了车载货的运输问题；集装箱船比一般船能容纳更多的箱体，集装箱高速直达车船加快了运输速度等。这些都是通过采用先进的科学技术实现合理化的。

9）通过流通加工，使运输合理化。有不少产品，由于产品本身形态及特性问题，很难实现运输的合理化，如果进行适当加工，就能够有效解决合理运输问题。例如，将造纸材在产地预先加工成干纸浆，然后压缩体积运输，就能解决造纸材运输不满载的问题；轻泡产品预先捆紧包装成规定尺寸，装车就容易提高装载量；水产品及肉类预先冷冻，就可提高车辆装载率并降低运输损耗。

二、库存管理

库存是企业的一项巨大昂贵的投资，其目的是为了支持生产连续不断地运转和满足客户的需求。良好的库存管理能够加快企业资金使用效率、周转速度，增加投资收益，提高物流系统效率，增强企业竞争力。

1．库存的概念

库存又称存货，是指处于储存状态的货物或商品。库存与保管在概念上存在一定的差别，保管强调物流作业的效率化，库存强调物流管理的合理化和收益化，在涉及内容方面超过保管，库存管理内容不仅包括保管内容，而且还体现维持物流活动的畅通、维护生产和提供货物等内容。库存成本不仅包括保管费用，还包括库存占用的资金成本。

2．库存的必要性

库存的经济意义在于支持生产、提供货物和满足客户需求，其存在的必要性具体表现在以下5个方面：

（1）平衡供求关系　长时期的市场供求关系表现可能比较平衡，但由于原材料的数量变化，或者货物价格的变化，或者市场政策的变化都会导致供求关系由平衡转向不平衡，这就要求企业能够保持适当库存数量避免市场震荡。在某一时期内，如季节、节假日，市场供求关系也可能会失去平衡，这主要是由于市场需求量骤然上升，生产供给能力一时跟不上造成的，因而需要库存数量缓冲或减少市场需求对生产的压力，这同样要求企业有充足的货源迅速满足市场需要。

（2）实现企业规模经济　一个理想的企业如果要实现大规模生产和经营活动，必须具备采购、生产制造、销售等系统，同时使得这一系列系统有效运作。此时，拥有适当的库存是十分必要的，这是因为规模经济会带来采购价格、运输价格、制造价格的降低，最终降低供给价格，这样能进一步提高市场竞争能力，树立企业信誉和品牌。

（3）帮助物流系统合理化　企业在建立库存时，考虑到货物在物流系统中的各项费用，应尽量选择合理有利的地址，减少原材料至仓库、产成品从仓库至客户的运输费用，这样不仅节约费用，还可以大大节省时间。

（4）预防订货制度的被迫改变　由于市场需求瞬息万变和原材料供给不足会在不同程度上影响订货制度的执行，为了保证有效生产和满足客户需求，订货制度不得不改变。在尚未改变时，可能会造成缺货损失，这时库存就显得十分重要。

（5）优化供应链管理　从传统的观念来看，库存管理仅仅是企业的个别行为，库存数量的多少所体现的库存成本也由企业承担，但如果运用供应链理论，变企业个别行为为供应链整体行为，那么库存管理随之成为系统库存管理。这样，在共同分享信息的前提下，共同协调库存管理，便会使得库存数量总体出现下降，从而大大降低库存成本。

3. 库存的分类

按不同的标准可以把库存分为多种类型，库存可从以下 3 个角度进行分类：

（1）按货物所处状态分

1）静态库存。这种库存为人们一般认识意义的库存概念。它是长期或短暂处于储存状态的库存。

2）动态库存。这一库存不仅包括静态库存，还包括制造加工状态和运输状态的库存。

（2）按货物的形态分

1）原材料库存。尚未经过加工过程或只经过简单加工处理的那些原材料，由制造业采购后生产前那段状态的库存。

2）零部件和在制品库存。已经通过生产过程，但尚未最终完工，等待下道工序生产加工的状态的库存。

3）制成品库存。生产加工过程已经结束，等待销售或出库的状态的库存。

（3）按经营过程分

1）节假日或季节性库存。有时在节假日或季节性时期，市场需求特别旺盛，可能出现供不应求的状况，为了避免这一被动经营局面，采取提前采购相应所需货物而建立的库存。

2）促销库存。由于企业要开展促销活动，有计划地建立针对相应客户的库存。

3）日常库存。在一般正常的经营状态下，为满足生产和供应需要而建立的库存，又称周转库存。

4）安全库存。由于生产和市场供应过程及物流过程中存在大量不确定因素，为摆脱被动局面而保持一定数量水平的货物库存。

5）投机性库存。预期物价上涨或货物短缺，由于获利思想的驱动，而建立相应货物的库存。

6）积压性库存。由于货物长期处于库存状态，造成货物品质水平下降丧失规定标准的使用价值水平；或市场不再需求此类货物，因而造成的库存。这类库存属被动库存。

4．库存控制的作用

（1）满足需求　需求所表现的类型为需求数量、需求率和需求模式 3 种。需求数量在不同时期有不同变化；需求率是指单位时间的需求量；需求模式是指货物出库的相应方式。由于有上述 3 种需求类型的变化，库存类型也随之变化。

（2）提供补给　库存的存在必须是不断补充货物，将货物加入库存。补给可分为数量、模式和前置时间等类型。补给数量是指接收入库的订货量；补给模式是货物入库方式；补给的前置时间是指决定某项货物入库到实际入库之间的延续时间，库存为货物入库提供货物空间和时间。

（3）优化服务　库存充足、本地化可以缩短订货周期，从而提高顾客服务水平。

（4）降低库存成本　库存成本是指维持库存和不维持库存所耗费的代价，一般包括购入成本、订购成本、储存成本、缺货成本。

5．库存控制系统简介

（1）连续库存系统　连续库存系统必须保持对存货数量的记录，并在存货量在一定水平下时进行补给。

（2）双堆库存管理系统　这种系统没有连续的库存记录，订货点凭经验或计算来确定，当消耗一堆时便开始订货，其后的需求由第二堆来承担。

（3）定期库存系统　按固定的时间间隔对库存货物的数量进行检查。

（4）非强制补充供货库存系统　这种系统是连续库存系统和定期库存系统的集合系统。库存水平要按固定时间间隔检查，订货要在库存余额降至订货点时进行。

（5）物料需求计划（MRP）库存系统　物料需求计划库存系统主要应用于生产企业，其存货水平应根据最终货物的需求量来得出。

三、装卸搬运

物流系统各个环节的先后或同一环节的不同活动之间，都必须进行装卸搬运作业。例如，运输、储存、包装等都要有装卸搬运作业配合才能进行，如待运出的物品要装上车才能运走、到达目的地后，要卸下车才能入库等。由此可见，装卸搬运是物料的不同运动（包括相对静止）阶段之间相互转换的桥梁，正是因为有了装卸搬运活动才能把物料运动的各阶段连接成连续的“流”，使物流的概念名实相符。

1．装卸搬运的概念

装卸搬运是指在同一地域范围内进行的，以改变物料存放（支撑）状态和空间位置为主要目的的活动。一般来说，我们在强调物料存放状态的改变时，使用“装卸”一词，在强调物料空间位置的改变时，使用“搬运”一词。装卸搬运与运输、储存不同，运输是解决物料空间距离的，储存是解决时间距离的，装卸搬运没有改变物料的空间或时间价值，因此往往不会引起人们的重视。可是一旦忽略了装卸搬运，生产和流通领域轻则发生混乱，重则造成生产活动中断。

2．装卸搬运作业的分类

装卸搬运作业的分类方法有多种，可按作业场所、操作特点等进行分类。

（1）按作业场所分

1）铁路装卸。铁路装卸是指在铁路车站进行的装卸搬运活动。除装、卸火车车厢货物以外，还包括汽车的装卸、堆码、拆取、分拣、配货、中转等作业。

2）港口装卸。港口装卸是指在港口进行的各种装卸活动，如装船、卸船作业，搬运作业等。

3）场库装卸。场库装卸是指在仓库、堆场、物流中心等处的装卸搬运活动。另外，如空运机场、企业内部等场所，也属此类。

（2）按操作特点分

1）堆码拆取作业。该项作业包括在车厢内、船舱内、仓库内的码摞和拆垛作业。

2）分拣配货作业。该项作业是指按品类、到站、去向、货主等不同的特征进行分拣货物作业。

3）挪动移位作业。挪动移位作业即单纯地改变货物的支承状态的作业（如从汽车上将货物卸到站台上等）和显著（距离稍远）改变空间位置的作业。

以上作业又可分为手工操作、半自动操作和全自动操作。

（3）按作业方式分

1）吊装吊卸法（垂直装卸法）。该法主要是指以使用各种起重机械来改变货物的铅垂方向的位置为主要特征的方法，这种方法历史最悠久、应用面最广。

2）滚装滚卸法（水平装卸法）。该法是指以改变货物的水平方向的位置为主要特征的方法，如各种轮式、履带式车辆通过站台、渡板开上开下装、卸货物，用叉车、平移机来装、卸集装箱、托盘等。

（4）按作业对象分

1）单件作业法。该法是人力作业阶段的主导方法。目前对长大笨重的货物，或集装会增加危险的货物等，仍采取这种传统的单件作业法。

2）集装作业法。该法是先将货物集零为整，再进行装卸搬运的方法，有集装箱作业法、托盘作业法、货捆作业法、滑板作业法、网装作业法以及挂车作业法等。

3）散装作业法。该法是指对煤炭、矿石、粮食、化肥等块、粒、粉状物资，采用重力法（通过筒仓、溜槽、隧洞等方法）、倾翻法（铁路的翻车机）、机械法（抓、舀等）、气力输送（用风机在管道内形成气流，应用动能、压差来输送）等方法进行装卸。

另外，按装卸设备作业原理可分为间歇作业（如起重机等）和连续作业（如连续输送机等）方法。按作业手段和组织水平可分为人工作业法、机械作业法、综合机械化作业法。

3．装卸搬运工具简介

在日常业务处理中，最常见的装卸搬运工具有托盘和集装箱。

（1）托盘　托盘是按一定规格制成的单层或双层平板载货工具。在平板上集装一定数量的单件货物，并按要求捆扎加固，组成一个运输单位，以便在运输过程中使用机械进行装卸、搬运和堆放。同时，托盘又是一种随货同行的载货工具。目前国际上对托盘的提供有两种来源：一是由承运人提供，即在装货地将货物集装在托盘上，然后将货物与托盘一起装上运输工具，在卸货地收货人提货时，如果连同托盘一起提走，则必须在规定的时间内将空托盘送回。这种托盘结构比较坚固耐用，一般可以使用五六次。二是由供货方自备简易托盘。这种托盘连同货物一起交给收货人，不予退回。这种托盘成本较低，仅供一次性使用，其成本费一般计算在货价之内。

（2）集装箱　集装箱又称货箱、货柜。集装箱是一种容器，但并非所有的容器都可以称为集装箱。它必须是具有一定的强度，专供周转使用并便于机械操作的大型货物容器。国际标准化组织（ISO）根据保证集装箱在装卸、堆放和运输过程中的安全需要，在货物集装箱的定义中，提出了作为一种运输工具的货物集装箱的基本条件，即：具有足够的强度，能长期反复使用；途中转运不须移动箱内货物，可以直接换装；有适当装置，可以进行快速装卸，并可以从一种运输工具直接方便地换装到另一种运输工具；便于货物存放取出；具有一立方米以上的容积。集装箱实际上是一种流动的货舱，属于一种现代化的装卸运输工具。

4．装卸搬运合理化

装卸搬运过程中存在着大量的无效作业，所谓无效作业是指在装卸作业活动中超出必要的装卸、搬运量的作业。显然，防止和消除无效作业对装卸作业的经济效益有重要作用。为了有效地防止和消除无效作业，可从以下几个方面入手：

（1）尽量减少装卸次数　物流过程中，货损发生的主要环节是装卸环节，而在整个物流过程中，装卸作业又是反复进行的。从发生的频数来讲，超过了任何其他活动，过多的装卸次数必然导致损失的增加。从发生的费用来讲，一次装卸的费用相当于几十公里的运输费用，因此，每增加一次装卸，费用就会有较大比例的增加。此外，装卸又会大大减缓整个物流的速度，减少装卸次数又是增加物流速度的重要因素。

（2）提高被装卸物料的纯度　进入物流过程的货物，有时混杂着没有使用价值或者对用户来讲使用价值不对路的各种掺杂物，如煤炭中的矸石，矿石中的表面水分，石灰中的未烧熟石灰及过烧石灰等，在反复装卸时，实际对这些无效物质反复消耗劳动，因而形成无效装卸。物料的纯度越高则装卸作业的有效程度越高。反之，则无效作业就会增多。

（3）包装要适宜　包装过大过重，在装卸时实际上是反复在包装上消耗较大的劳动，因而形成无效劳动。包装的轻型化、简单化、实用化会不同程度地减少作用于包装上的无效劳动。

（4）缩短搬运作业的距离　物料在装卸、搬运当中，要实现水平和垂直两个方向的位移，选择最短的路线完成这一活动，就可避免超越这一最短路线以上的无效劳动。

四、包装

包装是物流过程的起点，也是保证物流活动顺利进行的重要条件。合理化的包装能够保护商品不受损坏，便于集中运输获得最佳的经济效果，同时还要能分割及重新组合适应多种装运条件及分货要求。包装材料的选用及包装技术的正确运用是包装合理的基本条件。

1. 包装的定义

包装是指为在流通过程中保护产品，方便储运，促进销售，按一定技术方法而采用的容器、材料及辅助物等的总体名称，也指为了达到上述目的而采用容器、材料和辅助物的过程中施加一定技术方法等的操作活动。

在社会再生产过程中，包装处于生产过程的末尾和物流过程的开头，既是生产的终点，又是物流的起点。作为生产的终点，产品生产工艺的最后一道工序是包装。因此，包装对生产而言，标志着生产的完成，也就是说，包装必须根据产品的性质、形状和生产工艺来进行，必须满足生产的要求；作为物流的始点，包装完成之后，被包装了的产品便有了物流的能力，在整个物流过程中，包装便可发挥对产品的保护作用和方便物流的作用，最后实现销售，从这个意义上来说，包装对物流有决定性作用。

2. 包装的特性与作用

包装有 3 大特性，即保护性、单位集中性及便利性。这 3 大特性具有保护商品、方便物流、促进销售、方便消费等 4 方面的作用。

（1）保护商品　这是包装的首要功能，是确定包装方式和包装形态时必须抓住的主要矛盾。只有有效的保护，才能使商品不受损失地完成流通过程，实现所有权的转移。

（2）单元化　包装有将商品以某种单位集中的功能，这就是单元化。包装单元的规格要视商品生产情况、消费情况，以及商品种类、特征，还有物流方式和条件而定。一般来讲，包装的单元化主要应达到两个目的：方便物流和方便商业交易。

从物流方面来考虑，包装单位的大小要和装卸、保管、运输条件的能力相适应。在此基础上应当尽量做到便于集中输送以获得最佳的经济效果，同时又要求能分割及重新组合以适应多种装运条件及分货要求。从商业交易方面来考虑，包装单位大小应适合于进行交易的批量，在零售商品方面，应适合于消费者的一次购买。

（3）便利性　商品的包装还有方便流通及方便消费的功能，这就要求包装的大小、形态、包装材料、包装重量、包装标志等各个要素都应为运输、保管、验收、装卸等各项作业创造方便条件，也要求容易区分不同商品并进行计量。进行包装及拆装作业，应当简便、快速，拆装后的包装材料应当容易处理。

（4）促销　商品的包装就是“无声的推销员”，在商业交易中促进销售的手段很多，包装也是其中之一。恰当的包装能够唤起人们的购买欲望。包装的外部形态、装潢和广告说明一样，是很好的宣传品，对顾客的购买行为起着说服的作用。由此看来，适当的包装可以推动商品销售，有很大的经济意义。

此外，包装还有防止异物混入、污物污染，防止丢失、散失、盗失等作用。防止商品破损变形，这就要求包装能承受在装卸、运输、保管过程中各种力的作用，如冲击、振动、颠簸、压缩等，形成对外力破坏抵抗的防护作用。防止商品发生化学反应，即防止商品吸潮发霉、变质、生锈，这就要求包装能在一定程度上起到阻隔水分、溶液、潮气、光线、空气中的酸性气体的作用，起到对环境、气象的影响进行保护的作用。防止腐朽霉变、鼠咬虫食，这就要求包装有阻隔真菌、虫、鼠侵入的能力，形成对生物的防护作用。

3. 包装材料

包装材料是形成商品包装的物质基础，是商品包装各种功能的具体承担者，是构成商品包装使用价值最基本的要素。因此，了解包装材料对深入分析研究商品包装使用价值具有重要意义。常用的包装材料有金属、玻璃、木材、纸、塑料等。

（1）金属

1）镀锡薄板。镀锡薄板俗称马口铁，是表面镀有锡层的薄钢板，由于锡层的作用，除有一般薄钢板的优点以外，还有很强的耐腐蚀性。不同钢基成分和钢板工艺，有不同加工性能，可加工成各种形状的容器。镀锡薄板主要用做制造高档罐容器，如各种饮料罐、食品罐等，经表面装潢之后可作为工业和商业包装合一的包装。

2）涂料铁。它是指一面涂以涂料，加工制成各种盒子形状，以利于盛装各种食品的材料，主要用于制作食品罐。

3）铝合金。以铝为主要合金元素的各种铝合金，按照其他合金元素种类及含量不同，有许多型号，分别为可制铝箔、饮料罐、薄板、铝板及型材，可制成各种包装物，如牙膏皮、饮料罐、食品罐、航空集装箱等，也可与塑料等材料复合制成复合薄膜，用做商业小包装材料。铝合金包装材料的主要特点是隔绝水、汽及一般腐蚀性物质的能力较强，强度重量比大，因而包装材料轻，无效包装较少，无毒，外观性能好，易装饰美化。

（2）玻璃、陶瓷　玻璃、陶瓷的主要特点是有很强的耐腐蚀性能，强度较高，装潢、装饰性能好，因此广泛用于商业包装，较多用于个装，有宣传、美化的推销作用。玻璃用于运输包装，主要是指存装化工产品如强酸类的大型容器，其次是指玻璃纤维复合袋，用以存装化工产品和矿物粉料。玻璃用于销售包装，主要是玻璃瓶和平底杯式的玻璃罐，用来存装酒、饮料、食品、药品、化学试剂、化妆品和文化用品等。

（3）木材　木材是一种优良的结构材料，长期以来，一直用于制作运输包装，近年来，虽然有逐步被其他材料所替代的趋势，但仍在一定范围内使用，在包装材料中占有一定的比重。人们主要使用板材制作各种包装箱，常用一般包装木材有杉木、松木等。以木材为原料制成的胶合板、纤维板、刨花板等板材也用于制作包装箱、桶等。

（4）纸及纸制品　纸及纸制品既广泛应用于运输包装，又广泛应用于销售包装。常用的包装纸类制品有以下几种：

1）牛皮纸。牛皮纸可用做铺衬、内装和外装，可制成纸袋，还可用做瓦楞纸面层，有较高强度和耐磨性，柔韧性也好，有一定的抗水性。

2）玻璃纸。玻璃纸是透明或半透明的防油纸，用于内装、小包装，以及盒外、瓶外封闭包装，有装饰、绝潮、隔尘等作用。其主要特点是美观、透明，有很强的装饰性能，缺点是强度较低。

3）植物羊皮纸。植物羊皮纸是用硫酸处理的半透明纸，也称硫酸纸，其主要用于带一定装饰性的小包装，如用于包装食品、茶叶、药品等，可在长时间存放中防止受潮、干硬、走味。

4）沥青纸、油纸及蜡纸。沥青纸、油纸及蜡纸是由包装原纸经浸渍沥青或油、蜡而制成，有较强的隔水、隔汽、耐磨的保护性能，主要用于个装、内装，以及箱、盒包装内衬，工业品包装中较多采用。

5）板纸。板纸有 3 种类型：以稻草及其他植物纤维为原料的档次比较低的草板纸，又称黄板纸；有多层结构而面层用漂白纸浆制成的高档白板纸；密度较高的箱板纸。草板纸用做包装衬垫物及不讲究外观效果的包装匣、盒；白板纸用于价值较高商品的内装及中、小包装外装；箱板纸用于强度要求较高的纸箱、纸盒、纸桶。

6）瓦楞纸板。瓦楞纸板是纸质包装材料中最重要的一种，由两层纸板和芯层瓦楞芯纸黏合而构成。面层纸板主要是箱板纸。瓦楞芯可制成不同形状，按芯的瓦楞高度和密度分为 A、B、C、D 四种，工业品包装采用较厚的、强度较高的 A、B、C 3 种。

4. 包装合理化

包装合理化一方面包括包装总体的合理化，这种合理化往往用整体物流效益与微观包装效益统一来衡量；另一方面也包括包装材料、包装技术、包装方式的合理组合及运用。从多个角度来考察，包装合理化应满足多方面的要求。因此，我们在进行包装合理化的过程中应注意以下几个方面：

（1）包装应妥善保护内装商品，使其质量不受损伤　这就要制定相应的适宜标准，使包装物的强度恰到好处地保护商品质量免受损伤。除了要在运输装卸时经得住冲击、震动之外，还要具有防潮、防水、防霉、防锈等功能。

（2）包装材料和包装容器应当安全无害　包装材料要避免有聚氯联苯之类的有害物质，包装容器的造型要避免对人引起伤害。

（3）包装容量要适当，便于装卸　不同的装卸方式决定着包装的容量。例如，采用人工操作的装卸方式的情况下，包装的重量必须限制在手工装卸的允许能力范围内，包装的外形及尺寸也应适合于人工操作。在工人权利和健康受保护的今天，为减轻工人体力消耗，包装的重量一般应控制在工人体重的 40%左右，即男劳动力 20～25 公斤，女劳动力 15～20 公斤比较合适。当然，这并不等于说包装的重量越轻越好。包装重量太轻，工人的装卸频率要增加，也容易引起疲劳和降低效率；同时，对于过轻包装，工人往往将两个合并操作，也容易造成损失。如果采用机械装卸，包装的尺寸和质量都可大大增加，如采用集装箱做外包装，重量可高达 10 吨以上。当然，衡量包装是否先进，也不能脱离物流的其他环节而孤立地进行。

（4）对包装容器的内装物要有贴切的标志或说明　商品包装物上关于商品质量、规格的标志或说明，要能贴切地表示内装物的性状，尽可能采用条形码，便于出入库管理、保管期间盘点及销售统计。

（5）包装内商品外围空闲容积不应过大 为了保护内装商品，不可避免会使内装商品的外围产生某种程度的空闲容积，但合理包装要求空闲容积减少到最低限度，防止过大包装。由于商品的性状、形状及包装功能的不同，关于包装物内部的空闲容积率，很难提出一个统一的要求，但可以考虑一个适宜的限度，对于不同类的商品要分别规定相应的空闲容积率。一般情况下，空闲容积率最好降低到20%以下。对于混装的、形状特殊的和易损坏商品，超过这一标准，只要是合理的，也是允许的。另外，有些商品空闲容积率低于20%，但不合乎合理包装的要求，也是不允许的。

（6）包装费用要与内装商品相适应 包装费用应包括包装本身的费用和包装作业的费用。包装费用必须与内装商品相适应，但不同商品对包装要求不同，所以包装费用占商品价格的比率是不相同的。一般来说，对于普通商品，包装费用应低于商品售价的15%，这只是一个平均比率。例如，有些包装如金属罐，起作用大，已成为商品的一部分，包装费用的比率超过15%也是合理的；手纸的包装，起作用小，包装费用比率不超过15%，仍有不合理的可能。

（7）包装要便于回收利用或废弃物的治理 包装应设法减少其废弃物数量，在制造和销售商品时，就应注意包装容器的回收利用或成为废弃物后的治理工作。近年来广泛采用一次性使用的包装和轻型塑料包装材料，消费者用过之后随手扔掉，从方便生活和节约人力角度来看，是现代包装的发展方向，但又同时产生了大量难以处理的垃圾，带来了环境污染及资源浪费等社会问题。可循环使用包装的运用，有利于减少污染及浪费，但目前由于该方式包装材料成本高、空包装回收困难，还没有为大多数企业所接受。

5．运输对包装的要求

（1）海洋运输对包装的要求 货物包装的目的是保护货物本身质量和数量上的完整无损；便于装卸、搬运、堆放、运输和理货；对危险品货物进行包装还有防止其危害性的作用。海洋运输的在途时间长，船舶遇风浪易颠簸，货物常需多层叠放，对货物包装的防震、防破损及防潮要求较高，常见的海运包装形式有箱、捆包、袋、桶等。

（2）航空运输对包装的要求 为了保证飞行安全和货物的正常运输，托运人应根据货物的性质、形状、重量、体积和空运特点，进行妥善合理的包装。空运货物的包装应坚固、完好、轻便，且在运输过程中保证符合下列要求：包装不破裂；内装物不漏失；填塞要牢，内装物相互不摩擦、碰撞；不散发异味；不因气压、气温变化而引起货物变质；不伤害机上人员和操作人员；不污损飞机、设备和机上其他装载物；便于装卸操作。为了不使密封舱飞机的空调系统堵塞，不得用带有碎屑、草末等的材料做包装，如草袋、草绳、粗麻包等。包装的内衬物，如谷糠、木屑、锯末、纸屑等不得外漏。包装外部不能有突出的棱角，也不能有钉、钩、刺等。包装外部需清洁、干燥、没有异味和油腻。托运人应在每件货物的包装上详细写明收货人、另请通知人、托运人的姓名和地址。如包装表面不能书写，可写在制版、木牌或布条上，再拴挂在货物上。填写时字迹必须清楚、明晰。包装容器的材料要良好，不得用腐朽、虫蛀、锈蚀的材料。不管是木箱、纸箱还是其他容器，为了安全，必要时可用塑料、铁箍加固。

（3）铁路运输对包装的要求　货物的包装条件是运输合同中不可缺少的一部分。联运进口货物的包装，在铁路运输协议书中有规定的，应按其规定办理；对铁路没有作出规定的部分，应根据货物的不同特征，选择良好材料，牢固包装，使货物能适应长途运送。在包装上，应留出用手抓、拴绳的位置；对机件、超限超重货物，应标明挂钩的位置和货物的重心，以便安全搬运。在可能的情况下，尽量按标记重量或每件标准重量进行包装，并在包装上分别标出毛重和净重。使用不褪色的颜料，在包装两侧涂刷正确清晰的标记、箱号等；按货物不同性质，在包装两侧涂刷“易碎”“怕晒”“向上”“小心轻放”等运输标记。对危险品货物，应按照货物的性质和铁路规定，分别粘贴明显的危险品货物专用标签。零担货物运送，应按铁路规定，每件粘贴运输标签。

（4）公路运输对包装的要求　公路运输主要使用汽车，可以采用门到门的运输形式，公路运输的经济半径，一般在200公里以内，它对包装的要求主要有：包装材料的材质、规格和包装结构应与所装危险货物的性质和重量相适应，容器和包装物料与拟装物不得发生危险反应或者严重削弱包装强度；包装坚固完好，能抗御运输、储存和装卸过程中正常的冲击、振动和挤压，并便于装卸和搬运；包装的衬垫应防止容器物体移动并起到减震作用。

五、流通加工

流通加工是配送的前沿，是衔接储存与末端运输的关键环节。一个功能完善的配送中心是离不开加工活动的。本章除阐明流通加工的地位与作用外，还介绍了流通加工的类型与内容，流通加工的方法及管理，指明流通加工合理化的途径。

1．流通加工的概念

流通加工是流通中的一种特殊形式。商品流通是以货币为媒介的商品交换，它的重要职能是将生产及消费（或再生产）联系起来，起桥梁与纽带作用，完成商品所有权和实物形态的转移。因此，流通与流通对象的关系，一般不是改变其形态而创造价值，而是保持流通对象的已有形态，完成空间的位移，实现其时间效用和空间效用。流通加工则与此有较大的区别，总的来说，流通加工在流通中，仍然和流通总体一样起桥梁与纽带作用。但是，它却不是通过保护流通对象的原有形态而实现这一作用的，它是和生产一样，通过改变或完善流通对象的原有形态来实现桥梁与纽带作用。流通加工是物品从生产领域向消费领域流动的过程中，为了促进销售、维护产品质量和提高物流效率，对物品进行加工，使物品发生物理、化学或形态的变化。

2．流通加工的作用

（1）提高原材料的利用率　利用流通加工环节进行集中下料，将生产厂直接运来的简单规格产品，按用户的要求进行下料。例如，将钢板进行剪板、切裁，钢筋或圆钢裁制成毛坯，木材加工成各种长度及大小的板、方等。集中下料可以优材优用、小材大用、合理套裁，有很好的技术经济效果。

（2）可以满足用户的多样化需求　用量小或临时需要的用户，缺乏进行高效率初级加工的能力，依靠流通加工可使用户省去进行初级加工的投资、设备及人力，方便了用户。目前发展较快的初级加工有：将水泥加工成生混凝土，将原木或板方加工成门窗，冷拉钢筋及冲制异型零件，钢板预处理、整形、打孔等。

（3）提高加工效率及设备利用率　由于企业建立集中的加工点，可以采用效率高、技术先进、加工量大的专门机具和设备。这样做的好处是：提高了加工质量；提高了设备利用率；提高了加工效率。其结果是降低了加工费用及原材料成本。

（4）提高物流效率，方便物流　有一些产品本身的形态使之难以进行物流操作。例如，鲜鱼的装卸、储存操作困难；过大设备搬运、装卸困难；气体物运输、装卸困难等。进行流通加工，可以使物流各环节易于操作，如鲜鱼冷冻、过大设备解体、气体液化等，这种加工往往改变“物”的物理状态，但不改变其化学特性。同时通过采取改装、冷冻、保鲜、涂油等措施可以保护商品在运输、储存、搬运、包装等过程中不受损失。

（5）衔接不同运输方式，使物流合理化　在干线运输及支线运输的节点，设置流通加工环节，可以有效解决大批量、低成本、长距离干线运输及多品种、少批量、多批次末端运输之间的衔接问题。在流通加工点与大生产企业之间形成定点、直达、大批量的远距离运输的渠道，又以流通加工中心为核心，组织对多用户的配送。也可以在流通加工中心将运输包装改为销售包装，从而有效衔接不同目的的运输方式。这样可以充分发挥各种运输工具的最高效率，加快运送速度，节省运力运费。

（6）改变功能，提高收益　在流通过程中进行一些改变产品某些功能的简单加工。例如，将大包装或散装物分装成适合一次销售的小包装的分装加工；将原以保护产品为主的运输包装改换成以促进销售为主的装饰性包装；将零配件组装成用具、车辆以便于直接销售；将蔬菜、肉类洗净切块以满足消费者的需求等。

以上简单加工均可以明显提高产品销售的经济效益。所以，在物流领域中，流通加工可以成为高附加值的活动。这种高附加价值的形成，主要是着眼于满足用户的需要，提高服务功能而取得的，是贯彻物流战略思想的表现，是一种低投入、高产出的加工形式。

3．流通加工的类型

为了充分体现流通加工对物流服务功能的增强，流通加工的种类分很多种，大体可分为以下 10 种形式：

（1）为了弥补生产领域加工不足的深加工　有许多产品在生产领域的加工只能到一定程度，这是由于存在许多限制因素限制了生产领域不能完全实现终极的加工。例如，钢铁厂的大规模生产只能按标准规定的规格生产，以使产品有较强的通用性，使生产能有较高的效率和效益；木材如果在产地完成成材制成木材品的话，就会造成运输的极大困难，所以原生产领域只能加工到原木、板方材这个程度，进一步的下料、切裁、处理等加工则由流通加工完成。这种流通加工实际是生产的延续，是生产加工的深化，对弥补生产领域加工不足有重要意义。

（2）为满足用户需要的多样化进行的服务性加工　从需求角度看，需求存在着多样性和变化两个特点，为满足这些要求，经常是用户自己设置加工环节，如生产消费型用户的再生产往往从原材料初级处理开始。

就用户来讲，现代生产的要求，是生产型用户能够尽可能减少流程，尽量集中力量从事较复杂的技术性较强的作业，而不愿意将大量初级加工包揽下来，这种初级加工带有服务性，由流通加工来完成，生产型用户便可以缩短自己的生产流程，使生产技术密集程度提高。对一般消费者而言，则可省去烦琐的预处置工作，集中精力从事较高级直接满足需求的劳动。

（3）为保护产品所进行的加工　在物流过程中，直到用户投入使用前都存在对产品的保护问题，以防止产品在运输、储存、装卸、搬运、包装等过程中遭到损失，使使用价值顺利实现。与前两种加工不同，这种加工并不改变进入流通领域的“物”的外形及性质。这种加工主要采取稳固和改换包装、冷冻、保鲜、涂油等方式。

（4）为提高物流效率、方便运输的加工　有一些产品本身形态使之难以进行物流操作，如鲜鱼的装卸、储存困难，过大设备搬运、装卸困难，气体物运输、装卸困难等。进行流通加工，可以使物流各环节易于操作，如鲜鱼冷冻、过大设备解体、气体液化等，这种加工往往改变“物”的物理状态，但并不改变其化学特性并最终仍能恢复原物理状态。

（5）为促进销售的流通加工　流通加工可以从若干方面起到促进销售的作用，如将过大包装或散装物分装成适合一次销售的小包装的分装加工；将原以保护产品为主的运输包装改换成以促进销售为主要目的销售包装，以起到吸引消费者、指导消费的作用；将零配件组装成用具、车辆以便于直接销售；将蔬菜、肉类、鱼类洗净切块以满足消费者要求等。这种流通加工可能是不改变“物”的本体，只是进行简单的改装加工，也有许多是组装、分块等深加工。

（6）为提高加工效率的流通加工　许多生产企业的初级加工由于数量有限加工效率不高，也难以投入先进科学技术。流通加工以集中加工形式，解决了单个企业加工效率不高的弊病。以一家流通加工企业代替了若干生产企业的初级加工序，促使生产水平有明显的提高。

（7）为提高原材料利用率的流通加工　流通加工利用其综合性强、用户多等特点，可以实行合理规划、合理套裁、集中下料，这就能有效提高原材料利用率，减少损失浪费。例如，为了综合利用，在流通中将货物进行分解、分类处理。猪肉和牛肉等在食品中心进行加工，将肉、骨分离，其中肉占65%左右，向零售店输送时就能大大提高输送效率，骨头则送往饲料加工厂，制成骨粉加以利用。

（8）衔接不同运输方式，使物流合理化的流通加工　在干线运输及支线运输的节点，设置流通加工环节，可以有效解决大批量、低成本、长距离干线运输与多品种、少批量、多批次末端运输和集货运输之间的衔接问题，在流通加工点与大生产企业之间形成大批量、定点运输的渠道，又以流通加工中心为核心，组织对用户的配送，也可在流通加工点将运输包装转换为销售包装，从而有效衔接不同目的地的运输方式。

（9）以提高经济效益，追求企业利润为目的的流通加工　流通加工的一系列优点，可以形成一种“利润中心”的经营形态，这种类型的流通加工是经营的一环，在满足生产和消费要求基础上取得利润，同时在市场和利润引导下使流通加工在各个领域能有效地发展。

（10）生产—流通一体化的流通加工形式　依靠生产企业与流通企业的联合，或者生产企业涉足流通，或者流通企业涉足生产，形成对生产与流通加工的合理分工、合理规划、合理组织，统筹进行生产与流通加工的安排，这就是生产—流通一体化的流通加工形式。这种形式可以促使产品结构及产业结构的调整，充分发挥企业集团的经济技术优势，是目前流通加工领域的新形式。例如，煤炭的配煤加工，水泥的熟料运输、就地粉磨加工，水产品去头、尾、鳞加工，蔬菜清洗、去皮、分切加工等。这些流通加工对生产方式提出了变革要求，是生产流通一体化新技术。

4. 流通加工的内容

（1）食品的流通加工　流通加工最多的是食品行业，为了便于保存，提高流通效率，食品的流通加工是不可缺少的。常见的食品加工项目有：鱼、肉、禽类的冷冻；生奶酪的冷藏；将冷冻的鱼肉磨碎以及蛋品加工；生鲜食品及蔬菜的速冻包装、真空包装；粮谷类的自动包装；鲜牛奶的灭菌和摇匀。

（2）消费资料的流通加工　消费资料的流通加工是以服务客户、促进销售为目的，大多加工方法简单易行，一般由配送中心或销售单位完成。例如，衣料品的标识和印记商标加工、粘贴标价、安装做广告用的幕墙、家用电器的安装、家具的组装以及地毯剪切等。

（3）生产资料的流通加工　具有代表性的生产资料加工是钢铁的加工。例如，钢板的切割；使用矫直机将薄板卷材展平；纵向切割薄板卷，使之成为窄幅（钢管用卷材）等。

六、物流信息

近年来，在企业经营方面，有关信息的重要性日益显现。在国际化、多样化、高速化等经营环境下，企业如果没有良好的信息系统，将会直接影响到企业的生存。物流系统是动态性强、涉及面广、跨度大的复杂系统，物流信息化是现代物流形成的基础和发展的关键。

1. 物流信息的含义

物流信息包含的内容和对应的功能可从狭义、广义两方面来考察。从狭义范围来看，物流信息是指与物流活动有关的信息。在物流活动的管理与决策中，都需要详细和准确的物流信息，因为物流信息系统对运输管理、库存管理、订单管理、仓库作业管理等物流活动都具有支持保证的功能。

从广义范围看，物流信息不仅指与物流活动有关的信息，而且包含与其他流通活动有关的信息，如商品交易信息和市场信息等。商品交易信息是指与买卖双方的交易过程有关的信息，如销售和购买信息、订货和接受订货信息、发出货款和收到货款信息等。市场信息是指与市场活动有关的信息，如消费者的需求信息、竞争业者或竞争性商品的信息、销售促进活动信息、交通通信等基础设施信息等。在现代经营管理活动中，物流信息与商品交易信息、市场信息相互交叉、融合，有着密切的联系。物流信息在现代企业经营战略中占有越来越重要的地位。建立物流信息系统，提供迅速、准确、及时、全面的物流信息是现代企业获得竞争优势的必要条件。

2．物流信息的功能

对物流信息的功能有多种认识的描述，其中以“中枢神经功能”和“支持保障功能”两种看法最为典型。

（1）中枢神经功能　之所以将物流信息比作中枢神经，是因为信息流经收集、传递后，成为决策依据，对整个物流活动起指挥、协调作用。如果信息失误，则指挥活动便会失误，如果没有信息系统，整个物流系统便会瘫痪。实物的运动就像一个人的手足活动，大脑和神经活动就是信息流，没有这种流，就没有人的运行。当然，信息还有传递方面的问题，中枢神经的信号如果只产生而不能传送到手足，同样也不可能指挥人的运动。这种传递就要依靠有效的信息系统。所以，物流信息系统就像传递中枢神经信号的神经系统，高效的信息系统是物流系统正常运转的必要条件。

（2）支持保障功能　之所以说物流信息具有支持和保障功能，是因为物流信息对所有的物流活动起到支持作用，没有这种支持，物流设备、设施再好，也很难正常运转。当然，如果只有这种支持，而物流本身的技术水平和管理水平不高，物流活动也不会达到高水平。只有支撑体和本体都正常，才会有完善的整体。

物流信息对物流活动来讲，还有决定效益的作用。物流系统的优化，各个物流环节的优化所采取的办法、措施，如选用合适的设备、设计最合理路线、决定最佳库存储备等，都要切合系统实际，也就是说，都要依靠准确反映实际的物流信息。否则，任何行动都不免带有盲目性。所以，物流信息对提高经济效益也起着非常重要的作用。

3．物流信息的特征

（1）信息量大　物流信息随着物流活动以及商品交易活动开展而大量发生。多品种少量生产和多频度小数量配送使库存、运输等物流活动的信息大量增加。零售商广泛应用 POS 系统读取销售时点的商品品种、价格、数量等即时销售信息，并对这些销售信息加工整理，通过 EDI（电子数据交换）向相关企业传送。同时为了使库存补充作业合理化，许多企业采用 EOS 系统。随着企业间合作倾向的增强和信息技术的发展，物流信息的信息量在今后将会越来越大。

（2）动态性强　物流信息的更新速度快、动态性强。多品种少量生产、多频度小数量配送、利用 POS 系统的即时销售使得各种作业活动频繁发生，从而要求物流信息不断更新，而且更新的速度越来越快。

（3）来源多样化　物流信息不仅包括企业内部的物流信息（如生产信息、库存信息等），还包括企业间的物流信息和与物流活动有关的基础设施的信息。企业竞争优势的获得需要供应链各参与企业之间相互协调合作。协调合作的手段之一是信息即时交换和共享。许多企业把物流信息标准化和格式化，利用 EDI 在相关企业间进行传送，实现信息共享。另外，物流活动往往利用道路、港湾、机场等基础设施。因此，为了高效率地完成物流活动，必须掌握与基础设施有关的信息，如在国际物流过程中必须掌握报关所需信息、港口作业信息等。

第三节 电子商务物流信息技术

物流信息技术是物流技术中发展最快的领域。物流信息技术既包括专用于物流的信息技术，如条形码技术、货物跟踪技术，也包括具有物流特色的通用性信息技术，如自动识别技术、EDI 系统、管理信息系统等。

一、条形码技术

在贸易和物流活动中，为了能迅速、准确地识别商品、自动读取有关商品的信息，条形码技术被广泛应用。条形码是用一组数字来表示商品的信息。按使用方式分为直接印刷在商品包装上的条形码和印刷在商品标签上的条形码。按使用目的分为商品条形码和物流条形码。

商品条形码是以直接向消费者销售的商品为对象、以单个商品为单位使用的条形码。它由 13 位数字组成，最前面的两个数字表示国家或地区的代码，中国的代码是 69，接着的 5 个数字表示生产厂家的代码，其后的 5 个数字表示商品品种的代码，最后的 1 个数字用来防止机器发生误读错误。例如，商品条形码“6902952880041”中，69 代表中国，02952 代表贵州茅台酒厂，88004 代表 53%（V/V）、106PROOF、500 毫升的白酒。

物流条形码是物流过程中以商品为对象、以集合包装商品为单位使用的条形码。标准物流条形码由 14 位数字组成，除了第 1 位数字之外，其余 13 位数字代表的意思与商品条形码相同。物流条形码第 1 位数字表示物流识别代码，如在物流识别代码中 1 代表集合包装容器装 6 瓶酒、2 代表装 24 瓶酒，物流条形码“26902952880041”代表该包装容器装有中国贵州茅台酒厂的白酒 24 瓶。条形码是有关生产厂家、批发商、零售商、运输业者等经济主体进行订货和接受订货、销售、运输、保管、出入库检验等活动的信息源。由于在活动发生时点能即时自动读取信息，因此便于及时捕捉到消费者的需要，提高商品销售效果，也有利于促进物流系统提高效率。

另外，条形码与其他辨识商品的方法如 OCR（Optical Character Recognition，光学文字识别）、OMR（Optical Mark Reader，光学记号读取）比较具有印刷成本低和读取精度高的优点。

二、电子数据交换

一个组织要建立自己的物流信息系统，需要从各种渠道获得大量信息，这些信息是如何进入组织的信息系统的呢？尤其是关于供应商、客户及产品的信息，是手工输入，还是直接通过网络传输？例如，顾客的订货信息，是选择先传真后手工输入，还是直接通过网络传输进入公司的信息管理系统？经研究发现至少有 75%的商务信息重复使用，如果采用手工输入方式，则对重复使用的信息再次输入，不仅多耗人力、物力、财力，效率低下，而且会产生10%的失误率。而选择网络传输，避免了人工介入，不仅能迅速地传输大量准确的信息，而且能大大降低运营费用，减少失误率。电子数据交换（EDI）是最早为工商企业采用而且目前仍广泛使用的一种网络传输方式。

EDI 就是标准商业文件在企业的计算机系统间的直接传输。对于这个定义有 3 点需要注意：

1）传输的内容是标准的商业文件，并且采用标准格式，如采购文件、订货文件、发票、电子支付转移（EFT）、运输文件、订货状态报告文件等，而其他一些非标准的、自由格式的通过电子邮件传输的文件不属于 EDI 的范畴。

2）文件是在组织间传输，不适合组织与个人、个人与个人之间的信息传输。

3）文件是在计算机系统间的直接传输，至于通过电话、传真或电子邮件传输后的间接传输也不属于 EDI 的范畴。

实施 EDI 潜在益处很多。最主要的益处是减少了公司文档方面的工作，提高了数据传输的速度和准确性，使领导层把更多的精力集中在战略决策方面。同时，实施 EDI 能降低运营成本。此外，由于实施 EDI 提高了数据传输速度和准确性，扩大了信息含量，缩短了订货采购提前期，使得库存水平降低，大大地降低了库存费用。

三、射频识别技术

1．射频识别技术的概念

射频识别技术（Radio Frequency Identification，RFID）是 20 世纪 90 年代开始兴起的一种自动识别技术。射频识别技术的基本理论是电磁理论，利用无线电波对记录媒体进行读写。射频识别系统的优点是不局限于视线，识别距离比光学系统远，射频识别卡具有读写能力，可携带大量数据，难以伪造，且智能化等。

装载识别信息系统的载体是射频标签（在部分识别信息系统中也称作应答器、射频卡等），获取信息的装置称为射频读写器（在部分识别信息系统中也称作问询器、收发器等）。射频标签与射频读写器之间利用感应、无线电波或微波能量进行非接触双向通信，实现数据交换，从而达到识别的目的。

射频识别系统的传送距离由许多因素决定，如传送频率、天线设计等，射频识别的距离可达几十厘米至几米，且根据读写的方式，可以输入数千字节的信息，同时，还具有极高的保密性。但由于射频识别技术是以无线通信技术为核心，伴随着半导体、大规模集成电路技术的发展而逐步形成的，其应用过程涉及无线通信协议、发射功率、占用频率等多方面的因素，目前尚未形成在开放系统中应用的统一标准，因此射频技术主要应用在一些闭环应用系统中。

2．射频识别技术在物流控制系统中的应用

在物流控制系统中，RFID 阅读器分散布置在给定的区域，并且阅读器直接与数据管理信息系统相连，信号发射机是移动的，一般安装在移动的物体上面。当物体经过阅读器时，

阅读器会自动扫描标签上的信息并把数据信息输入数据管理信息系统进行存储、分析、处理，从而达到控制物流的目的。

四、货物跟踪技术

货物跟踪技术是指利用现代信息技术及时获取有关货物状态或位置的实时信息，辅助决策，对物流各环节进行指挥、调度等控制，同时服务于客户的方法。具体说就是物流作业人员在进行物流作业时，利用现代信息技术自动获取货物装载工具、外包装或者货物票据上的货物识别代码等信息，通过计算机网络把货物的信息集中到中心计算机进行汇总、整理并储存，提供货物的位置及状态的实时信息，供物流运作决策及客户随时查询。

目前对在车站、港口、码头或仓库停留的货物所采用的技术主要是条形码技术和射频技术等，对于在途货物的跟踪主要采用的是 GPS（全球定位系统）、GIS（地理信息系统）以及 GSM（移动通信）技术，这些都是通过对运输工具（车辆、船只、飞机等）的跟踪管理来实现的。具体方法是在装载作业时，绑定货物与运输工具（通过装载清单），通过对运输工具的跟踪，就能查询货物位置。

五、物流企业管理信息系统

管理信息系统（Management Information System，MIS）是随着物流企业的管理方式和计算机技术的进步一同发展的。物流企业的 MIS 从简单到复杂，从单纯的数量管理向质量管理发展，从模拟现行管理体制向改革现行管理体制发展，特别是在综合性不断提高、管理方法互相融合的情况下，我国大中型物流企业管理信息系统，经过多年努力，在系统开发、建设与应用方面取得了显著的成绩，积累了许多经验，并获得了一定的经济效益，为今后向更高层次发展奠定了基础。

1．物流企业对管理信息系统建设的要求

从物流企业管理功能和业务发展的角度来看，物流企业对 MIS 的建设需求主要体现在以下几个方面：

1）改善物流企业内部和物流企业信息交流方式，满足业务部门对信息处理和共享的需求，在物流企业管理和业务过程中，使物流企业信息更有效地发挥效力。

2）提高办公自动化水平，提高工作效率，降低管理成本，提高物流企业在市场上的竞争能力。

3）通过对每项业务的跟踪监控，物流企业的各层管理者可以了解业务进展情况，掌握第一手资料；通过信息交流，及时掌握经营管理数据，增强对业务的控制，为决策提供数据支持。

4）加强物流企业对员工的管理，随时了解所辖人员的背景材料和业务进展，分析工作定额，合理调度资源，加强管理能力。

5）管理信息系统的建设应综合利用计算机技术、通信技术和信息技术，将系统建成实用、稳定、可靠、高效、能体现新技术并能满足物流企业主要业务处理，完成信息查询、加

工、汇总、分析的管理信息系统，最终为决策提供支持。

2. 管理信息系统建设

1）管理信息系统开发的一般过程。管理信息系统的开发是一项系统性相当强的工作，其开发过程涉及人、财、物等资源的合理组织、调度和使用，涉及组织管理工作的改进及工作模式的变迁。做任何一个项目，都有一个从问题的提出、论证到问题的分析、方案的设计，直到方案的实施和评价的过程，管理信息系统的开发也有其一般过程，如图 6-1 所示。

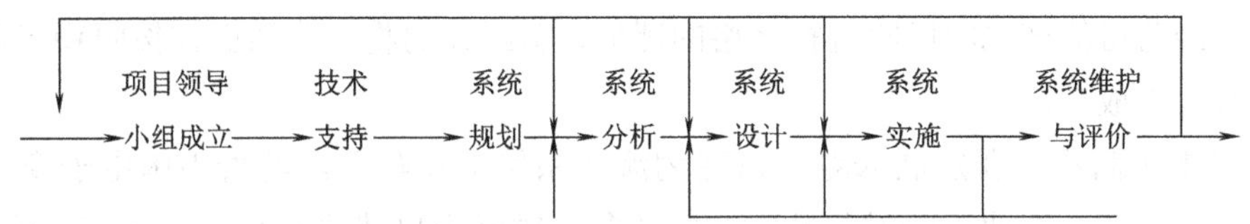

图 6-1　管理信息系统开发的一般过程

从图 6-1 中可以看到，系统开发是一个动态的概念。系统开发的上一步骤的输出作为下一步骤的输入，同时此输出又作为前面步骤的动态反馈。系统就是在这种运动过程中进行动态调整，不断提高、完善的。

2）利用大量定量化的科学的管理方法，深入探讨实现 MIS 对物流企业经营和管理过程的预测、管理、调节、规划和控制等的方法；使 MIS 成为解决物流企业结构化管理决策问题和以定量化的确定型的技术开发方法为主的管理信息系统；制定和建立最佳物流企业 MIS 组织结构方案。

在 MIS 开发过程中，应充分体现其系统功能与业务功能，建立完善的 MIS 功能子系统和业务子系统。

信息管理系统的指导思想应满足物流企业深化改革、走向市场、提高经济效益的总体需求，从而达到优化系统资源配置与开发，强化系统软件集成，扩大系统功能，推进系统间资源共享等目标，为物流企业实现集约化经营，提高经济效益服务。信息时代的到来，对物流企业的信息管理赋予了更高的管理思想和信息技术要求，如管理信息网络集约化、数据管理与处理标准化、系统管理通用化和智能化、系统集成商品化。

第四节　电子商务物流模式

由于从事的专业不同，电子商务服务商更多地从如何建立电子商务信息服务网络、如何提供更多的信息内容、如何保证网络的安全性、如何方便消费者接入、如何提高信息传输速度等方面考虑问题，至于电子商务在线服务背后的物流体系的建立问题则因为涉及另一个完全不同的领域而无法孤立地建立。实际上，完整的电子商务应该涵盖商流、物流、信息流和资金流 4 个方面，在商流、信息流、资金流都可以在网上进行的情况下，物流体系的建立应该被看做电子商务的核心业务之一。电子商务物流的具体实施有多种模式可以选择，从目前中国电子商务物流行业的发展来看，中国电子商务物流行业可分为电子商务企业自建物流模式及第三方物流模式两种典型模式。

一、电子商务企业自建物流模式

国内的物流公司大多是由传统的储运公司转变过来的，还不能真正满足电子商务的物流需求，于是，电子商务企业纷纷自建物流体系。对于众多电子商务企业来说，如果采取这种方式投资应十分慎重，因为电子商务的信息业务与物流业务是截然不同的两种业务，企业必须对跨行业经营可能产生的风险进行严格的评估，新组建的物流公司必需按照物流业务的要求运作才有可能成功。

从世界电子商务企业发展来看，自建物流体系始于亚马逊。随着中国电子商务市场的不断发展，电子商务企业不断发展壮大，加之多轮融资为自建物流提供了丰富的资金支持，面对业务规模的不断扩张，每日成单量的迅猛增加，自建仓储物流已经成为大型电子商务企业争相竞技的场所。

案例 6-1

卓越亚马逊——以自建物流体系为主体，辅以第三方物流模式

2004 年，亚马逊收购卓越，美国亚马逊对卓越的后台进行升级，2009 年，完成了卓越亚马逊与美国总部后台的完全对接，卓越亚马逊沿袭了美国亚马逊自建物流的模式，一直投入大量的资金构建仓储和物流配送系统。

卓越亚马逊已经将其送货上门服务扩展到全国 366 个主要一级和二级城市。2011 年年初，其在北京成功建成 4 万平方米的新运营中心，以应对物流短板。卓越亚马逊拥有自己的配送队伍，但当业务量较大时，会选择与第三方物流公司合作的模式开展物流配送。配送方式有普通快递送货上门、加急快递送货上门、平邮、EMS、海外标准服务、海外航空快递等多种方式，同时提供“最快方式拆分订单发货”和“等待所有商品到货一起发货”两种货物拆分方式。

卓越亚马逊物流的借鉴意义主要有 4 点：①强大的数据库支撑，精准地把握产品及用户信息；②数字化的仓储管理，支撑物品的快速检索与分配；③实现仓储的最佳匹配，自动匹配给发货成本最低、到达率最高的仓库，完成配送；④一流的后台和 IT 系统，实现库存在中国范围内最有效、流畅的调配。

案例 6-2

京东商城—原以第三方物流合作为主体，企业发展壮大对物流提出更高要求，故快速展开物流自建

京东商城是中国首家明确展开仓储物流自建的电子商务公司，一方面与京东电商业务的快速发展相适应；另一方面也与京东选取亚马逊作为标杆企业加以比对相关联。

京东商城于 2009 年开始自建物流体系。目前，在北京、上海、广州、成都、武汉建有物流中心，自建物流体系已经覆盖 60 余个城市。据京东数据显示，2010 年京东 70%的业务量是通过自建物流完成的。2011 年，京东筹建“亚洲一号”项目，其在上海嘉定购置了 60 亩土地，打造亚洲最大的现代化 B to C 物流中心，其中包括单体 15 万～20 万平方米的库房，以此适应京东商城未来 5～10 年的发展需要。此外，2010 年，京东投资 2000 万元成立上海圆迈快递公司，支持本公司的物流配送。

据推测，京东自建的物流体系不断完善后，将为其他中小电子商务公司提供物流服务，以此将其电商业务线扩展为“商城+物流”模式。

案例 6-3

当当网——搭建电商物流开放平台

2011 年，当当网成功上市之后，在全产品线电商平台搭建的过程中，物流建设也成为其主要战略方向之一。2011 年年初，当当网宣布，将着手牵头组建一个由当当网控股的配送服务公司，打造独立的物流开放平台，为电子商务企业提供商品储存、分拣、包装及全国 1200 多个城市的货到付款（COD）服务。

物流平台意味着，当当网将通过整合第三方物流资源，进而以物流整合者和公众服务平台的角色向其他企业开放物流服务。与自建物流相比，组建物流开放平台更具延展性和可持续性。这种电商物流开放平台的搭建成为当当网与其他自建物流电商与众不同的定位。

从当当网自身物流建设来看，当当网已经实现北京、上海、广州、郑州、天津、廊坊、东莞、苏州、无锡、常州等 30 多个主要城市 7 成用户享受当日送达服务。2011 年，广州新仓启用，可以满足将近 9 成广州、深圳用户的当日达订单。

从中国自建物流的电子商务企业来看，自建物流的优势主要有以下几点：

① 电子商务主要是由物流、信息流、资金流 3 个部分组成，从电商企业而言，一般企业对信息流和资金流控制力较强，但是由于与第三方物流公司合作，对物流本身的速度、服务质量的控制能力不强。不过，自建物流使得物流完全在电商企业的掌控之下，对电子商务的全程掌控提升了电商企业的竞争力。

② 物流是电子商务的最后一公里，也是直接面向消费者的最直接的环节。通过组建自有的物流系统，电商企业可以有效地增加物流环节的附加值。自建物流的电商企业可以通过自有的物流进行新业务的推广和品牌的宣传，对已购用户进行二次营销，提升再次购买的可能性及用户黏性。同时，还可以完成用户满意度的调查及对产业信息的及时反馈。在红孩子成立之初，这种自配物流加之企业产品营销的形式就已经出现，并取得了良好的市场反馈。

③ 自建仓储物流，如果遇到用户的退货，可以就近选取仓库保存，当附近有消费者再选取同类商品时，即可送出，打破了以往退货产品沿途返还发送地的弊端，极大地节省了交易成本。另一方面，选择货到付款用户的收款，可直接到达电商企业，缩短了回款周期。

电商企业自建物流也存在一定的劣势与弊端，主要有以下几点：

① 前期投入成本较大，短期内会牵制电商资金流。目前，中国电商企业虽然交易规模较大，但大部分电商并未实现盈利。大量外部资本的涌入，为电商的发展注入了持续发展的动力。不过，资本更为关注电商的用户量、交易规模、利润空间等，对于以物流为主的基础设施建设热情度不高，态度较为谨慎。此外，电商企业可能与资本方存在对赌行为，这种对赌需要用持续增长的交易规模说话，为此，兴建物流的大中型电商企业面临的资本压力仍然较大。

② 物流兴建时间较长，收效尚需时日。一般而言，仓储物流的选址与兴建是需要较长时间的，投入期较长即需要牵制大量的资金。此外，电商企业的发展速度远远超于物流的建设速度，在一定时间内，自建物流系统是无法发挥作用的。

③ 自建物流的专业性需要积累。电商企业将业务延伸到物流层面，尽管是产业链的纵深延伸，但两者的商务模式及核心能力配比方面都不尽相同。初期，电商企业自建物流的专业性要低于第三方物流企业，其专业化的物流能力培养尚需时间。

二、第三方物流模式

将物流外包（Outsourcing）给第三方物流公司（Third-Party Logistics Service Provider）也是跨国公司管理物流的通行做法。按照供应链的理论，将不是自己核心业务的业务外包给从事该业务的专业公司去做，这样从原材料供应到生产，再到产品的销售等各个环节的各种职能，都是由在某一领域具有专长或核心竞争力的专业公司互相协调和配合来完成，这样所形成的供应链具有最大的竞争力。物流通常不是大多数的电子商务企业的核心业务，电子商务企业把物流业务运作外包于第三方物流企业，可以把资源集中在自身的核心竞争力业务上，以获取最大的投资回报。

第三方物流公司由于承接多家的业务，在产品的配送中，配送人员可能无法完全保障服务的质量，造成包裹延迟递送、配送人员态度不佳等问题的投诉，这可能会增加电商企业的客服成本，而且还可能影响电商企业的品牌形象。

电子商务企业在与第三方物流合作的过程中，需要在订单处理的过程中实现双方后台系统的对接，以完成整个配送过程的适时控制。但是，由于很多电商企业采用自主开发的ERP系统，在和第三方物流企业合作时，后台平台的对接需要投入较多的资金和精力，而且安全性和稳定性都存在隐忧，容易造成合作双方信息沟通的不顺畅。

就目前快递行业现状来看，电子商务采用第三方物流的缺点是显而易见的。但相比于电商企业自建物流，中国第三方物流公司也具有其独特的优势，主要表现在以下几点：①不需要电商企业资金投入，有利于电商企业资金周转。②由于规模效应，物流成本相对较低，尤其是仓储环节更是如此。③第三方物流公司发展相对较早，其已经建成相对完善的仓储及物流体系，其业务的辐射范围较大。④对于大中型的电子商务公司而言，一般会选择两到三家的第三方物流公司作为合作伙伴，进一步扩大了业务的辐射范围，提升了覆盖人群的面积。⑤第三方物流公司的专业性相对较强，一般可以保证最后一公里服务的可靠性与完备性。

三、电子商务与普通商务活动共用一套物流系统

对于已经开展普通商务的公司，可以建立基于 Internet 的电子商务销售系统，同时可以利用原有的物流资源，承担电子商务的物流业务。批发商和零售商具有组织物流的优势，它们的主业就是流通，在美国，如 Wal-Mart 等，在国内如苏宁电器、西单商场等都开展了电子商务业务，其物流业务都与其一般销售的物流业务一起安排。

四、第三方物流企业建立电子商务系统

区域性或全球性的第三方物流企业具有物流网络上的优势，正如上面讨论的问题一样，它们大到一定规模后，也想将其业务沿着主营业务向供应链的上游或下游延伸，向上延伸到制造业，向下延伸到销售业。

案例 6-4

1999 年美国联邦快递公司（FedEx）这家世界最大的快递公司决定与一家专门提供 B to B 和 B to C 解决方案的 Intershop 通讯公司合作开展电子商务业务。FedEx 一直认为，该公司从事的不是快递业而是信息业，公司进军电子商务领域的理由有两个：第一，该公司已经有覆盖全球 211 个国家的物流网络；第二，公司内部已经成功地应用了信息网络（Powership Network），这一网络可以使消费者在全球通过 Internet 浏览服务器跟踪其发运包裹的状况。该公司认为，这样的信息网络和物流网络的结合完全可以为消费者提供完整的电子商务服务。

像 FedEx 这样的第三方物流公司开展电子商务销售业务，它完全有可能利用现有的物流和信息网络资源，使两个领域的业务经营都做到专业化，实现公司资源的最大利用。但物流服务与信息服务领域不同，需要专门的经营管理技术，第三方物流公司涉足电子商务的销售和信息服务领域要慎重。

五、电子商务中的物流服务内容

电子商务与非电子商务就实现商品销售的本质来讲并无区别，物流是实现销售过程的最终环节，但由于采用不同形式，使一部分特殊服务变得格外重要。因此，设计电子商务的物流服务内容时，应反映这一特点。概括起来，电子商务的物流服务内容可以分为以下两个方面：

1. 传统物流服务

传统的物流服务与非电子商务的物流服务相同，主要包括运输、储存、装卸搬运、包装、流通加工、物流信息处理等功能。

以上是普通商务活动中典型的物流作业，电子商务的物流也应该具备这些功能。但除了传统的物流服务外，电子商务还需要增值性的物流服务（Value-Added Logistics Services）。

2. 增值性的物流服务

（1）增加便利性的服务　代办业务、一张面孔接待客户、24 小时营业、自动订货、传递

信息和转账（利用 EOS、EDI、EFT）、物流全过程追踪等都是对电子商务销售有用的增值性服务。

（2）加快反应速度的服务　快速反应（Quick Response）已经成为物流发展的动力之一。传统观点和做法将加快反应速度变成单纯对快速运输的一种要求，但在需求方对速度的要求越来越高的情况下，它也变成了一种约束。因此必须想其他的办法来提高速度，所以第二种办法，也是具有重大推广价值的增值性物流服务方案，应该是优化电子商务系统的配送中心、物流中心网络，重新设计适合电子商务的流通渠道，以此来减少物流环节、简化物流过程，提高物流系统的快速反应性能。

（3）降低成本的服务　电子商务发展的前期，物流成本将会高居不下，有些企业可能会因为根本承受不了这种高成本退出电子商务领域，或者是选择性地将电子商务的物流服务外包出去，这是很自然的事情。因此，发展电子商务，一开始就应该寻找能够降低物流成本的物流方案。企业可以考虑的方案包括：采用第三方物流服务商；电子商务经营者之间或电子商务经营者与普通商务经营者联合，采取物流共同化计划；如果具有一定的商务规模，如亚马逊这些具有一定的销售量的电子商务企业，可以通过采用比较适用但投资比较少的物流技术和设施设备，或推行物流管理技术，如运筹学中的管理技术、条形码技术和信息技术等，提高物流的效率和效益，降低物流成本。

（4）延伸服务　向上可以延伸到市场调查与预测、采购及订单处理；向下可以延伸到配送、物流咨询、物流方案的选择与规划、库存控制决策建议、货款回收与结算、教育与培训、物流系统设计与规划方案的制作等。关于结算功能，物流的结算不仅仅只是物流费用的结算，在从事代理、配送的情况下，物流服务商还要替货主向收货人结算货款等。关于需求预测功能，物流服务商应该负责根据物流中心商品进货、出货信息来预测未来一段时间内的商品进出库量，进而预测市场对商品的需求，从而指导订货。关于物流系统设计咨询功能，第三方物流服务商要充当电子商务经营者的物流专家，因而必须为电子商务经营者设计物流系统，代替它选择和评价运输商、仓储商及其他物流服务供应商。国内有些专业物流公司正在进行这项尝试。关于物流教育与培训功能，物流系统的运作需要电子商务经营者的支持与理解，通过向电子商务经营者提供物流培训服务，可以培养它与物流中心经营管理者的认同感，可以提高电子商务经营者的物流管理水平，可以将物流中心经营管理者的要求传达给电子商务经营者，以便于确立物流作业标准。

以上这些延伸服务最具有增值性，但也是最难提供的服务，能否提供此类增值服务现在已成为衡量一个物流企业是否真正具有竞争力的标准。

思考和练习

1．如何理解电子商务与物流的关系？

2．为什么说现阶段物流是制约电子商务发展的瓶颈之一？

3．电子商务下物流常出现哪些问题？如何解决这些问题？

4．电子商务在供应链管理中应用的主要技术手段有哪些？

5．在企业经营过程中，如何选择合理的电子商务物流模型？

6．案例阅读与分析。

沃尔玛物流配送中心

沃尔玛是美国零售商业的巨头之一，目前在美国，沃尔玛有商场3100多家。在世界各地沃尔玛也有自己的商场，比如在阿根廷、巴西、加拿大、中国、德国、韩国、墨西哥、波多黎各和英国分别有13家、14家、166家、8家、95家、5家、462家、15家和232家商场。

除此之外，沃尔玛还有沃尔玛超级中心721个，这是在过去8年中才开发出来的。这些超级中心是由规模较大的商场及附近一些小的副食店，加在一起而形成的，它出售一些比较常规的日常用品，同时也卖一些食品。

沃尔玛共有员工110万人，在美国有88.5万，在世界各地有25.5万。

1．沃尔玛对物流配送中心的认识

由于在美国沃尔玛有数以千计的商场，产品的需求量非常大，沃尔玛每一个星期要处理的产品是120万箱。同时由于沃尔玛公司的商店众多，每个商店的需求各不相同。

为有效地满足商店及超级中心所需的商品，沃尔玛认识到了物流配送中心在沃尔玛物流配送中的重要性。1999年沃尔玛在物流方面的投资是1600亿，现在的业务还要继续增长，要增长到1900亿美元，措施是从现有的销售额中提取250亿美元，非常集中地用于物流配送中心建设。因为物流配送中心可以有效地降低沃尔玛经营的运作成本。

2．沃尔玛物流中心的运作模式

沃尔玛的物流中心的运作模式主要可划分为两类：一是为自己公司经营提供配送服务，二是为其他企业组织提供物流服务。

沃尔玛的物流配送中心进行全天候的运作，每周7天、每天24小时。配送中心必须确保这些产品在不断地流向沃尔玛的商店，而没有任何停止的过程。

3．沃尔玛的物流配送中心的发展

沃尔玛的最早创始人山姆·沃尔顿在1962年开设了第一家沃尔玛商场，而配送中心一直到1970年才成立，现在沃尔玛的配送中心已经有超过30年的历史，第一配送中心供货给4个州32个商场。目前在美国，沃尔玛有30家配送中心。这些配送中心分别服务于18个州的2500家商店。

4．沃尔玛物流配送中心的规模、构成与运作

沃尔玛每一个配送中心都是非常大的，平均面积约有11万平方米。在这些配送中心，每个月的产品价值超过两亿美元。

沃尔玛的集中配送中心都在一层。之所以都是一层，而不是好几层，是因为沃尔玛希望产品能够流动。沃尔玛希望产品能够从一个门进从另一个门出。如果有电梯或其他物体，就会阻碍流动过程。因此，沃尔玛所有的这种配送中心都是一个非常巨大的一层的配送中心。沃尔玛使用一些传送带，让这些产品能够非常有效地进行流动，对它进行处理不需要重复进行，都是一次。比如说，在某某货品卸下来以后，沃尔玛要对这些产品进行一些处理。如果处理好几次，这个成本就会提高，而如果沃尔玛采用这种传送带，运用无缝的形式，就可以尽可能减少成本。

沃尔玛有各种不同类型的配送中心，有时装的配送中心，有可对一些产品进行特别处理的配送中心，还有副食品（如蔬菜、水果）的配送中心等。沃尔玛的配送中心各自处理不同的物品，有一些是退回的东西，一些是损坏的产品，还有印刷品、邮品等。此外，沃尔玛还有一些非常大的区域配送中心，一个星期可能要处理 100 万箱产品的配送。

这些非常大的配送中心进行产品的集中以及转运配送。例如，这个门进，那个门出，沃尔玛把这个过程叫转运，就是在一天当中进出，在一天当中完成。另外，对服装进行销售，需要加订标签，这是需要手工操作的过程，需要比较小心，因为不能损害产品，这是一个单独的过程。

沃尔玛商场的每种产品，比如软饮料、尿布等都会有一定的库存，也就是在这些商场当中需要有一个稳定的库存。这些配送中心可以做到这一点，它们根据这种稳定的库存量的增减而进行自动的补送，每一天或者每一周根据以前确定的量来为商场提供商品。配送中心可以保持 8000 种产品的转运配送，另外可通过一种灯光来提取货物，大约可以处理 6000 个品种的商品。

沃尔玛所有的系统都是基于 UNIX 系统的一个配送系统，并采用传送带，采用非常大的开放式的平台，还采用产品代码，以及自动补货系统和激光识别系统，所有的这些加在一起为沃尔玛节省了相当多的成本。

5. 自动补货系统

沃尔玛每一个商店都有一个补货系统。它使得沃尔玛在任何一个时间点都可以知道，现在这个商店当中有多少货品，有多少货品正在运输过程当中，有多少是在配送中心等。同时它也使沃尔玛可以了解，沃尔玛某种货品上周卖了多少，去年卖了多少，而且可以预测沃尔玛将来可以销售多少这种产品。沃尔玛之所以能够了解这么细，就是因为沃尔玛有统一的 UPC 产品代码，这是非常重要的，在中国叫 EAN 数码。沃尔玛之所以认为这种代码非常必要，是因为可以对它进行扫描，可以对它进行阅读。在沃尔玛的所有商场当中，都不需要用纸张来处理订单。沃尔玛这个自动补货系统，可以自动向商场经理来订货，这样就可以非常及时地对商场进行帮助。一种商品，对它扫描一下，就知道现在商场当中有多少，有多少订货，而且知道有多少这种产品正在运输到商店的过程当中，会在什么时间到，所有关于这种商品的信息都可以通过扫描这种产品代码得到，不需要其他的人再进行任何复杂的汇报。在美国，这个系统每天提供的这种信息，都下载到沃尔玛的世界各地的办公室当中，世界各地的这些信息又都可以传送到沃尔玛的总部当中。只要有一个商场下订单，沃尔玛就通过这种电子方式来和供货商进行联系。

沃尔玛还有一个非常好的系统，可以使得供货商们直接进入沃尔玛的系统，这就是零售链接。任何一个供货商都可以进入这个系统当中来了解它们的产品卖得怎么样，还可以知道这种商品卖了多少，而且它们可以在 24 小时之内就进行更新。供货商们可以在沃尔玛公司每一个店当中，及时了解到有关情况。通过零售链接，供货商们就可以了解销售的情况，对未来的销售进行预测，以制订生产计划，这样它们产品的成本就可以降低，从而使整个过程是一个无缝的过程。

6. 沃尔玛现代化、全方位的运输梯队

沃尔玛有的时候采用空运，有的时候采用轮船运输，有时采用卡车进行公路运输。

在沃尔玛整个物流过程中，最大的费用就是运输费用，车队省下的成本越多，那么整个供应链当中所节省的钱就越多，让利给消费者的部分也就越多。

沃尔玛的车辆，都是自有的，而且这些司机也是沃尔玛的员工。沃尔玛使用一种尽可能大的卡车，大约可能有 16 米加长的货柜，比集装箱运输卡车要更长或者更高；而且车中的每立方米都填得满满的，所有的产品从卡车的底部一直装到顶部。这样非常有助于节省成本，这些卡车是沃尔玛整个供应链当中的一部分。

沃尔玛采用全球定位系统对车辆进行定位。因此，在任何时候，调度中心都可以知道这些车辆在什么地方、离商店还有多远，同时它们也可以了解到某个产品运输到了什么地方，还有多长时间才能运到商店，甚至可以精确到小时。沃尔玛运输车队的口号是“安全第一，礼貌第一”。沃尔玛认为，卡车不出事故，就是节省费用、节约成本。

沃尔玛物流部门 24 小时不停地进行工作。对于一些只在白天开门的商场，如果货物晚上送到商店，这些商店就可以在晚上完成卸载，而不用打扰商场白天的运营。在配送中心，沃尔玛也根据和供货商、商店之间定好的时间表来进行运作。沃尔玛认为对时间进行很好的管理，可以节省时间、提高效率。

由于沃尔玛的运输成本比供货商自己运输的成本要低，所以沃尔玛也为其他的供货商提供运输服务。

【思考】

(1) 分析沃尔玛是如何做好本公司的物流的？

(2) 沃尔玛应用了哪些信息技术？这些技术是怎样做到整合应用的？我们能从沃尔玛学到哪些优秀之处？

(3) 它还存在不完善的地方吗？

参 考 文 献

[1] 罗明，张敬伟．电子商务基础教程[M]．上海：上海交通大学出版社，2007.

[2] 宋文官．电子商务实用教程[M]．北京：高等教育出版社，2012.

[3] 宋远方，姚贤涛．电子商务[M]．北京：电子工业出版社，2003.

[4] 方玲玉，曹虎山，黎利红．电子商务概论[M]．长沙：中南大学出版社，2004.

[5] 俞立平．电子商务[M]．北京：中国时代经济出版社，2006.

[6] 章剑林．电子商务概论[M]．杭州：浙江大学出版社，2003.

[7] 张波，任新利．网上支付与电子银行[M]．3版．上海：华东理工大学出版社，2012.

[8] 刘英卓．电子商务安全与网上支付[M]．北京：电子工业出版社，2010.

[9] 中国支付体系研究中心．中国第三方支付行业发展蓝皮书[M]．北京：中国金融出版社，2012.

[10] 张立群．网上商场运营实务[M]．北京：机械工业出版社，2012.

[11] 冯英健．网络营销基础与实践[M]．3版．北京：清华大学出版社，2007.

[12] 凌守兴，王利锋．网络营销实务[M]．北京：北京大学出版社，2009.

[13] 林景新．实战网络营销——最佳网络营销案例全解读[M]．广州：暨南大学出版社，2009.

[14] 王宣．赢在网络营销——经典案例与成功法则[M]．北京：人民邮电出版社，2008.

[15] 宋文官，姜何，华迎．网络营销[M]．北京：清华大学出版社，2008.

[16] 冯英健．Email营销[M]．北京：机械工业出版社，2003.

[17] 朱迪·斯特劳斯，雷蒙德·弗罗斯特．网络营销[M]．北京：中国人民大学出版社，2010.

[18] 吴涛．网络营销实务[M]．2版．北京：中国财政经济出版社，2011.

[19] 兰宜生．电子商务基础教程[M]．北京：清华大学出版社，2003.

[20] 宋玉贤．电子商务概论[M]．北京：北京大学出版社，2005.

[21] 杨天翔．电子商务概论[M]．上海：复旦大学出版社，2006.

[22] 甘嵘静，陈文林．电子商务概论[M]．北京：电子工业出版社，2006.

[23] 杨路明，薛君，胡艳英．电子商务概论[M]．北京：科学出版社，2006.

[24] 俞立平．电子商务[M]．北京：中国时代经济出版社，2006.

[25] 王之泰．现代物流学[M]．北京：中国物资出版社，1995.

[26] 金若楠．现代综合物流管理[M]．北京：中国铁道出版社，1994.

[27] 中国物流与采购联合会．中国物流发展报告（2005—2006）[R]．北京：中国物资出版社，2006.

[28] 王自勤．物流管理概论[M]．杭州：浙江大学出版社，2005.